HERMES

在古希腊神话中，赫耳墨斯是宙斯和迈亚的儿子，奥林波斯神们的信使，道路与边界之神，睡眠与梦想之神，亡灵的引导者，演说者、商人、小偷、旅者和牧人的保护神……

西方传统 经典与解释 **HERMES**
Classici et Commentarii

马基雅维利集

刘训练 ● 主编

君主及其战争技艺

——马基雅维利《兵法》发微

The Prince and His Art of War

娄 林 ｜ 选编

张培均 ｜ 译

华夏出版社

古典教育基金·"传德"资助项目

"马基雅维利集" 出版说明

在西方思想文化史上，马基雅维利(Niccolò Machiavelli，1469—1527)居于一种非常奇特的地位：一方面，他被公认为西方现代政治学的奠基人，甚或被称为现代第一人；但另一方面，他在何种意义上是"奠基人""第一人"，却又聚讼纷纭，见仁见智。

马基雅维利生活的时代是西方现代民族国家建构的关键时期，也是意大利文艺复兴由盛而衰的转捩点，而在这个"需要巨人并且产生了巨人的时代"，作为文艺复兴运动在政治思想领域最杰出的代表，马基雅维利在政治、军事、外交、史学和喜剧等领域都留下了丰富的著述和大量的信件。这些文字表明，他具有强烈的时代意识、浓郁的爱国情怀、深厚的古典学修养、敏锐的政治–心理分析能力和卓越的写作技巧，无愧于"治国术"大师和"最高写作艺术当之无愧的继承人"的称誉。就此而言，他的著作仍然值得我们今天认真对待和不断反思。

在马基雅维利的生前，对于他及其著作的评价就已经产生深刻而严重的分歧，数个世纪以来从未中断。马基雅维利之后几乎所有最重要的社会–政治思想家，都不得不对他的思想及其后果表态，有些甚至还借助对其思想的批判或重构来表达自己的理论观点和政治主张。即使在更为纯粹的学术领域，各种方法流派和诠释进路，也会对马基雅维利的著作作出大相径庭的释读与理解。

　　值其主要著作问世五百周年之际，西方学界各类传记、诠释著作更是层出不穷，蔚为大观，在此背景之下，我们适时推出"马基雅维利集"。"马基雅维利集"分为两大系列：一是"马基雅维利全集"，以中文版《马基雅维利全集》为基础，参照罗马萨勒诺出版社陆续刊行的意大利"国家版"全集(Edizione Nazionale delle Opere di Niccolò Machiavelli)酌情替换、校订，并适当增加注解、疏义，重新推出《马基雅维利全集》的修订增补版，以使中文读者有可靠的"原典"研读；二是"解读马基雅维利"，迻译西学中诠释马基雅维利的第一流著作，以免除中文读者从浩如烟海的二手文献中爬罗剔抉之苦。

古典文明研究工作坊

西方经典编译部丙组

2017年5月

Peter Withorne 英译本《兵法》封面(1573 年)

目　录

编者说明·· 娄　林　1

《兵法》引论·· 曼斯菲尔德　13

重审马基雅维利的《兵法》······························· 克里斯　51

《兵法》中修辞术的军事"德性"······················· 维特霍夫　77

马基雅维利与战士的修辞术······························· 雷蒙迪　94

敌对行动中的政治：

　　马基雅维利的《兵法》······························· 斯帕克曼　115

君主及其战争技艺：

　　马基雅维利的军事平民主义······················· 温　特　135

马基雅维利的军事方案及其《兵法》·········· 霍恩奎斯特　164

奠基者·· 皮特金　185

《兵法》的新秩序：重塑古代事物······················ 林　奇　224

编者说明

娄　林

马基雅维利的《兵法》(*Dell'Arte della Guerra*)在其作品中并不知名，相关的研究论文同《君主论》相比，几乎可以忽略不计。这或许是因为书中大量涉及征兵、练兵和布阵之类琐碎的军事细节，或许是因为钟爱"永久和平"的现代学者不爱谈论甚至厌恶战争。但是，在整个 16 世纪，《兵法》都受到"广泛阅读和高度推崇"，意大利文版本有八个之多，英译本出版后两次再版，1546 年即有法文译本。^①《兵法》当时受欢迎，一方面与欧洲 16 世纪现代国家的形成有关，因为这些新兴的主权者——国家——必然要严肃考虑马基雅维利关于组建国民军的问题和背后的政治理念问题，以及有关军事守卫和占领城池的问题。^②但更根本的理由则在于，"作为一种始终存在的可能性，战争是典型地决定着人

---

① 马基雅维利，《兵法》，袁坚译，北京：解放军出版社，2007。参该译本后所附 Neal Wood 出版于 1965 年的英译本导言，页 299-300。《兵法》一书另参时殷弘译本，《用兵之道》，长春：吉林出版集团，2013。为便于查找，下文引用《兵法》皆标注时殷弘译本的编码，并参考袁坚译文，不再一一说明。

② 参施米特《大地的法》，刘毅等译，上海：上海人民出版社，2017，页 122-124。另参迈内克，《马基雅维利主义》，时殷弘译，北京：商务印书馆，2008，页 86。

类活动与思想并造就特定政治行为的首要前提"。① 正如马基雅维利在《兵法》献词中所言，"没有军事襄助的良好秩序"只会土崩瓦解。

类似的表达还出现于马基雅维利的政治实践之中。他在1506年12月6日为佛罗伦萨颁布的《步兵条例》开篇就声称，一国之维持，首要根基在于正义与军队，佛罗伦萨既然已经正义稳固，所剩的问题自然就是军队了。② 熟悉马基雅维利笔法的人马上就会发现，《步兵条例》这话其实是说，正义另当别论，唯有军队是维持一国之根基。因此，在马基雅维利看来，军事和关于诸种军事技艺的兵法，对于政治秩序而言具有不可替代的重要作用。他在《君主论》中的说法更加赤裸：

> 一位君主除了战争及其制度和训练之外，不应该再有其他的目标、其他的思想，也不应该把其他事情作为自己的技艺，因为这是进行统帅的人应有的唯一技艺……亡[国]的首要原因就是忽视这种技艺，而使你赢得一个国家的原因，就是成为这门技艺的专家（professore di quasta arte）。③

可见，《兵法》作为马基雅维利生前唯一出版的作品，乃是

---

① 施米特，《政治的概念》，刘小枫编，刘宗坤等译，上海：上海人民出版社，2004，页115。《孙子兵法》第一句话就是："兵者，国之大事，死生之地，存亡之道，不可不察也。"

② 马基雅维利，《步兵条例》，收于《政治与外交著作》（下卷），王永忠、徐卫翔等译，长春：吉林出版集团，2013，页910。

③ 马基雅维利，《君主论》，潘汉典译，北京：商务印书馆，1986，第十四章开篇，页69。译文略有调整。

《君主论》的首要前提，也是君主的首要技艺。在写作《兵法》之前的1513至1515年间，马基雅维利已经完成了《君主论》和《李维史论》这两部最为重要的著作，显然，写作《兵法》时，《君主论》以及相关的思想整体已经了然于他的胸中。这就意味着，就实际的步骤而言，马基雅维利首先要进行"军事"准备，然后才着手进行其君主教育，或者说，军事教育是其君主教育的第一步。在《兵法》卷一开始部分和最后一卷结尾部分，对话中的人物法布里齐奥几乎重复了一句相同的话：

> 任何一个构思过某种事业的人，一开始就应该对此做好充分的准备，以便一旦时机成熟，就能够去成就这番事业。（卷七，195；卷一，39）

假如我们视君主教育为马基雅维利的某项事业，那么他必定会为之作好充分的准备。在这个意义上，我们可以把《兵法》视为马基雅维利最重要的初步准备，既是为《君主论》当时的意大利读者作准备，也是为他的现代事业作准备。在《兵法》中，关于君主与军事的关系，有一个类似《兵法条例》的表达：

> 制度良好的君主国，君主的权力不是绝对的，只有军队除外：因为军队是一个必须实行决断的领域，那里只有一个权力。（《兵法》，卷一，80）

科西莫询问法布里齐奥，一个良好统治的国家，其军事处理方式是否也适用于君主国，法布里齐奥作出了上述回答。联系《君主论》和《兵法条例》中的说法，这似乎表明，正由于君主绝对掌握了军队，他的其他权力就不再是绝对的，或者说，不再有绝对的必要了。

《兵法》一书，表面上是法布里齐奥讲述军事上的各种技术细节，其实远不止于此。除了上述关于君主与军队关系的论说之外，还有两处关键细节。其一是卷二法布里齐奥回答科西莫关于如何训练士兵的问题时，似乎无意间插入了君主训练士兵的根本，他如是说道：

> 如果一位君主或一个共和国坚持努力，勤于这些部署和操练，就只会导致一种情形：国内士兵素质良好，优于邻国，并且是制定规则者，而不是接受规则者。（卷二，261）

我们可以说，选择与训练士兵，作各种战斗准备，最终的意义还是在于成为"制定规则者"。要做到这一点，君主就不能仅限于训练士兵的军事技术，他还必须是优秀的教育者：

> 君主与共和国，如果意图缔造一支新军队并赋予训练好的名声，就应该让自己的士兵习惯统帅的讲话，统帅也懂得如何向他们士兵讲话。（卷四，140）

统帅是一个很含混的词语，但是在君主国中，拥有最高军事决断权的君主无疑是唯一的真正统帅。正是由于这个缘故，《兵法》卷七行将结束，也是全书行将结束的时候，法布里齐奥发表了一番痛彻心扉的演说，展示了意大利腐败不堪而又懦弱无能的现实处境，并直陈导致这种困境的原因。他提到一个关键的缘由：

让我们谈回意大利人吧。由于缺乏明智的君主,他们一直没有得到任何好的安排……不要责怪民众,但确实要责怪他们的君主。(卷七,229-230)

意大利的首要困局在于这些君主之无能,这几乎是《君主论》第十二章所谓意大利崩溃正是由于"君主们的过错"这一说法的翻版。法布里齐奥——《兵法》中的法布里齐奥而非现实中的法布里齐奥——一身的军事才能,却无以为用,缺乏展示的"机会"(卷一,41;卷七,197)。那么,只要未来有一位懂得按照《兵法》所述缔造军队的君主出现(卷七,208-209),局面就会大为不同。如此看来,《兵法》的最后一卷,"无论风格还是内容都最像《君主论》,由此而为读者从《君主论》接近《兵法》提供了明显的起点"。[1]

法布里齐奥似乎成了马基雅维利的化身。从文本上看,法布里齐奥不少军事观点的确也与马基雅维利相同,比如关于征兵的数量,自然是多多益善。[2]但在发表这番演说时,法布里齐奥特意提到科西莫的名字(卷七,195),似乎最后的演讲是在整体上回应科西莫。奇怪的是,《兵法》就在这篇独白之中结束了,没有让科西莫没有对法布里齐奥作出任何回应,而在对话开篇,科西莫却几乎掌握了对话的整个节奏。

《兵法》毕竟是一部对话作品。表面上,法布里齐奥仿佛是

---

[1] Yves Winter,《君主及其兵法》("The Prince and His Art of War: Machiavelli's Military Populism"),载于 *Social Research: An International Quarterly*, Volume 81, Number 1, Spring 2014,页165-191、176。论文收入本文集。

[2] 《兵法》卷一,224-227;对比马基雅维利《论组建国民军的理由、安置地与必要事宜》(收于《政治与外交著作》下卷,前揭,页905-909)。

马基雅维利的代言人，尤其是在卷七，参与对话的巴蒂斯塔询问
了战壕等细节（卷七，16-34），如果回到对话的脉络，就会发现，
这本身就是法布里齐奥讲述内容的应有之义。可是，在科西莫作
为对话者的前两卷，情形并不相同。

　　《兵法》中的对话正式开始之前，马基雅维利撰有一段可称
之为前言的介绍（卷一，1-19）。单从这段前言来看，马基雅维利
所以写作《兵法》，是为了纪念自己的朋友科西莫·鲁切拉伊，而
他所以纪念这位朋友，是由于这位朋友既具有友谊之德，也具有
公民的美德——这样的友谊必然也建立在对国家的共同热爱之情
上。可以说，《兵法》的写作既是为了纪念朋友，也是希望未来
的读者能够成为这样的朋友，即为了制造朋友。由于这位朋友中
道而亡，事业未竟，《兵法》所制造的朋友就应该共同为这个未
竟事业努力。这也是马基雅维利在前言中的话：即便没有参与会
谈的人，也能从马基雅维利关于这次对话的记录中"学到许多既
对军事生活也对平民生活有益的东西"（卷一，8）。
　　马基雅维利非常清楚地说明，对话之所以能够发生，是由于
科西莫对法布里齐奥的邀请（卷一，10），科西莫是对话的动力
因。因此对话的第一句话出自科西莫之口也就不足为奇。由于法
布里齐奥不认识庭院中的某些树木，科西莫告诉他这些树木"只
有古人才能认识，而不为今日常人所识"（卷一，14）。[①] 这是一个
太过明显的比喻，但这些巨大的古树浓荫未必是真正慕古之喻，
更可能暗示了种植这些树木，即建立庭院的重要性。这也是献词

---

　　① 对比柏拉图《法义》开篇625b-c，西塞罗《论法律》开篇，1.1-3。种植
树木显然与整体的立法相关，而非针对某项单一的制度。

中建筑比喻的要义所在。法布里齐奥很快领悟了科西莫的比喻（卷一，34）。我们可以说，一开始，科西莫就确定了对话的基调：在向古人学习的"文艺复兴"这一基调里，或者说在古典传统依旧有效的时代，如何探究兵法和制度的原初奠基。

至于整部对话，马基雅维利有一个概括性的说法：法布里齐奥虽然详尽地谈论战争问题，但"大多是对科西莫那些尖锐的、经过深思熟虑的问题所作的答复"（卷一，8）。马基雅维利的描述意味着，邀请法布里齐奥其实是科西莫提出自己问题的"机会"，作为一个具有政治美德的人，这些问题一定常常萦绕在他心中。这与我们通常的印象相反，因为我们一般以为法布里齐奥是马基雅维利的代言人。另一个与马基雅维利的概括和文本更加相抵触的地方是：《兵法》一共七卷，但科西莫与法布里齐奥之间的对话只占前两卷篇幅，在后五卷中，科西莫没有提出任何问题，也没有任何发言。如果我们坚持《兵法》文本自身的统一性，并坚持认为马基雅维利前言中所言不虚，即对话"大多是对科西莫那些尖锐的经过深思熟虑的问题所作的答复"（卷一，8），那么答案就只可能是，前两卷已经呈现了《兵法》中最重要的教诲，后面五卷则是这些教诲的逐次展开。

因此，对话进入卷三的时候，法布里齐奥的对话者是最年轻的扎诺比，这似乎意味着对年长的科西莫的继承。余下几卷展现了年轻人的学习过程，学习提问以及学习战争的过程，尤其是如何通过所习兵法而进入战争的过程。单纯从文本表面来看，前两卷中是科西莫主导着法布里齐奥讲说的方向，两个人处于不停的对话问答之中，并且对话方向似乎不停变化，后五卷的主体则是法布里齐奥长篇累牍的说辞。倘若如此，问题的关键就在于，科西莫所主导的前两卷对话的内容走向何方呢？兹以几处关键为示。

《兵法》全篇贯穿着一个明显的矛盾：从科西莫转向浓荫古树开始，似乎话题就转到向古人学习兵法与为政之道上来，但是讲述这种向古之道的法布里齐奥，其本人的实际经验却表明，他没有借鉴任何古人的兵法——雇佣军是没有祖国的，对话中的法布里齐奥却提到"我的祖国"（卷一，17）。科西莫提出的尖锐问题是：

> 出于什么原因，你一方面谴责行为不像古人的人，另一方面在你擅长并被赞许为出类拔萃的军事领域，却未尝见你用过任何古代的方法？甚至没有用过任何哪怕稍微接近的东西呢？（卷一，36）

马基雅维利一开始就表明了法布里齐奥的雇佣军将领身份（卷一，9），科西莫此处的提问更加尖锐：这位雇佣军将领不具备任何自己所称道的古代美德。实际上，马基雅维利在这里是要首先让科西莫预先提出细心读者可能会有的疑问：雇佣军将领法布里齐奥，为什么可以在马基雅维利强调国民军的对话里占据如此重要的地位？

对话中的法布里齐奥给出的答案是，他有不得已的苦衷，他在现实中未得机遇的垂青，无法施展他从古人那里所习的兵法。法布里齐奥这一说法的前提是，自己其实有一整套无从实践的兵法，唯缺机会而已。《兵法》出版于1521年，而法布里齐奥于1520年去世，马基雅维利无论如何声称法布里齐奥的看法如何，他也都无法反驳了。

其实，这个提问和回答恰恰关系到一个根本的问题：法布里齐奥在对话中的角色。对话中的主角虽然与那位雇佣军将领同名，但其实并非一人。对话中的法布里齐奥拥有丰富的军事经验，可是，只有在科西莫的引导和刺激下，他才有机会整理并且传达出关于兵法的教诲。这是与柏拉图对话非常不同的对话：《兵法》中处于核心位置的法布里齐奥无法像苏格拉底一样引导众人，相反，是科西莫引导着法布里齐奥。如果我们将《兵法》视为一场战争，科西莫才是这场战争真正的将领，或者君主。不出意外的是，《兵法》中将兵法引向君主问题的，正是科西莫。

当法布里齐奥回答完关于将领德性与兵法的关系这一问题之后，科西莫问道：君主似乎更需要具有优良兵法知识的人，而无须考虑其德性（卷一，77）。法布里齐奥回答说，君主更不应该需要这种只有兵法专技的人，随即是前文所引那句重要的话：

> 制度良好的君主国，君主的权力不是绝对的，只有军队除外：因为军队是一个必须实行决断的领域，那里只有一个权力。（卷一，80）

法布里齐奥的回答暗示，君主就应该是最高的将领，就应该是最懂得军事技艺的人。亦如《君主论》第十三章所言，君主必须有自己的军队，否则这个君主国就不稳定。科西莫的问题让法布里齐奥的回答指向了《君主论》这个关键之处。

随后，问题转向征募士兵，也就是组建国民军的问题。法布里齐奥在谈论这个问题时，关于挑选士兵的年龄（卷一，143-147）、职业（卷一，193-197）、选材的标准（卷一，198-208）、步兵的人数（卷一，219-240）、人数众多是否影响政局（卷一，241-258）、骑兵的组建（卷一，263-269，卷二）等等，均是对科西莫相关问题的回答，几乎都采取一问一答的形式。回答完这些基本问题之后，他又回答了关于步兵和骑兵武装的问题，之后《兵法》进入下一个关键的训练主题。

训练士兵的主题来自法布里齐奥的主动叙述，因为要将士兵武装好，必须首先武装士兵本身，也就是要锻炼士兵的身体，并让他们学会使用武器和服从军令（卷二，103）。这似乎已经是颇为完整的说法了，可是，科西莫继续追问："如今你将为士兵们准备怎样的操练内容呢？"（卷二，124）尤其是，在法布里齐奥已经回答完问题，甚至不由自主地打算将训练好的部队带向战场的时候（卷二，165–171），科西莫打断了他的发挥，认为他已经有些离题，"因为尚未叙述各营训练的模式，你就已经谈起整个军队和战斗了"（卷二，172）。

这里显然存在一个进阶，法布里齐奥提到过的训练尚未让科西莫满足，他后面的回答实际上是在两个层面深化士兵的训练。首先是新式武器的训练："我将添上火枪，如你所知这是一种新式武器，而且是必需的武器。"（卷二，125）新组建的军队必须掌握最新的武器。其次是各营的整合训练，也就是具体作战单位的训练。在这两个进阶之后，科西莫又提起一个后备的问题：后备军的训练（卷二，255）。只有这样，才能让整支军队有备无患。显然，是科西莫掌握着讲述兵法的节奏。在卷二快要结束的时候，科西莫询问了每个营的军事指挥员的问题（卷二，266–270），又询问了骑兵的问题，法布里齐奥一一回答。至此，关于步兵和骑兵的整体安排及训练问题都已回答完毕，根据他自己的说法，"让我们接下来为一支军队定形，以便能够对敌开战，并且有望战胜敌人"（卷二，328）。一支训练有素的军队成型了。

随后五卷内容，一方面可视为进入战斗部分的兵法演练，另一方面，也可以认为它们是在将卷一和卷二的军事教诲应用于某种实际过程。正是由于这个缘故，科西莫不再发言，因为他已经和法布里齐奥组织好了一支军队。这时，我们有必要再度回到前言。马基雅维利说科西莫从没有涉足爱河，却写下了爱情诗，与此类似，科西莫对于兵法与国政同样有深入的思考，可惜英年早逝，壮志未酬，也没有涉足真正的军事领域。他的各种思考和疑问必须通过法布里齐奥的实践经验来验证，或证是或证否。因此，卷三之后，他在对话中消失。也就是说，马基雅维利重复了他这种"未尝涉足实践"的特征；但对于《兵法》的读者而言，他们必须投入战斗——这至少是马基雅维利教诲的期望。

关于这部文集有几个问题需要略作说明。

首先，关于《兵法》的译名。通常英译为 The Art of War，现行中译本有三种：一种是崔树义译本，约为直译：《战争的技艺》（上海三联书店，2010）；一种是时殷弘译本，《用兵之道》；一种是袁坚译本，《兵法》。纯粹从字面来看，译成"战争术"更贴合原文，可以类比于亚里士多德的修辞术等等。但是，中国自古便有兵法研究的传统，最负盛名者莫过于《孙子兵法》，这是子学中不可或缺的一类，译为"兵法"可与之对观。这种对观或许也是袁坚先生采取"兵法"为译名的缘故。此外，1981 年，戚国淦先生为商务版《佛罗伦萨史》（李活译，北京：商务印书馆，1982）写序时，译为"兵法七卷"，"七卷"实可以略而不言。

其次，莱布尼兹在《中国近事》中曾经这样谈到中国：

在战争艺术方面，他们也低于我们的水平，然而这并非完全出于无知，而是他们蔑视人类中一切产生或导致侵略的行径，更厌恶战争本身——在这一点上，他们几乎是在仿效被

不少人误解了的、甚至过于夸张了的极度的崇高教诲。假如
只有他们自己在地球上生存的话，这确实是一种明智的态度。
然而，我们今日面对的现实却是，就连那些安分守己的好人也
必须掌握损害邪恶力量的手段，从而使其不会损害自己。在
这些方面，我们超过他们。①

今日读来，莱布尼兹这段话依旧可以作为中国近代历史和当
代世界的基本参照。但是，莱布尼兹的本义并非在于描述中国，
只是恰好言及而已，他不过是要传达他作为欧洲知识人的政治生
活经验与思考，按照施米特的说法就是：随时存在的战争可能性
是欧洲历史和思想的底色。几个世纪之后，施米特《大地的法》
仍旧回响着哲人莱布尼兹的话语，他通过这种邪恶但现实的战争
技艺塑造的现代世界，来证成现代国际法的形成。

我们选编这部关于马基雅维利《兵法》的文集，不是为了认
同或者反对莱布尼兹的判断，而是要透彻理解西方或者欧洲人关
于战争和军事的经验，理解他们由这种最为现实的政治生存经验
而来的政治和哲学思考，因为这些思考深刻地影响了1500年以
后的世界，影响了今日中国和中国所处的世界。

莱布尼兹说，中国人要想在这个地球上生存，就必须学习
他们的邪恶手段。这话可能只说对了一半，至于另一半拨乱反正
的内容，则需要中国学者重建自己的"兵法"——至少要从重读
《荀子·议兵》开始。

2018年10月29日于北京

---

① 莱布尼茨编，《中国近事》，杨保筠译，郑州：大象出版社，2011，页2。

《兵法》引论

曼斯菲尔德(Harvey C. Mansfield)　撰

马基雅维利的《兵法》(*Art of War*)不像他的其他重要散文作品那样具有马基雅维利的特色。《君主论》(*Prince*)、《李维史论》(*Discourses on Livy*)和《佛罗伦萨史》(*Florentine Histories*),都初版于1531和1532年,而马基雅维利1527年便已去世,这几本在他身后出版的著作充满邪恶说教(wicked sayings)——或尖刻或温和,但令人过目难忘。比如,"人们忘记父亲之死比忘记遗产的丧失还来得快些"(《君主论》第17章);[①] "过程纵使可议,效果却使得当事人理直气壮"(《李维史论》卷一,第9章);[②] "忠实的奴仆总是当奴仆,诚实的人永远受穷"(《佛罗伦萨史》卷三,第13章)。[③] 但这类妙语没有出现于1521年出版的《兵法》。

确实,卷六列举了33条一位首领可能觉得必需的诡计(deceits)

---

① ［译注］中译参马基雅维利,《君主论》,潘汉典译,北京:商务印书馆,1986。下引《君主论》均采该译本,不一一标明。

② ［译注］中译参马基雅维利,《论李维〈罗马史〉》,吕健忠译,北京:商务印书馆,2013。下列《李维史论》均参该译本,不一一注明。

③ ［译注］中译参马基雅维利,《佛罗伦萨史》,李活译,北京:商务印书馆,1982。下列《佛罗伦萨史》均参该译本,不一一注明。

(《兵法》卷六, 页 482-490),① 卷七补充了被围城者可能遭遇的来自其包围者的一系列计谋(《兵法》卷七, 页 505-511)。但《兵法》中"马基雅维利式的"部分相对温和, 没有显露马基雅维利只要愿意就可以释放的毒液(venom)。而且, 在战争的背景下, 这些邪恶可以谅解, 因而也有其限度。在战争环境中, 好人被迫去做和平时期无法设想的坏事。马基雅维利并未企图将源自战场的邪恶做法延伸到和平时期的政治中——如他在他的其他作品中所为。这些邪恶做法看起来始终是那些必须战斗者的肮脏的必需, 但是, 他没有把这些做法推荐给所有追逐功名者作为武器。

但是, 最引人注目的还是马基雅维利在《兵法》中对兵法的温和看法。马基雅维利在《君主论》中宣称, 兵法是"进行统帅的人应有的唯一专业":

> 因此, 一位君主除了战争及其制度和训练之外, 不应该再有其他的目标、其他的思想, 也不应该把其他事情作为自己的技艺, 因为这是进行统帅的人应有的唯一技艺。(《君主论》第14章)

而且, 他继续说道, 有此技艺而无国家的君主常常能取得国家, 有国家而无此技艺的君主将痛失其国。事实上, 对一位君主来说, "拥有武装"并不意味着他手持武器或拥有一支军队, 而是他

---

① ［译注］作者所引页码来自 Machiavelli,《兵法》(*Arte della guerra*), S. Bertelli 编, Milan: Feltrinelli, 1961。中译参马基雅维利,《用兵之道》, 时殷弘译, 长春: 吉林出版集团有限责任公司, 2013。另参袁坚译,《兵法》, 北京: 解放军出版社, 1997。下列《兵法》均参考这两个译本中的一个, 或同时参考, 不一一注明。本书一般将 art of war 译成"兵法", 有时根据需要译成"战争技艺"; 作书名时则一律译作《兵法》。

懂得兵法。马基雅维利举斯福尔扎(Francesco Sforza)为例,他因为"拥有武装"而由一介"平民"跃居米兰公爵。似乎他需要的一切就是学习成为一名军事专家,他拥有的战争知识令他取得政治成功。那种知识不仅至高无上,而且是全面的技艺,也许除了好运,不再需要别的知识。这里看起来战争和政治是一回事。

但是,如果我们求助于《兵法》来为《君主论》中这一令人吃惊的结论找一个解释,我们只会失望。《兵法》中没有提出兵法的定义,对话者似乎满足于停留在对战时与平时的传统区分,而传统区分否认《君主论》关于兵法的帝国主义主张。只是,偶尔,我们会看到,谈话将战争的逻辑(logic)带到触及边线——这一边线将兵法保持在其通常的界限内——的地方。

在《兵法》的献词中,马基雅维利声称,他写作是为了反对当今时代那种强有力的观点:平民生活与军事生活互不相同。但这意味着应该使军事生活更接近平民生活,公民军队(citizen armies)应取代专业的雇佣军——而不应使市民生活更接近军事生活,从而促使政治家们认为自己的专技是战争技艺。[1] 尽管马基雅维利赞美其中一位对话者科西莫,赞美他教给人很多对军事生活和平民生活都有用的事情(《兵法》卷一,页329),但这部作品给大多数

---

[1]　参 Gennaro Sasso,《马基雅维利的政治思想》(*Machiavelli: Storia del suo pensiero politico*), Bologna, 1980, 页581、584; Neal Wood,《马基雅维利〈兵法〉引论》(*Introduction to Machiavelli's "The Art of War"*), Indianapolis, 1965, 页48、59; Roberto Ridolfi,《马基雅维利传》(*Vita di Machiavelli*), 第七版, Florence, 1978, 页277; Felix Gilbert,《马基雅维利: 兵法的复兴》(Machiavelli: The Renaissance of the Art of War), 收于《现代战略的缔造者》(*Makers of Modern Strategy*), Peter Paret编, Princeton, 1986, 页11([译注]中译本参时殷宏等译, 北京: 世界知识出版社, 2006)。

读者留下的主要印象,则是军事权威当从属于平民权威。献词先表明军事生活与平民生活并非如此互不相同,之后,马基雅维利将军事比作一座庄严宏伟的王宫的屋顶,赋予其防卫功能。在这一关于保卫的描述中,《君主论》和《李维史论》中非常显著的获取(acquisition)的可能性(或者说必要性[necessity]),被悄然略过,在《兵法》的其他地方也几乎再未出现。①

马基雅维利也没有用对斯福尔扎——《君主论》中以擅长兵法获得成功的典范——事业的生动描述款待我们。②这一描述见于《佛罗伦萨史》卷五。作为替代,我们领受了主要对话者法布里齐奥(Fabrizio Colonna)的智慧,这位雇佣军首领刚为阿拉贡王斐迪南("天主教国王")完成一项任务(《兵法》卷一,页329)。斯福尔扎在考虑如何欺骗雇用他的米兰市民以及成为他们的君主时一定会抱有的想法,法布里齐奥似乎并不赞同(《兵法》卷一,页335)。

法布里齐奥似乎谴责那种行为,他本人对以兵法为职业有道德上的怀疑。尽管从事这一职业,他仍强烈反对使用雇佣军,并不断推荐"我的罗马人"——共和时期的罗马人——的军事方法。他的名字使我们想起法布里奇乌斯(Fabricius),一位以道德正直著称的罗马共和国将领,《兵法》一开始就引他为例(《兵法》卷一,

---

① 《君主论》卷一,页3、4、6、7;《李维史论》卷一,页5、20;卷三,页12;《佛罗伦萨史》卷三,页13,卷四,页1。参《兵法》卷六,页447,尤参33条诡计,以及下文将要讨论的卷七,页490。[译注]《兵法》之外的其他作品,作者所引页码来自 Machiavelli,《作品全集》(*Tutte le opere*), Mario Casella 和 Guido Mazzoni 编, Florence: G. Barbera, 1969。

② 斯福尔扎被提及三次,参《兵法》卷一,页335-336、348,且他的政治成就据说使他得以"荣耀地生活在和平时代"——也就是说,不是作为一名兵法的运用者。

页332)。马基雅维利在《李维史论》中也有两处提到那个"法布里齐奥",因他为自己树立了一个"有德可表罕见其匹的榜样"(《李维史论》卷二,第1章),① 而且他让敌方将领知道他的一个熟人要毒死他(《李维史论》卷三,第20章)。马基雅维利评论说,法布里奇乌斯这一"气度宽宏"的行为使他能够将皮洛士(Pyrrhus)赶出意大利,而当时,罗马军队早已不堪大用。

但在《兵法》中,作为上述一系列诡计的第33条而出现的一个类似事件,则不太起眼(《兵法》卷七,页490);马基雅维利并未像《李维史论》中那样,抓住这件事就道德德性(virtue)②的本性和作用给我们以教训。在《李维史论》中,他暗示,道德德性必须从外部、根据它能做什么来判断,而不能从其自身的角度判断它本身为好(in its own terms as good in itself)。③ 类似的马基雅维利式教训没有出现在《兵法》中。总而言之,我认为这么说颇为保险:如果仅从《兵法》判断,马基雅维利将不会获得马基雅维利主义创始者这一名声。

为何会有这样的差异——这部作品谦和,而其他作品却展示出诡计多端的邪恶? 我们并不确切知道马基雅维利写书的时间,但看来他在写作《兵法》之前的1513至1525年间写成了《君主论》和《李维史论》,而《佛罗伦萨史》则成书于《兵法》之后。这一时间表不允许我们推断他在思想上有了某种变化,因为无论如何,对

---

① [译注]此处当为卷三,第1章。

② [译注]若未特别注明,本书一律将拉丁文 virtus、意大利文 virtù 和英文 virtue 译成"德性",读者自当留意"德性"一词在马基雅维利笔下发生的意涵变化,尽管马基雅维利本人有意模糊这种变化。

③ 参 Harvey C. Mansfield,《马基雅维利的新模式和新秩序》(*Machiavelli's New Modes and Orders: A Study of the Discourses on Livy*), Ithaca, 1974, 页375。

此没有任何文本以外的证据。我在上文已提到,《兵法》是马基雅维利生前出版的唯一一部重要的散文作品。显然,可以假定马基雅维利对于挑战自己祖国的道德和宗教不得不更加小心——如果在他生前必须承受这么做的后果的话。他简单地找到了绕过这一难题的方法,即在死后才出版另外那三部作品。那么,为什么他还要以这种方式写作《兵法》,使其能在他生前出版?对这同一问题更大胆的问法是:这部明显有所节制的作品,如何共同承担起马基雅维利在《君主论》和《李维史论》中宣称的雄心勃勃的事业(impresa),即为了人类的利益而引入一种新的政治、道德和宗教秩序?这是研究《兵法》时需要解决的入门问题。

对人文主义的批评

马基雅维利的《兵法》叙述了一场发生在庭园的对话,这一庭园属于他的朋友鲁切拉伊,以奥里切拉里花园(Orti Oricellari)知名。① 科西莫及其朋友扎诺比(Zanobi Buondelmonti)、巴蒂斯塔(Battista della Palla)和路易吉(Luigi Alamanni)作为对话者,负责向来访者兵法权威法布里奇奥提问。尽管这一朋友圈中也包括马基雅维利(他将《李维史论》献给扎诺比和科西莫),但他并没有参与这一对话;他保持沉默,仅仅叙述了这一对话。他显著地标明自己是前言的作者:"尼科洛·马基雅维利,佛罗伦萨公民和秘书",且在卷一的引言重复使用了"我相信""我知道""我承认"。接下来,他在前言中向斯特罗齐(Lorenzo di Filippo Strozzi)陈述了自己

---

① 马基雅维利唯一的另外一部对话体作品是《关于语言的对话》(*Discourse or Dialogue concerning our Language*),该书似乎在与但丁争论。

的意图，并在卷一开头设定了场景，之后就抽身而退，既不以叙述者的身份继续存在，也没有亲自出现在谈话中。借口重复"他说"之类的交代太麻烦，叙述性的对话变成了表演性的对话；角色们像在戏剧中那样自己发言。

马基雅维利小心地引入自己又主动引退。因此，我们必须把他等同于整部对话而非某个特殊的角色——尤其不能等同于法布里齐奥，经常有学者认为这一军事权威是马基雅维利的代言人。[1]马基雅维利在献词中以这种说法为自己申辩：他在写作时犯的错误能够得到改正而不损害任何人，可是那些行动者犯的错误，除非帝国毁败，否则就无法得知。但马基雅维利当然没有直接给出自己的观点，而是将其放入一位行动者、一位军事专家的口中，其结果是，他赋予自己的看法以更多的权威，也减轻了自己在他所警告过的错误上的责任。马基雅维利以自己的名义谈到"恶劣看法"(sinister opinions)使得人们仇视军队，避免与军人为伍，但在对话中，法布里齐奥既没有认同这些看法，也没有设法反对或替换这些看法。他自己是个模棱两可的人物。也许，马基雅维利要让此人来代表人文主义者和他们对未付诸行动的古代思想的复兴，呈现他们如何赞美那向君主和教会势力妥协的共和主义，又如何勉强承认如下这一点：若要回归古人，就得向现代人引入革命性的新秩序。法布里齐奥不是马基雅维利，毋宁说是马基雅维利的半心半意的同盟者。

在卷一的引言中，马基雅维利描述了鲁切拉伊家族的庭园，但没有提到它的名字，他也没有说，那里经常发生他将要开始叙述的

---

① Felix Gilbert 是一个例外，参氏著《马基雅维利：兵法的复兴》，前揭，页22。

这类谈话。根据当时的记述,奥里切拉里花园是哲学和政治讨论的中心,不仅在写作《兵法》的1520年代,至少从那个世纪初开始就是这样。① 所以,场景设置意味着人文主义者的思考,主题却是战争,法布里齐奥是从事战争的人。角色们据说刚结束一顿丰盛的午餐,天气很热,他们前往科西莫家庭园 "最为隐蔽多荫之处"。酒足饭饱之后,他们有心情聆听专家法布里齐奥的话。提问者都很敏锐,经常对法布里齐奥全面钦佩罗马人的方式表示怀疑,但他们没有挑战他,也没有尝试提出替代性的观点。② 讨论发生在古树的荫凉下,科西莫说,这些树都是祖父所栽培。但法布里齐奥回答说,最好在 "强劲严苛而非娇弱温柔的事情里,在他们头顶烈日而非藏身树荫所成就的功业中" 争取向古人看齐(《兵法》卷一,页331)。法布里齐奥提醒他们,"我的罗马人" 由于学习娇弱温柔之事而遭到了败坏。

因此,法布里齐奥旨在给人文主义者的花园沙龙一个卡图式(Catonic)的责难,这使我们想起,马基雅维利在《李维史论》开篇就抱怨,人们在方方面面而唯独不在政治方面模仿古人。然而,马基雅维利在《君主论》中的观点似乎与法布里齐奥的观点

---

① 　Felix Gilbert,《鲁切拉伊和奥里切拉里花园: 现代政治思想的起源研究》(Bernardo Rucellai and the Orti Oricellari: A Study of the Origin of Modern Political Thought), 载于《历史、选择和承诺》(History, Choice and Commitment), Franklin Ford编, Cambridge, 1977, 页229–238。另参Rudolf von Albertini,《佛罗伦萨: 从共和国到君主国》(Die Florentinische Staatsbewusstsein im Übergang von der Republik zum Prinzipät), Bern, 1955, 页74–89。

② 　但是,不应该像下面两位作者那样夸大他们的顺从: Hanna F. Pitkin,《机运是个女人》(Fortune Is a Woman), Berkeley, 1984, 页69; Wayne A. Rebhorn,《狐狸和狮子》(Foxes and Lions: Machiavelli's Confidence Men), Ithaca, 1988, 页213–214。

有些不同。马基雅维利并不完全鄙视荫凉。他利用自足的、有教养的绅士们的闲暇，为战争这一不闲暇、不文雅的行当辩论。他声称"古"树的保护者——古人——属于一种严苛的政治，古代哲人想要谴责这种政治，而在必须接受这种政治的地方则会进行掩饰。

柏拉图《王制》(Republic) 中的阳光代表智慧探究的对象，与此形成对照，马基雅维利则允许法布里齐奥将待在阳光下等同于士兵在野外的生活，而非哲人的渴望。这是激烈的人文主义，正与温和的新柏拉图主义者的人文主义相对立，构成后者的修辞术和哲学由早马基雅维利一代的费奇诺(Marsilio Ficino)和米兰多拉(Pico della Mirandola)引入佛罗伦萨，并为很多不大知名的人物所践行，比如法布里齐奥提到的奥利切拉里花园中这位科西莫的叔叔贝尔纳多(Bernardo)。① 马基雅维利对关于古人的流俗看法提出申诉，似乎意在将欣赏对象从希腊的文学转向罗马的事功(deeds)。这一转变可能伴随对古人的真诚钦佩，但这样一种尝试，只是为了达到以一种古人不会赞同的方式满足当代需求这一目标。奥里切拉里花园中的树代表为现代人创造荫凉的古人(《兵法》卷一，页330)。② 荫凉既是一种帮助，也是一种障碍：是帮助，因为它提供了现代信仰的一种权威替代品；是障碍，因为它软化了现代人。因此，马基雅维利的对话场景起着与主题对位的作用。对话是一场荫凉下的争论，以鼓励阳光下的行军和战斗。③

----

① ［译注］《用兵之道》只提到科西莫的祖父贝尔纳多。

② 注意在《兵法》卷一页330–333中，"树荫下面"(sotto l'ombra)出现了三次。

③ 比较其他关于场景的解释，参Gennaro Sasso，《马基雅维利、他的古人和其他散文》(Machiavelli e gli e altri saggi)，3卷本，Milan，1987，卷一，页505；

　　尽管如此,为了回答科西莫——他为他叔叔在荫凉庭园中的讨论申辩——法布里齐奥说,他介绍的方式不是斯巴达式的艰苦生活,而是"更加人道"(piu umani)的方式。法布里齐奥想介绍的古代方式是什么呢?"褒奖美德,不鄙薄贫穷,尊重军纪风尚和军纪规章,迫使公民互爱,不拉帮结派,敬公甚于敬私,还有其他能轻而易举地伴随我们当代的事情。"(《兵法》卷一,页332)

　　法布里齐奥的回答,听起来像是最近史学家们称作"公民人文主义"(civic humanism)——与文学人文主义(literary humanism)相对——的总纲。根据他们不大确切的描述,公民人文主义调和了道德德性和爱国主义,使两者中的任何一方都不会向对方提出过分要求。[1]公民的道德德性意味着自我牺牲,即一个人可以为共和国或公共利益放弃什么。这与亚里士多德对以下两者的强调相对立:因有德而产生的愉悦,和在道德自我完善中产生的合理自豪(《尼各马可伦理学》1099a7, 1102a5, 1124b6)。上述公民人文主义思想认为,爱国主义不需要不义或任何其他不道德行为,这一乐观视角下的爱国主义绝不会狭隘、残忍或狂热。这种公民优先性与德性的混合,从任何认真考虑过的视角来看都太美好以致无法成真,更别提从亚里士多德和马基雅维利的爱国主义的视角来考虑了。

　　根据巴伦(Hans Baron)的开创性说法,公民人文主义据说源自布鲁尼(Leonardo Bruni, 1374—1444)——佛罗伦萨秘书,他写过一本佛罗伦萨史,翻译过亚里士多德的作品。[2]比马基雅维利的

Hanna F. Pitkin,《机运是个女人》,前揭,页68;Wayne A. Rebhorn,《狐狸和狮子》,前揭,页203。

　　[1]　尤参Hans Baron,《意大利文艺复兴早期的危机》(*The Crisis of the Early Italian Renaissance*), Princeton, 1966,页457—460。

　　[2]　Hans Baron,《意大利文艺复兴早期的危机》,前揭,第三章。

《兵法》正好早一个世纪，布鲁尼写了一本关于军事的专著，叫《论军事》(*De militia*)。① 但那部作品与马基雅维利的作品形成鲜明对比，其中的共和主义对贵族制有着强烈偏好。② 以对待罗马人为例，《论军事》赞美军中的骑士阶层并为之辩护——正与马基雅维利贬低骑兵而抬高步兵相反。布鲁尼的视野不只局限于罗马和佛罗伦萨的实际政制，他也极为看重军事荣誉，把这些政制的位置放在柏拉图和希波达摩斯(Hippodamos，亚里士多德称此人为第一位政治科学家③)构想的最佳政制之中——这一政制，其实就是马基雅维利在《君主论》第十五章所拒绝的、作为一种政制模型的假想共和国。

布鲁尼对贵族和最佳政制的关心，与其文本的修辞形式和劝勉口吻一致，其最近的编辑者贝利(C. C. Bayley)已注意到这一点。④ 作品致力于一个严酷的主题——战争的必要性，但布鲁尼把战争当作一个荣誉而非获取的机会。布鲁尼视战争为德性的舞台，而非将德性当成战争的工具。他在精神上远离马基雅维利，正如柏拉图、亚里士多德和西塞罗在精神上远离马基雅维利，⑤ 尽管

---

① 1421年或者据C. C. Bayley, 1422年。参C. C. Bayley,《文艺复兴时期佛罗伦萨的战争和社会》(*War and Society in Renaissance Florence*), Toronto, 页3、362; 比较Hans Baron,《意大利文艺复兴早期的危机》, 前揭, 页553、560–561。

② 布鲁尼的《在斯特罗齐葬礼上的演讲》(*Funeral Oration on Nanni degli Strozzi*)同样如此，强调了崇尚荣誉的杰出的爱国主义; Hans Baron,《意大利文艺复兴早期的危机》, 前揭, 页419–420。

③ 《政治学》1267b23–31; 布鲁尼,《论军事》(*De Militia*), 见C. C. Bayley,《文艺复兴时期佛罗伦萨的战争和社会》, 前揭, 页371、374。

④ C. C. Bayley,《文艺复兴时期佛罗伦萨的战争和社会》, 前揭, 页316–336。

⑤ 与Baron的观点正好相反，参Hans Baron,《意大利文艺复兴早期的危机》, 前揭, 页428–431。

这无疑是公民人文主义,但它也确实与人文主义的非政治传统一样讲究道德,并具有文学和修辞特征。我们可以说,它首先关心人的尊严和高尚。我们从《兵法》的献词中得知,马基雅维利的话题是保卫人和人的城邦。对他来说,问题变成了,保卫人是否就要求贬低或放弃人的尊严。

布鲁尼的《论军事》没有提到战争技艺,仅有的几处提到"技艺",是为了区分战争技艺与士兵的德性和力量。[1] 但马基雅维利写的是与笼统的军事不同的战争技艺。既然被看成一种技艺,战争就并非必须是公民的(civic)或道德的。身怀此术的军事专家依其身份没有公民的公民动机(civic motive of the citizen),他怀有以不道德手段打败他人的技艺。战争技艺似乎难以跟公民人文主义或任何其他的人文主义相调和。

克劳塞维茨和苏格拉底论兵法

马基雅维利的《兵法》吸引了大量军事评论家,但遗憾的是,他们研究该书时,没有达到、甚至没有尝试去达到研究他其他作品的人所具有的严肃程度。[2] 军事学者可能看好,也可能看轻马基雅维利的洞察,但他们只是将其视为一本关于战争的技艺或性质的专著,因为战争曾经进行且总在进行。这些评论家一贯忽视马基雅维利这一作品的对话形式及更深的思想意义,不过他们的直率

---

[1] C. C. Bayley,《文艺复兴时期佛罗伦萨的战争和社会》,前揭,页385。

[2] 最近的研究,参Piero Pieri,《意大利作家笔下的战争与政治》(*Guerra e politica negli scrittori italiani*), Milan, 1954, 以及J. R. Hale,《文艺复兴时期欧罗巴的战争与社会, 1450-1620》(*War and Society in Renaissance Europe, 1450-1620*), New York, 1985。

使人耳目一新。这表明，兵法有其自身的完整特性，在战争领域，胜利显而易见，因此论点也总是很确凿，不像政制的优劣那样充满争议。但是，要恰当理解战争技艺的思想，我们理应比军事评论家们对其给予更多关切。

克劳塞维茨在一部早期作品中赞美马基雅维利"对军事有很好的判断"。[①]他喜欢马基雅维利，因为后者领会了好战精神的心理学(the psychology of warlike spirit)。接着，在《战争论》(*On War*)中，克劳塞维茨对任何战争技艺或战争科学表示怀疑，因为这些研究总是将战争中的人当成机械对象处理。[②]克劳塞维茨似乎不确定，是否存在一种真正的兵法能克服这一困难，马基雅维利也意识到这个问题。克劳塞维茨在一封信中敏锐地评论说，马基雅维利的《兵法》缺少"他的其他作品具有的自由而独立的判断"。[③]但理由可能是，如我们注意到的，马基雅维利在以"兵法"命名的对话中，没有赋予"兵法"以在《君主论》和《李维史论》中相同的丰富意义。[④]将兵法的内涵延伸，使之涵盖所有政治行为，这会赋予马基雅维利学说一个全新的心理层面的意义，使之摆脱传统和道德。在我们了解卷一如何提出问题之前，为了得出更完整的解释，我们

---

① Karl von Klausewitz,《战略》(*Strategie*), E. Kessel 编, Hamburg, 1937, 页41；Peter Paret,《克劳塞维茨和国家》(*Clausewitz and the State*), Princeton, 1985, 页169–179；Raymon Aron,《克劳塞维茨对战争的思考》(*Penser la guerra Clausewits*), Paris, 1976, 页14–15、20–25。

② Clausewitz,《战争论》卷二, 第3章。

③ 摘自 Peter Paret,《克劳塞维茨和国家》(*Clausewitz and the State*), 前揭, 页176。

④ 在《李维史论》卷一第2章, 马基雅维利使罗慕路斯的兵法和努马的和平技艺不仅互补而且连续。李维使这两者形成对比。《李维史论》卷一, 21.5。参拙作《马基雅维利的新模式和新秩序》, 前揭, 页70–71。

需要在苏格拉底的传统中寻找这一问题的起源。

　　根据伯德(Burd)的研究,[1] 马基雅维利《兵法》的主要材料来源,通常被认为是弗龙蒂努斯(Frontinus)、韦格蒂乌斯(Vegetius)和珀律比俄斯(Polybius)的作品。他们为他提供了关于罗马军团和马其顿方阵的战斗队形、士兵的撤退、部队的行军和扎营、纪律以及武器的必要信息。马基雅维利将这些都称为古代"秩序",他也希望让人去模仿这些秩序。但先于古代秩序的,是战争技艺的观念,事实上,这正是马基雅维利对话中的第一个话题。"战争技艺"源自古希腊,更确切地说是源自苏格拉底。苏格拉底极其重视美德,尤其是正义,但战争可以成为一门技艺这个假设也应该归在他身上。但苏格拉底没有认为这个假设理所当然正确。

　　柏拉图和色诺芬的作品中有二十多处提到战争技艺或战争科学,其中两段可以说明上述假设的可能性和困难。我们从柏拉图《王制》中得知,战争技艺应该由那些只致力于此活动的熟练的实践者运用。与其他技艺一样,这种技艺包含能清楚表达并可教授的范围有限的能力,从中能见出卓越。没有什么东西阻止女人获得这一技艺。战争技艺拒绝考虑外部问题,比如说由谁运用、为了什么目的,由此维持其理性(《王制》374b4,比较397e8,422c6,456a1)。这是一门能清楚表达的技艺,不过,与柏拉图的描述形成对比的是,色诺芬讲述的故事扩大了战争技艺的范围,而不仅仅将其作为一种纯粹的军事能力来理解。苏格拉底鼓励他的一名年轻同伴学习战争技艺——如果他想成为一名将军。但当那个小伙子

_____

　　① L. Arthur Burd,《马基雅维利〈兵法〉的资料来源》("Le fonte letterarie di Machiavelli nell"Arte della guerra"),载于 *Atti della reale Accademia dei lincei* (Classe di scienze morali, storiche e filologiche, ser. 5), 4.1, (1897), 页187–261。

学成归来时，他承认自己的全部所学就是战术。苏格拉底提醒他，好的战术要求对人的细致管理，即要求关于人的性格的知识——实际上就是能区分好人与坏人的全部必要知识（《回忆苏格拉底》卷三，第1章）。在看似天真的提问之下，苏格拉底将兵法转换成了关于好生活这一哲学对象的知识。工匠对其技艺之边界的关心，顿时变成了哲人对作为整体的知识的爱。

讨论了兵法的本性之后，马基雅维利的法布里齐奥开始谈到挑选士兵的问题，结果遇到了相同的困难。善战之人能等同于好人吗？如果不能，我们如何保证兵法会用于好的目的？一场给胜利者带来腐败的胜利，真的毫无疑问是一场胜利吗？纯粹军事的观点消融在那激发了哲学的怀疑和不确定当中。

《君主论》第十四章说道，君主需要知道的一切唯有兵法，马基雅维利在这一章推荐了色诺芬的《居鲁士的教育》(*Cycopaedia*)，因为其中一个谐剧片段提出了关于上述问题的某种答案。在征服巴比伦这一最终目标达成之后，居鲁士对将要统治其帝国的波斯精英卫队的首领们发表讲话，他坚决认为，他们应该将维持自身优越性的"战争的科学和责任"保留给自己人，而不应与那些被征服者分享（《居鲁士的教育》卷七，5–79）。苏格拉底也有与居鲁士这一警告类似的说法，他声称人们乐意服从比他们优秀的人，人们相信这些人最好，因为这些人拥有知识（《回忆苏格拉底》卷三，第9章；比较《居鲁士的教育》卷一6.27，卷二1.20）。因此，最好之人的自然正确(natural right)将会——或者说应该——阻止战争技艺的滥用。自然正确通过使战争技艺合法化而将其限制在边界内，并使该技艺的表述与其对整全的冲击相调和。是否存在这样的自然正确，当然还可以讨论。法布里齐奥——这个名字让我们想起道德高尚的法布里奇乌斯——实际上滥用了这种自然正确。他引

用的一句谚语反映了他的自负："战争造窃贼，和平绞杀之。"(《兵法》卷一，页336)

马基雅维利从未明确攻击"自然正确"这一概念。他从不在其作品或通信中提及"自然正确"或"自然法"，从而可以尽其所能或所愿地谈论它们。这种明显的沉默，不可能意味着马基雅维利没有意识到苏格拉底传统奠立的道德和政治基础。在其残忍的马基雅维利主义中，他留下了很多故意拒绝这一基础的记号(我已给过例子)，更别提他自己经常在引用和参考古代作家时故意不太明显地背离原意。[①] 那些视马基雅维利为公民人文主义者的人，应该严肃考虑马基雅维利思想中自然正确的缺席。他们似乎没有想过，如果自然中没有正义，那还有什么东西可以让公民精神始终具有人道精神。

马基雅维利之后，自然正确以一种新的形式——作为一种平等的权利而非最佳者的权利——重新出现。两位17世纪的法学家，格劳秀斯(Hugo Grotius)和普芬多夫(Samuel Pufendorf)，将这种新学说应用于战争和国际关系，他们构想出一种基于国家间平等的国际法，至今仍规定着国际行为的合法性。国家间的合法平等源自一种主权学说，其中谁是主权者这一确定的考量，取代了谁是最佳统治者这一有争议的判断。因此，兵法用于保卫主权时既正当，又受限，人们可能会认为，这是对兵法的古代观念的重要推进，因为古代的看法无法为这一技艺的运用设置确定的界限。

---

① 关于阅读马基雅维利的作品时注意细节(cose piccole)的重要性，参Harvey C. Mansfield，《马基雅维利的新模式和新秩序》，前揭，页10；另参Leo Strauss，《关于马基雅维利的思考》(*Thoughts on Machiavelli*)，Glencoe，1958，第1章([译注]中译参申彤译本，南京：译林出版社，2003)。

　　但现代自然权利学说的代价是丧失了某种理解。这一学说制造了军事与政治之间法条主义的(legalistic)分离，不再承认苏格拉底和马基雅维利曾相当明确认可的统一性。结果，非但没有解决战争的道德问题，反而低估了道德问题，因为这一学说否认任何入侵的正当动机。那些不知道自己会受到侵略诱惑的国家，总会惊讶于其他国家的侵略，且难以识别和抵抗侵略。而且，军事专家服从政治权威这一观念也夸大了战争的可控性。马基雅维利受到批评的原因在于，作为一名军事保守分子，他不仅否认炮兵、骑兵和堡垒的价值，而且没有注意到他那个时代现代军事职业化的开始。但是，皮耶里(Piero Pieri)注意到，马基雅维利看到了总体战(total war)的可能。①

　　马基雅维利摧毁和驳斥古典式的自然正确，就为现代自然权利的发展作好了准备，虽然这与他的本意显然相悖。对他来说，最佳者的自然优势(natural superiority)并不固定，至少在一些政治情形中，"最佳"会被理解为道德最佳者或绅士的统治，而他极其鄙视那些人(《李维史论》卷一，第5、55、58章；卷三，第20、22章；《君主论》第9章；《佛罗伦萨史》卷三，第13章)。当然，相对于现代国际法的平等，马基雅维利保留了最佳君主或首领，即最有能力的侵略者的自然优势。因此，在他的其他作品中，他敌视那些不为自身利益战斗的职业士兵，即雇佣兵。如果雇佣军首领像斯福尔扎那样，想成为一名君主并用兵法扩张自身力量，马基雅维利的敌视就变成了热烈的赞赏。这样，马基雅维利蔑视的雇佣武装就变成了"某人自己的武装"(他特有的格言)。后来，凭借霍布斯超常的天才，"某人自己的武装"便等同于自我保存的原则；马基雅维

---

　　①　Piero Pieri，《意大利作家笔下的战争与政治》，前揭，页56–62。

利式的征伐之君凭借同意进行统治,而他征服世界的欲望(《李维史论》卷一,第20章)则因上述国际法的产生受到了限制。因此,马基雅维利式的自私精神,重新导向一个非马基雅维利式的结论,这一结论为兵法设定了道德限制。

然而,在《兵法》中,马基雅维利的绅士雇佣兵法布里齐奥代表了对古典式自然正确的无知,因这种自然正确只是反映了道德之人的鲁钝。法布里齐奥赞美罗马人使用自己的武装(《兵法》卷一,页348-349),但他从未想过为自己做同样的事情;相反,他是为"天主教国王"带兵。关于这位绅士专家,或者说关于通常意义上的古典式自然正确,实际真相是为天主教国王打仗。法布里齐奥对自己的侵略满怀道德厌恶,同时尽职尽责地帮助别人侵略。在对侵略的迁就而非赞成上,马基雅维利想要使法布里齐奥前后一致。为了看到马基雅维利与法布里齐奥相反的判断,我们必须领会他使用法布里齐奥作为权威的必要性;我们必须理解,马基雅维利想要借他那个时代古典主义的复兴,来反对古典自然正确的传统。他通过一部对话达成两个目标:先将法布里齐奥立为权威,接着,通过马基雅维利的角色们——他们并不代表马基雅维利本人——的提问逐渐削减其权威。随着对话的发展,马基雅维利推翻了法布里齐奥关于自然正确的假设,马基雅维利还暗示后者从未全然领会自然正确,最终,法布里齐奥被迫取消自己规定的对兵法的道德限制。为了看到马基雅维利的影响,我们必须紧紧地且充满敬意地跟随这一发展。为了理解《兵法》,仅仅引述法布里齐奥的孤立陈述,把这些陈述当成马基雅维利的观点,显然不够。

科西莫的指责

《兵法》的评论者们不以为然地指出，在对话进行过程中，首要参与者法布里齐奥没有遭遇来自其他参与者的公开挑战。评论者们以平等交流的民主方式理解对话，认为对话看来对其他参与者不公平。但法布里齐奥是一位在兵法方面技艺高超的专家，年轻人理应听他的。我们注意到，他刚被招待了一顿丰盛的午餐，这时去质疑他的假定、败坏他的胃口会显得粗鲁。但这并不意味着一位警醒的读者必须接受那些假定。马基雅维利没有提供关于各种意见的平等论战，而是留给读者去选择。事实上，他有一个统摄性的主题(thesis)，即在兵法上模仿古人；还有一个更隐蔽的对位(counterpoint)，即超越古人。

尽管如此，在前两卷中跟法布里齐奥对话的科西莫，承诺将"不揣冒昧"(samza rispetto，《兵法》卷一，页331)地问他问题。马基雅维利叙述这场对话时，科西莫已经去世，所以，贝尔泰利(Sergio Bertelli)认为，《兵法》对话发生的时间是1516年9月——因为那时法布里齐奥正处于《努瓦永条约》(Treaty of Noyon)签订后的闲暇中，而马基雅维利叙述这场对话的时间，则是在1519年科西莫去世之后。马基雅维利以对科西莫深情的悼念开始卷一，相信人们绝不会怀疑这样的赞颂是"谄媚奉承"：好像从来没有人去谄媚奉承一个死去的年轻人。[①]谈话开始时，科西莫为他祖父作了一次申辩，以回应法布里齐奥的指责，后者指责科西莫的祖父在文

---

① 科西莫干预对话的次数——卷一33次，卷二16次，卷三3次，暗示科西莫在对话中的重要性。他比法布里齐奥更接近马基雅维利。

雅之事上模仿古人。科西莫问法布里齐奥想介绍的与古人相似的东西是什么，得到的回答，就是我们已讨论过的公民人文主义的各条原则。随后，科西莫开始询问法布里齐奥的技艺。

科西莫问：出于什么原因，你一方面谴责行为不像古人的那些人，另一方面，在你擅长的战争领域，却不见你用过任何古代手段？[1]科西莫的意思很明显，法布里齐奥作为一名雇佣军首领，与古人的实践（但不是迦太基人的实践，法布里齐奥马上会提到他们）正相对立。"你的技艺"指法布里齐奥据称投身其中的实践的技能(skill)，是苏格拉底意义上的技艺，我们会将其称为专业(profession)。[2]法布里齐奥这么回答科西莫的"指责"：他没有找到机会以表明他作的"准备"，从而使军队回归古代法则。也许这场对话就是那个机会，但对话由科西莫发起并由马基雅维利记录。法布里齐奥无力地补充道，比起那些胡须半白、惯常是战争之敌的老人（他们没有看到"坏风尚"是当今忽视兵法的原因），年轻人更容易相信他。他没有说马基雅维利在前言中提到的"恶劣看法"挡了军事改革的道。我们看到，兵法受限于必须等待使用机会并尊重人性。他无法仅凭自己的能力使自己得到举荐和任用。

接下来，科西莫的指责突然变成法布里齐奥的自责，后者试图找一个更深的借口。法布里齐奥说，"我的技艺"是一门人们靠此无法每时每刻都诚实生活的技艺——古今皆然，除非由一个共和国或王国去用（《兵法》卷一，页334）。一个好人(uomo buono)绝不

---

① 《兵法》卷一，页333；参Gennaro Sasso,《马基雅维利的政治思想》，前揭，页586。

② J. G. A. Pocoko,《马基雅维利时刻》(The Machiavellian Moment)，Princeton, 1975, 页199。［译注］中译本参冯克利译，南京：译林出版社，2013。

会将兵法当作他的特技(per sua particulare arte)去实习,因为兵法要求他变得贪婪、欺诈、暴烈,这些品性必然使他不善。而且他不可能被塑造成别的样子,因为兵法在和平时期无利可图;所以,他要么在战争期间大发横财,要么策动破坏和平。因此,兵法真的是受雇的技艺,是"混钱"的技艺(arte del soldo)。战争中不可能有职业献身精神,因为战争让专于其道的人变得邪恶,他不再致力于他的主顾(client),而只致力于自身的维持与扩张。如果他用兵法服务于一个"制度良好的共和国或王国"(《兵法》卷一,页337;比较卷一,页334),该技艺的道德污点就被一扫而光,但确切来讲,一个制度良好的城邦不会允许战争专家将这一行干到底,这类城邦会要求他重归"他(和平时期)的技艺"来养活自己。我们必须将庞培(Pompey)和恺撒,跟早期罗马共和国的将领比如西庇阿(Scipio)和马尔克鲁斯(Marcellus)区分开来——前者是兵法方面的能人(valenti),而后者是能人兼好人。

法布里齐奥欣赏的古人就到此为止了! 他们被分为应该被模仿的人与不应该被模仿的人。法布里齐奥模糊地意识到苏格拉底式战争技艺的深刻潜力,但他无法对之作改进。他自己作为一个道德之人,欲使兵法变得道德;而且他似乎认为,仅凭他的愿望就可以达成这点。他为自己没有模仿古人而向科西莫作的个人申辩,转变成对所有致力于兵法的人(包括他自己)的指责;这一专业被视为一种买卖。但接下来,当代雇佣兵的放荡行为也得到了开脱,因为在没有制度良好的城邦的情况下,他们被迫这么做。法布里齐奥最后变得自相矛盾。他一开始说战争技艺是"我的技艺",最后却否认这一说法(《兵法》卷一,页334、342),并宣称"我的技艺"是治理和保卫我的下属。战争技艺似乎受限于且受制于政治技艺。法布里齐奥想要适当程度地(debiti mezzi,《兵法》卷一,页

332)引进的公民人文主义，现在看来成了采纳兵法的必要条件。那么，假设战争与政治分离，写一本关于兵法的专著将有何意义？法布里齐奥欲使兵法与诚实相容，似乎再次代表了他那个时代半心半意的人文主义者，且更深地反映了古代德性的问题和悖论。我们绝不能认为马基雅维利分有法布里齐奥的困惑，而需要考虑，他解决这一困难的方法是什么。

法布里齐奥的设想

在上述困境中，法布里齐奥通过提升步兵的价值找到了避难所，他说步兵是军队的神经(《兵法》卷一，页339)。步兵的优点是：当和平到来时返回家园，在不欺压其他公民的情况下实践他们的技艺。他们的优点就是不成为专业士兵。但一支由非专业步兵组成的军队能打赢战役吗？[①] 在对话剩余部分，法布里齐奥勇敢地主张——同时回避了很多异议：无论在军事上还是道德上，步兵都优于一支由马上能手组成的军队，而且古人也如此相信。因此，他的问题得到了漂亮的解决：通过模仿古人，不仅可以赢得战役，还不用担心事后由那些对获胜必不可少的人造成的麻烦。步兵就是答案。通过使用步兵，兵法能同时带来胜利和道德上的善，后者对于约束兵法本身是必需的。

这就是法布里齐奥的设想，因科西莫在卷一开头关于兵法的提问而得以呈现。在此基础上，法布里齐奥重新开始(《兵法》卷一，页343)并继续对话，论述更加严格意义上的军事事务。但在该设想中，道德和政治的困难始终裸露在外，尽管常常以军事问题的

---

① Piero Pieri,《意大利作家笔下的战争与政治》，前揭，页11-18。

形式出现。我已经给读者提供了一种贴近解释的尝试，这对于紧跟马基雅利的陈述是必要的。他采用的文学形式远不仅仅是一种形式，诸位对话者(尤其是科西莫)也几乎都不是对法布里齐奥的论述无害的听众。事实上，他们不是通过挑战他，而是通过同意他的论据而显出其中的弱点。

法布里齐奥重新开始，转向征集(deletto)士兵的问题。他说，可以利用勤奋(industria)在任何地方造就好士兵；他没说这与技艺相关或是兵法的一部分。但为了征集士兵，首领必须有君主的权威；士兵以一种介于自愿与被迫之间的中间方式(via di mezzo,《兵法》卷一，页347)来到他这里。① 但假设首领并非有国者，那他就不能征召他的军队了？科西莫的提问显露出法布里齐奥的设想：首领处在一个能征集他所喜欢的人的位置；更一般地说，科西莫的提问表明，兵法依赖于政治权威。这里暗示了马基雅利在《君主论》中的解决方式，即首领必须变成一名新君主。② 法布里齐奥不能领会，新君主为了成功，必须获得道德自由。谈到士兵的品质时，他不经意地将道德的善(bontà)等同于德性(virtù,《兵法》卷一，页350)。但科西莫诱导他(《兵法》卷一，页353–356)承认了这一点：通过轮换这种民主式而非贵族式的要求，使一支大军的首领对君主忠诚，或至少必须对君主无害。法布里齐奥的选择受必然性引导，但他似乎没有认识到这个事实。他太相信法律有维持一个民族统一的力量(《兵法》卷一，页356)。

———————————

① 关于马基雅利在《李维史论》卷二第23章所说的人们必须避免的"中间途径"，参 Leo Strauss,《关于马基雅利的思考》，前揭，页156–157，页339注释152，页340注释159。

② 《兵法》卷一，页346、350；比较法布里齐奥在讨论起军队的操练时漫不经心地提到的"我的城邦"(卷二，页373)。

是科西莫而非法布里齐奥，提出了依靠某人自己的武装的必要性，《君主论》和《李维史论》中的这个重大主题，在此处只有一种狭窄的、严格军事意义上的解释。科西莫问法布里齐奥，是否想要一份与"我们国家里"的条令类似的条令——"我们国家里"的条令明显指马基雅维利本人为佛罗伦萨的军事条令起草的1506年提案。[①] 法布里齐奥表示赞同，然后，再次由于科西莫的鼓励，他进而为"某人自己的武装"辩护，如我们所见，他并未在一种自私的意义上理解"某人自己的武装"。某人自己的武装比熟练、专业的武装在战斗精神方面有优势，这在步兵对骑兵的优越性上已体现出来。但兵法能唤起并利用这种精神吗？或者说这是一种独立于那一技艺的热情，但那一技艺依赖于这种热情？法布里齐奥一方面宣称，这种精神(animo，《兵法》卷一，页347)能通过好的制度引入生活，另一方面又说，只能在那些被选为步兵的人当中，才能找到这种精神(spirito，《兵法》卷一，页354)，他在这两者之间摇摆不定。问题仍然与兵法的独立性和综合性相关：这种技艺是依赖于得到某种特定的人才(具备战斗精神的人)呢，还是说它能创造这样的人才？

这一问题引向兵法的道德可疑性问题。法布里齐奥说过，现代人尽管在军事上很弱，却反常地全身心投入到兵法的实践中。

---

① 参马基雅维利在《条令的起因》(*La cagione dell'ordinanza*)中的解释，见 Jean-Jacques Marchand，《马基雅维利早期政治作品》(*Machiavelli; i primi scritti politici*)，Padua，1975，页120–143、432–437。另参 Sergio Bertelli，《新介绍》(Nota introducttiva)，载于 Machiavelli，《兵法》，前揭，页79–89；Piero Pieri，《文艺复兴和意大利军事危机》(*Il Rinascimento e la crisi militari italiana*)，Turin，1952，页436–443；Gennaro Sasso，《马基雅维利的政治思想》，前揭，页157–180。

因此,现代人在和平时期制造战争,既对抗敌人,也对抗朋友,他们需要把战争的技艺转换成受雇的技艺——使士兵停留在字面意义上的技艺。士兵的技艺迫使他们只忠于自己,而不像苏格拉底口中的工匠那样为自己的主顾服务,因而必然导致这一技艺的不道德。与之相对,法布里齐奥描述的古人是半心半意的军事专家,他们在战争结束后回家从事和平时期的技艺。古人这么做,似乎是因为他们是好人,尽管法布里齐奥没有说为何他们的善靠得住。也许是因为他们的善由共同对敌中的战斗精神所维系,这种对他人的忠诚既能利用又能限制兵法。

如果这种说法属实,那么,兵法就可以停留在道德界限内,而不必为雇佣兵的放肆所辖制。但这一技艺在激发慷慨的战斗精神时也会软弱无力,因为后者似乎独立于前者;且当代军队的软弱仍将继续,或者它需要某些兵法之外的补救措施。马基雅维利在《李维史论》中说:"那些为自己荣耀而战的是优秀而忠诚的士兵。"(《李维史论》卷一,第43章)这里否认战斗精神真的是如此慷慨(generous),并暗示好的政策可能产生(generated)战斗精神。马基雅维利在这部作品的献词中说,他写作兵法,是为了表明过去德性的某种形式在他的时代并非不可能。值得注意的是,他在卷一中非常密集地使用技艺(arte)一词(44次),①而卷二和卷三中则根本没有出现这个词。

在卷一中,马基雅维利坚持了这一承诺:这种支配一切的技艺会将专业献身精神以及随之产生的自我提升,跟步兵的业余精神以及与之伴随的善结合起来。举例来说,这种技艺不会仅仅等待别人为其提供适合军队的英勇的志愿兵,而是会通过为他们找一

---

① 在此书其余部分一共只用了14次。

个皈依军队(conversion to the military)的动机,积极地想办法征募他们。以这种方式,战争技艺就可以克服那些令克劳塞维茨不愿使用"战争技艺这一术语"的困难。我们将在下文的概要说明中看到,《兵法》的卷二至卷七提出了这些困难。

秩序与德性

　　一旦根据卷一中的方法挑选了士兵,就必须武装他们。法布里齐奥立马推荐了罗马人的武装,由此"他们占领了整个世界"(《兵法》卷二,页361)。但是,在科西莫的刺激下,法布里齐奥被迫从坚持古人优越性的立场上撤退。当代步兵拥有用以抵御骑兵的长矛,法布里齐奥在夸耀罗马人更好之后,还是接受了一种折中方案:半像罗马人半像日耳曼人的武装。他不得不承认,配备了马镫和改良马鞍的当代骑兵,要优于古代骑兵。法布里齐奥承认,甚至在古代,帕提亚骑兵也曾打败罗马人;接着他随口补充道,他只谈论欧洲而非亚洲的战争事务(但他很快就抛弃了这一决定)。步兵的"自然德性"只在狭窄的、骑兵的机动性无用武之地的战场有效。因此,罗马人的成功取决于找到一个狭窄的地方去战斗;它受限于特殊的环境。如果当代军队事实上优于古代军队,那么,什么导致了当代军队的软弱?

　　法布里齐奥明显松了一口气,转入卷二的第二个话题:军事训练的必要性。这里我们想起,战争技艺不像其他技艺,其他技艺在作为知识被获取之后就是完整的,而战争不仅需要理性计算,还需要练习和习惯,练习使一个人符合军队对秩序的需要。"规矩驱逐恐惧;混乱消减威猛。"(《兵法》卷二,页375)因此,法布里齐奥在组建他的军队时断言,英勇的军队是一支秩序良好的军队,而不是仅仅由英勇之人组成的部队。当科西莫问他，当代那么多污秽、那么多混乱以及对训练的那么多忽视源自何处时，他以一位"乐意"传达其政治思想的将军的自信回答了这一问题(《兵法》卷二，页392–395)。似乎问题并不在于对兵法的误解。

法布里齐奥说，欧洲有许多著名的征战高手，非洲很少，亚洲更少——在提到其中某些名字时，法布里齐奥因其亲罗马的偏见没有提到来自非洲的汉尼拔。理由是，欧洲有很多共和国而非王国，因为在共和国，大多数时候德性得到尊崇，而在王国，德性招引恐惧。法布里齐奥像在其他地方的马基雅维利一样，没有谈到"共和德性"，而只谈到共和国尊崇其首领或君主的德性。在早些时候，他无疑同时抛弃了对共和国和王国的赞美(《兵法》卷一，页334)，当时他说，不管哪种政制，只要制度良好，就能掌控军事专家。但是，他接着说，罗马帝国毁灭了很多古代共和国和王国的德性，之后随着帝国的腐败，所有地方的德性都被扼杀。德性未在原处重生，因为"秩序"一旦被破坏，恢复就需要时间。还有一个原因是基督教。法布里齐奥说，这个宗教并不强调自卫的必然性，以前存在这种必然性，因为以前的战败者会遭受"每一种极端苦难"(《兵法》卷二，页395)。而现在，战败者几乎无须担心遭受损失，因此人们不再战斗。

法布里齐奥的讲辞14次提到德性，而根本没有提到技艺。似乎战争技艺将自己的效能让位给了德性和恐惧。德性与恐惧处于某种法布里齐奥没有解释的关系之中，且它们受制于基督教的观点，阻止人们去拼死奋战。在法布里齐奥看来，基督教与共和国相敌对，后者是德性的竞技场；他看到的正在法兰西和西班牙崛起的君主政体，是当代软弱的迹象，而非强大的现代国家的开端。古时战败者面临的"最大毁灭"，不是失去共和政体，而是失去他们在此世的家园和财产。相信这些东西根本无关紧要，这属于马基雅维利在献词中提到的、导致军人被厌恶的"恶劣看法"之一。但法布里齐奥没说，为了跟这种观点斗争应做些什么，后者无疑阻碍在兵法上模仿古人。他只从一种狭窄的军事视角考察基督教，这仅仅暗示了马基雅维利在其他地方更大胆的批判。

机　遇

在卷三中，法布里齐奥的新提问者，路易吉，同伴中最年轻的一位，发起了一场激动人心的假想战斗。"我们的军队"，法布里齐奥和路易吉的军队，轻松赢得了一场纸上胜利，类似于在柏拉图对话中苏格拉底计划好的胜利。在这场战斗中，敌人没有机会；而事实上，卷三的主题似乎就是机遇。[①]一开始，法布里齐奥就断言，当代军队的最大紊乱在于它只有一个前沿部队。罗马军队正相反，在战斗中分为三层（即前沿重步兵、次列精锐重步兵和殿后最精锐重步兵），以便第一层遭遇重击时，可以退入第二层，以及如果必要的话，前两层都能退入第三层。[②]法布里齐奥强调这种阵型源自罗马；希腊方阵则不容一层退入另一层。在战争事务上模仿"古人"，再次面临决定模仿哪种古人的困难。

听完法布里齐奥对这场纸上胜利的热情描述后，路易吉鼓起勇气问道：为什么法布里齐奥几乎没有用到他的火炮，仅仅发射了一次，而且，在现代火炮的凶狂面前保持古人的密集队形，难道不

[①]　在《君主论》第25章结尾，试探某人的机运亦与年轻相伴。

[②]　参《李维史论》卷二第16章中的论述和我的评论，后者参拙作《马基雅维利的新模式和新秩序》，前揭，页235–238。

是一种疯狂吗？（《兵法》卷三, 页411）法布里齐奥承认, 这个问题说来话长, 接着他提供了一个冗长且不令人信服的回应, 充满了明显的替换和破坏性的让步。事实上, 他的假想战斗缺少任何攻击计划, 其战术取决于在敌人能第二次发射火炮前必须冲向敌人（第一次发射掠过了他们的头顶！）。直到法布里齐奥被迫得出结论, 即现代火炮并不妨碍古代模式的使用, 路易吉才停止了追问；但很清楚, 他并不信服法布里齐奥已解释明白。他问法布里齐奥是否应总是使用罗马阵型, 得到的回答是"不", 但只有知道罗马阵型才可以使用其他阵型, "因为每一门知识都有自己的通则"（《兵法》卷三, 页418）。

法布里齐奥的假想战斗在其战争科学中的位置, 对应于最佳政制在古典政治科学中的位置。对法布里齐奥来说, 在兵法的背后, 是一种基本上由一厢情愿的想法组成的科学, 尚未准备好迎接技术创新比如火炮带来的机遇。也许法布里齐奥应寻找一种使兵法可操作的方法, 而不是兵法背后某种假想的科学。古典意义上的技艺与它是否得到应用无关, 比如制鞋匠的技艺不受顾客是否买得起鞋的影响——那么, 我们能这样设想兵法吗：通过唤醒潜在主顾对兵法的需求, 谋划自身的扩散并创造自己的机运？ 这样一种技艺将不再依赖于机遇——得到运用的机遇。

权　威

卷四中新的提问者, 扎诺比, 更乐意照旧聆听法布里齐奥的论述, 不过, 法布里齐奥问他是否要多讨论一些内容。逐渐显露出来的增加项目是首领的权威, 这权威似乎只能由首领的战争技艺来保证, 其他技艺都不可能。一个称职的工匠并不需要建立自己的权威；但一个首领需要。扎诺比渴望知道两件事：除了罗马式阵型，是否还有其他军队阵型(他显然不满意法布里齐奥在卷三中对路易吉的回答)；一位统帅在投入战斗前应作哪些考虑(rispetti)。法布里齐奥将这两点放在一起回答，因为对他而言，"其他阵型"不过就是首领的权威。

关于第一点，与先前相比(《兵法》卷四，页426；比较卷二，页371)，法布里齐奥赋予作战地点比军队阵型更多的重要性，地点有时能决定合适的阵型。他举出大量可能在战斗中出现的意外，并给出相应的处理方法。例如，我们看到，罗马人并非总是使用三列的阵型，有一次，当斯基皮奥不得不对付汉尼拔的象群时，他将第一列撤至两翼，而没有退入第二列。①应付这样的意外，要求一位首领足智多谋，技艺以诡计的意义再次出现：法布里齐奥说，一个首领应该凭技艺去做法比乌斯(Fabius)随机碰上的事(《兵法》卷四，页430，页433，页439)。在运用一种(来自卷三的)技艺时考虑机遇，暗示出一种关于技艺的附加的、道德上可疑的意义，且要求重新强调首领的德性。对马基雅维利来说，德性的首要任务就是克服道德顾虑。

法布里齐奥接着转向战斗前后的注意事项，在战前注意事项中，他提到首领需要审慎和忠告。例如他更信任步兵还是骑兵，更信任部队的士气还是他自己的权威(《兵法》卷四，页437)。说服几个人容易，因为你可以使用权威和强力，难的是使许许多多人打消一种"恶劣看法"(《兵法》卷四，页440)。因此，优秀的统帅，比如亚历山大大帝，需要成为演说家。法布里齐奥列举了那些演说的13种功能。在卷四中，比起其他地方，马基雅维利似乎更多地

---

① 这是卷四中第13条注意事项，也是卷四中9次讲辞中的第5次。

把自己附在法布里齐奥身上，或以法布里齐奥为自己的权威。为了运用自己的学说，即他的兵法，马基雅维利必须说服少数人并同时向多数人演说；对于后者，他需要法布里齐奥那样的发言人的权威，对于前者，他自己的权威就够了。

首领的权威由什么构成？法布里齐奥回到他在卷二提出的观点，提到安排古代士兵从军服役的宗教和誓词。但这次他忽略了异教与基督教之间的对立，且出乎我们意料地，他将查理七世（Charles Ⅶ）对圣女贞德（Joan of Arc）的利用列入成功操纵宗教的例子之中，似乎忘了他的这一观点：基督教消磨了人对胜利的欲望。也许他想表明，甚至基督教，只要经过合理解释——更合适的说法是粗暴地解释（manhandled）——就不构成模仿古人的障碍。不过，他反复强调，必须打消士兵通过得胜之外的任何方式拯救自己的一切希望。士兵的顽强因为对祖国和对首领的爱而增进；对祖国的爱缘自天性，对首领的爱则缘自首领的德性，甚于缘自其他任何善举。似乎首领的德性高于军令，且很可能是带来权威的原因，而且加于必然性之上的德性和天性比宗教更强大。马基雅维利没有提到"共和德性"，但他再次将对共和的忠诚或共和主义简化为爱国主义，且将德性限制在少数人之中。

需要建立权威表明，兵法若要产生效果，就需要以首领的德性为补充。马基雅维利本人没有这种德性，他的技艺通过那些他非正式任命的人的德性而发挥作用。马基雅维利创造的法布里齐奥就是一个例子。在对话中，法布里齐奥不再为天主教国王效力，而变成马基雅维利的首领，这表明，为了把某种可教的观点传授给一颗更加健康、更加世俗的心灵，这位首领应说些什么。但是，需要重申的是，法布里齐奥并不等同于马基雅维利。法布里齐奥如果持有马基雅维利的观点，他就不会成为马基雅维利的首领。我们已看到，比起法布里齐奥冗长且时而虚夸、时而自相矛盾的讲辞，那些隐约质疑法布里齐奥的自信的对话者，反倒给出了理解马基雅维利的更好线索。

首领的士兵

在卷五中，法布里齐奥使其军队迎着神秘的敌人行军，他的军队没有见到这敌人，却担心它的袭击。在阵型方面，法布里齐奥的部署是防御性的，并没有马基雅维利其他作品中那样非常显著的获取意图。为了与恐惧斗争，军队必须纪律严明且保持阵型；法布里齐奥断言，这样的军队在现时代不可能被击败（《兵法》卷五，页452）。早些时候，在关于军队操练的讨论中，法布里齐奥说过，如果一支军队训练有素，首领就保住了他的荣誉，即使输了战役（《兵法》卷二，页371）；但现在，战胜意外的需要迫在眉睫。此时，如果首领只是强调士兵正列身于漂亮的阵型之中，并以这个阵型作为失败的补偿，就无法克服士兵的恐惧。

在恐惧和权威这件事上，法布里齐奥——或者说马基雅维利通过他——使我们意识到现代军队所处的环境。法布里齐奥批评现代军队不尊古制，在给养中带酒和面包。这一对基督教刺眼的影射，引导我们考虑与世俗军队相对应的教会的属灵军队，并引导我们解释法布里齐奥对现代军队的下一项批评，不过后一处影射不太明显。他认为，现代军队把战利品留给士兵任意处置，而古人将所有战利品归公。对照世俗军队与属灵军队之间相同的对应关系，我们就知道这指向基督教的个人拯救。法布里齐奥关于战利品所说的内容，可视为他对自己之前评论——基督教没有强调"要么胜利，要么死亡"的必然性——的发挥。一个基督徒可以死亡而仍在另一个世界获胜。

卷五的主题是首领和他的士兵，"我自己的士兵"——法布里齐奥这么称呼他们（《兵法》卷五, 页453）。之所以是他自己的士兵, 是因为他在自己凭权威形成的纪律中训练了他们; 他们不仅仅是他的技艺的工具。扎诺比注意到, 在军队行军途中, 不可能没有危险的事故降临到军队头上, 因此, 想要规避事故, "首领的勤勉(industria)和士兵的德性"就必不可少（《兵法》卷五, 页456）。首领凭借权威, 使自己的德性成为士兵的德性。法布里齐奥欣然同意, 而且想提供关于这事的"完满知识"(perfetta scienza), 即提防伏击(注意: 不是设置埋伏)。当他在前面首次提到知识时, 他谈的是知识的通则（《兵法》卷三, 页418）; 现在他说他有一种完满的知识, 包括关于战争事务的特殊知识。他正在走向或被推向《君主论》中勾画的那种总体的战争术(a master art of war), 但他尚未到达。

首领的政治

最后两卷讨论政治, 但仅仅是间接且不情愿地讨论: 卷六讨论扎营, 卷七讨论攻城。兵营提醒我们, 一支军队并非总在战斗或行军, 军队也要"休息"（《兵法》卷六, 页462）。随着论题(ragionamento)的改变, 巴蒂斯塔取代扎诺比, 成为法布里齐奥的对话者。在一段回响着高级哲学术语的讲辞中, 法布里齐奥说, 必然性强迫我们在讨论中反转从扎营到行军到战斗的行动顺序。如果他想扩展兵法的含义, 他本可以在派遣军队时包含政治决定, 但在把自己的论点追溯到那个第一因(first cause)时, 他犹豫不决, 直到迫于军事必然性不得不这么做。[①] 他仿效珀律比俄斯所作的比较,[②] 更倾向于有序的罗马扎营方式,而非希腊人采用的、随机利用自然掩蔽物的方式。在希腊人寻求自然优势的地方,罗马人依靠技艺。

然而,在回答巴蒂斯塔的问题时,有一点很快变得清楚:这一技艺并不足以满足需求。即使有序的营地也需要卫兵看守,且为了执行那里的纪律,还需要严厉的惩罚措施。[③] 法布里齐奥赞同地说,古人还加上了对神的恐惧以执行这样的惩罚。过了不久,他又主动提出,驻地的自然特性毕竟也很重要(《兵法》卷六,页479)。随后,他的总结引出他的提问者没有提出的一个新论点:部队安扎于一个地方时,不仅要稍事休息,还得思考如何结束战争,因为敌人尚存。

因此,战斗并非结束,如法布里齐奥在卷一中坚持认为的那样(《兵法》卷一,页334;比较卷六,页463、481)。参战的决定在先,而且不管胜负,敌人依旧存在。法布里齐奥进而给出之前提到过的、对付敌人的33条诡计,这一系列诡计在军事观点的基础上发展出这一认识:赢得战斗并非唯一目标。在其中两条(第13条和第17条)中,法布里齐奥在欺诈的意义上提到技艺——分割敌军的技艺和镇压叛乱的技艺。他说(第19条),最能使军队团结的是首

---

① 法布里齐奥的步骤使人想起亚里士多德关于考虑寻求其第一因的解释,但那是在选择而非必然性的语境中;《尼各马可伦理学》1112b16–20([译注]中译本参廖申白译,北京:商务印书馆,2013,页68–69)。

② 珀律比俄斯,《历史》(*Histories*)卷六,第42节。

③ 《兵法》卷六,页478;比较《李维史论》卷三,第22章。参Maury D. Feld,《马基雅维利的国民军和马基雅维利的雇佣军》(Machiavelli's Militia and Machiavelli's Mercenaries),载于*The Military*,*Militarism*,*and the Polity*:*Essays in Honor of Morris Janowitz*,Michael Lewis Martin 和 Ellen Stern McCrate 编,New York,1984,页85。

领的声誉,那仅仅出自首领的德性,而非其出身或权威。然后他给
出最后一条建议,力主首领获取人心凭靠的是纯洁表率和公正楷
模——这是一条明显的政治教训。

法布里齐奥几乎使其首领成为马基雅维利式的君主,但尚未
完全成为。在本卷结尾处,他表明了阻止他走《君主论》道路的矛
盾所在。他说,罗马人意识到不利的地理位置和坏天气对军队的
秩序和纪律有害,因此,他们总是规避在冬季、高山或任何阻碍他
们显示自己技艺和德性的情形下作战(《兵法》卷六,页493)。因
此,法布里齐奥以之为榜样的罗马人,为了不受制于自然的严酷,
而依赖自然的赠予。在其他作品中,马基雅维利发展了必然性的
概念,这里只是暗中提到,并作为解决这一困难的良方。通过预先
考虑必然性,人们可以提前选择较好的条件,免得到后来被迫处于
劣势。

卷七始于守城和攻城这一话题,终于对新的政治秩序的劝诫。
法布里齐奥承认,在复兴古代兵法的道路上存在政治障碍,但在他
的听天由命中,人们可以瞥见马基雅维利的希望在闪烁。为了保
卫有防御工事的城池,法布里齐奥被迫允许"火炮的狂轰"(《兵
法》卷七,页496、498)成为首要考虑。他没有承认,但也不能否
认,现代人在易手整座城池方面的优越性。法布里齐奥解释道,人
们不应建造远离围墙的棱堡,因为火炮总能摧毁棱堡,守城者会在
围墙内寻求安全退避处。若想防守成功,防守者必须不相信自己
有任何撤退的余地。法布里齐奥给出了这方面的一个"新例",他
描述了斯福尔扎(Caterina Sforza)的"德性"和"宏大事业",尽管她
在对抗博尔贾(Cesare Borgia)时未能守住自己的城堡(《兵法》卷
七,页497)。在《兵法》中,没有人受到比她更高的赞美。

最能激励敌人的,莫过于得知自己攻击的城市不习惯看到敌

人；反之，为了守卫城池，必须把那些有权位的人、那些不怕意见而怕武器的人，放在敌人攻击的地方。这是否意味着，虔诚的人不是强大的守卫者？像在其他地方一样，在这部作品中，当宗教为政治目的服务时，马基雅维利对宗教的辩护，暗示出一种无需宗教的、充满活力的政治的可能。在这个关节点上，法布里齐奥插入了攻城者的22条计谋，对围攻者和被围攻者双方都有用（《兵法》卷二，① 页505–510)，随后是27条"非常熟悉"的作战通则(《兵法》卷二，② 页511–513)。法布里齐奥那些精通文学的同伴熟悉这些法则，因为它们大部分来自韦格蒂乌斯，只作了利于马基雅维利的轻微改动。③

　　法布里齐奥说，这就是"我的论说"(mio ragionamento)的结束，但他并未充分考虑其对话者含蓄提出的质疑。法布里齐奥声称，"我的意图"并非精确地显示古代军事如何运作——在对《兵法》的研究中，那些缺乏想象力的资料搜寻者没有注意到这一点——而是要表明，在现时代怎样以更多的德性组织一支军队(《兵法》卷七，页513)。他没有提兵法。法布里齐奥很快把一位首领的专业看成他的手艺(mestiere)而非技艺(《兵法》卷七，页514)。他回到了科西莫的问题——法布里齐奥本人对古人的模仿，但这次没有提到兵法。法布里齐奥实行古代模式的愿望受到了阻挠；对一个拥有足够大小的国家的君主来说，在军队中复兴古代模式则比任何人都容易。因此，运用法布里齐奥的技艺取决于政治，而政治超出了他的控制。这就是他的申辩。

---

① ［译注］当为卷七，恐为印刷之误。

② ［译注］同上。

③ L. Arthur Burd，《马基雅维利〈兵法〉的资料来源》，前揭，页247–249。

或者，尽管十分困难，一位首领是否可能缔造并指挥自己的军队？法布里齐奥列举了少量古代首领的名字——他们在战斗之前成功组建了自己的军队——并单挑出"亚历山大的父亲，马其顿的腓力"同时作为君主和共和国的典范。与此相近的是，马基雅维利在其他地方将腓力描述为新君主。① 法布里齐奥抱怨自然，它要么不应使他认识到今天还有出现另一个腓力的可能，要么就应当允许他实现这一可能。但他也责怪自己的坏机运没有赐予他足够大的国家去成就这种伟业。为了表明他为何不能实现"古人的完美状态"，他提了13个修辞性的问题，公开指责现代人在军事上的腐败——13是马基雅维利特有的数字。第七个问题是：为什么那些不认识我的人不得不遵从我？所以我们应该问：我们如何在法布里齐奥身上认出马基雅维利？

法布里齐奥说，恺撒和亚历山大在战斗中身先士卒；如果他们痛失其国，他们也愿意同归于尽。马基雅维利既可以说是身先士卒，也可以说不是。他有提出新问题和推荐新疗法的大胆无畏，但他也有任命首领为自己"战斗"的小心谨慎。这些首领必须靠自己的力量取胜或失败，因此他们并不仅仅是马基雅维利的复制品。其中很多人会遭遇法布里齐奥的道德苛求，后者在他相信由他掌控的对话中被带向某种自觉。但最后他还是表明，他认为善与德性是一回事，而恺撒和亚历山大的野心应受谴责，而且，他不知道如何战胜机运。通过变成一位教师——通过把这一会面事件转变成一场传达复杂教义的对话，法布里齐奥可以战胜军事成败的机遇。

---

① 《李维史论》卷一，第26章；《君主论》，第12、13章。亚历山大大帝在《兵法》中出现8次，其中1次是误用；腓力出现3次。

在某一层面上，即在法布里齐奥的层面上，《兵法》是一份关于文艺复兴的文献；在另一层面上，《兵法》深入到文艺复兴的矛盾之中，提出了马基雅维利在其他地方表达得更直率的新疗法。马基雅维利的位置，可以比作他不断赞美的罗马军团可伸缩的阵型。他本人处在第一列前沿重步兵（astati）的前方，与敌人发生接触。但当敌人发起攻击时，他便退入次列精锐重步兵（principi）——多少算是友好的政治权威中，他们在为自己战斗的同时也为他战斗。当他们遇到困难，遭受压制，被矛盾缠身时，他就来到殿后最精锐重步兵（triari）中间，准备增援。

《兵法》在马基雅维利的作品中独树一帜，因为他没有在其中展示他的大胆。他的敌人与他那些更大胆的作品中的敌人一致：古典政治哲学和道德哲学及其大众化的衍生物——基督教（尼采并非第一个认为基督教是民众的柏拉图主义的人）。但在《兵法》中，马基雅维利并未在前线作战，没有用讥刺的趣话和绝妙的格言把注意力吸引到自己身上。相反，他让一位君主，一位文艺复兴时期的首领代表他去作战，但并非《君主论》中教授残忍经验的博尔贾，而是一位绅士雇佣军首领，马基雅维利委派他去呼唤并纠正文学和道德。这部作品十分反讽，不能看成通常意义上的严肃研究，但它开创并促进了现代对战争的严肃研究。

重审马基雅维利的《兵法》

克里斯(Marcia L. Colish) 撰

马基雅维利的《兵法》包含一个未经考察且未经解释的悖论：虽然对话的主要参与者**法布里奇奥**，作为受雇于阿拉贡国王斐迪南①的雇佣军首领(condottiere)，在西班牙占领北意大利，以及佛罗伦萨共和国——由索德里尼(Piero Soderini)领导并由马基雅维利任国务秘书——的垮台中，均扮演了重要角色，但马基雅维利仍选择法布里齐奥为公民民兵(the citizen militia)胜过雇佣军的优势辩护，而马基雅维利将公民民兵与共和公民德性相联系。这一悖论始终未得到说明，因为文献学者们忽略了文本中各种政治潜台词之下的历史背景，而史学家们在将作品置于历史背景中考察时，则忽略了15世纪对话(Quattrocento dialogue)的本质是一种文学样式。一旦将《兵法》的这些历史的和文学的维度放在一起，就能看到，为何马基雅维利和他的读者会认为法布里奇奥是这种军事主张的理想代表，虽然后者在理论上和实践上都不赞同这一主张。②

---

① ［译注］Ferdinand of Aragon(1452—1516)，即西西里国王斐迪南二世、阿拉贡国王斐迪南三世、那不勒斯国王斐迪南三世和卡斯提尔国王斐迪南五世。

② 本文初稿曾提交于1997年5月15日在阿尔博塔省班夫镇召开的落基山中世纪和文艺复兴协会会议。

在马基雅维利的作品中, 出版于1521年的《兵法》相对不太受学界关注。研究文艺复兴时期文献的学者觉得该书主题没有用处, 并满足于给这本书贴上一个"教理问答式"(catechetical)对话的标签, 也就是说, 在对话中, 一名对话者是主讲人, 其他对话者的作用只是为了对话进行下去。学者们也将《兵法》置于《论法律》(De legibus)、《论至善和至恶》(De finibus)、《布鲁图斯》(Brutus)、《论演讲术的分类》(De partitione oratoria) 和《廊下派的悖论》(Paradoxa Stoicorum)之类的西塞罗式对话的传统中, 因为对话者都是作者的同时代人, 且对话的读者熟知这些人物的观点。① 有人注意到,《兵法》以鲁切拉伊家族庭园(Rucellai gardens)为背景, 这一事实让人想起西塞罗的《论神性》(De natura deorum), 以及年代更接近的阿尔贝蒂(Leone Battista Albert) 的《阿尔贝蒂天堂》(Paradiso degli' Alberti)中的花园背景。② 也有人指出, 马基雅维利以戏剧性对话代替了叙述性对话, 还注意到, 作为国务秘书, 他在呈送给佛罗伦萨政府的工作报告中, 以引用他人的话代替描述或

---

① 最完整的分析, 可参Rudolf Hirzel,《对话的文学史研究尝试》(Der Dialog: Ein literarhistorisches Versuch), 两卷本, Leipzig, 1895, 卷一, 页173、494-495、497、515; 另参Peter Burke,《文艺复兴时期的对话》("The Renaissance Dialogue"), 载于Renaissance Studies 3(1989), 页1-12, 尤参页3; William E. Wiethoff,《〈兵法〉中修辞术的军事"德性"》("The Martial 'Virtue' of Rhetoric in Machiavelli's Art of War"), 载于Quarterly Journal of Speech 64(1978), 页304-312, 尤参页308; 另参Virginia Cox,《文艺复兴时期的对话: 社会和政治语境下的文学对话》(The Renaissance Dialogue: Literary Dialogue in Its Social and Political Contexts, Castiglione to Galileo), Cambridge, 1992, 页20-21, 该书错误地主张,《兵法》的体例并不是文艺复兴时期的对话形式。

② Rudolf Hirzel,《对话的文学史研究尝试》, 前揭, 卷一, 页460; 卷二, 页387、389。

分析,这都受柏拉图式对话技巧的影响。①

至于史学家和马基雅维利政治理论的研究者,则通常将注意力局限于古典史家和更早的人文主义者中,以追寻马基雅维利的资料来源。② 还有人注意到马基雅维利在其作品中显示出人文主义者的癖好——对素材的精选和特定用法,他们指出,马基雅维利《兵法》的要旨是惯常地呼吁模仿古代兵制、赞美公民民兵及批评雇佣军,这一主旨表明,他不够现实主义且不肯承认流行于他那个时代的军事科技、设置和结果。③ 专于文艺复兴时期军事史的史学

---

① Gian Roberto Sarolli,《马基雅维利的未刊著作》("The Unpublished Machiavelli"),载于 *Review of National Literatures* 1(1970),页78–92,尤参页91–92。

② 开创性的研究是 L. Arthur Burd 的《马基雅维利〈兵法〉的资料来源》("Le fonte letterarie di Machiavelli nell"Arte della guerra"),尽管他没有分析马基雅维利使用的材料,载于 *Atti della reale Accademia dei lincei* (Classe di scienze morali, storiche e filologiche, ser. 5), 4.1(1897),页187–261;紧随其后的有 Leo Strauss,《马基雅维利与古典文学》("Machiavelli and Classical Literature"),载于 *Review of National Literatures* 1 (1970),页7–25,尤参页7–8([译注]中译参彭磊译文,载于刘小枫主编,《苏格拉底问题与现代性》[增订本],北京:华夏出版社, 2016,页473–488);另参 Luigi Pierone,《马基雅维利》(*Machiavelli*), Bologna, 1971,页69–71;另参 Harvey C. Mansfield,《马基雅维利的德性》(*Machiavelli's Virtue*), Chicago, 1996,页199–200。

③ Sydney Anglo,《详论马基雅维利》(*Machiavelli: A Dissection*), New York, 1969,页131–138、152–153、259–260;Maury D. Feld,《马基雅维利的国民军和马基雅维利的雇佣军》(Machiavelli's Militia and Machiavelli's Mercenaries),载于 *The Military, Militarism, and the Polity: Essays in Honor of Morris, Janowitz*, Michael Lewis Martin 和 Ellen Stern McCrate 编, New York, 1984,页79–92,尤参页79–81;Bernard Guillemain,《马基雅维利的政治人类学》(*Machiavel L'anthropologie politique*), Geneva, 1972,页207;J. R. Hale,《马基雅维利和文艺复兴时期的意大利》(*Machiavelli and Renaissance Italy*), London, 1961,页195–196;William E. Wiethoff,《〈兵法〉中修辞术的军事"德性"》,前揭,页307–308;

家们，已充分证实这一点。

[最重要的学者是 Michael Mallett，《雇佣兵与他们的主人》(*Mercenaries and Their Masters: Warfare in Renaissance Italy*)，Totowa, NJ, 1974，页 87–88、90–97、100–101、112–114、120–131、133–134、142–144、196–197、250、258–259；Michael Mallett，《15 世纪后半叶佛罗伦萨和威尼斯的备战》(Preparations for War in Florence and Venice in the Second Half of the Fifteenth Century)，载于 *Florence and Venice: Comparisons and Relations*，Sergio Bertelli 等 编，Florence，1979，卷一，页 149–164；Michael Mallett，《马基雅维利的共和国的军事理论和实践》(The Theory and Practice of Warfare in Machiavelli's Republic)，载于 *Machiavelli and Republicanism*，Gisela Bock, Quentin Skinner 和 Maurizio Viroli 编，Cambridge, 1990，页 173–180，尤参页 174–179；Michael Mallett，《兵法》(The Art of War)，载于 *Handbook of European History*，*1400–1600: Late Middle Ages*，*Renaissance, and Reformation*，Thomas A. Brady 编，Leiden, 1994，页 535–561，尤参页 535–551。自始至终，Mallett 强调了这一事实，即佛罗伦萨在发展一支付薪的常备军以及与之配套的官僚机构方面落后于时代，这一事实影响了马基雅维利的军事观点。另参 Charles Oman，《16 世纪兵法史》(*A History of the Art of War in the Sixteenth Century*)，New York, 1979，据 1937 年伦敦版重印，页 89–101；Felix Gilbert，《马基雅维利：兵法的复兴》，前揭，页 11–31，尤参页 23–30；J. R. Hale，《西方国际关系》(International Relations in the West: Diplomacy and War)，载于 *New Cambridge Modern History*，G. R. Potter 编，1：259–291. Cambridge, 1957，尤参卷一，页 260、276–280、282–290；Joseph Kraft，《马基雅维利的真实和诗》("Truth and Poetry in Machiavelli")，载于 *Journal of Modern History* 13 (1951)，页 109–121；Piero Pieri，《文艺复兴和意大利军事危机》，前揭，页 525–555；Silvia Ruffo Fiore，《马基雅维利》(*Machiavelli*)，Boston, 1974，页 81–82；Luigi Vismara，《马基雅维利的军事思想》("Il pensiero militare di Machiavelli")，载于 *Rivista militare*，25, 1969，页 1439–1450；Allan H. Gilbert，《马基雅维利论火器》("Machiavelli on Fire Weapons")，载于 *Italica*，23, 1946，页 275–286，似乎只有这篇文章在火炮的现代化问题上为马基雅维利辩护。]

———————

Neal Wood，《引言》("introduction")，见 Machiavelli，《兵法》(*The Art of War*)，Neal Wood 译，Indianapolis, 1965，页 20–23、27–32。

　　还有人提出了一个没有说服力的观点：这部作品预示着基于数学的现代博弈论。①

　　但《兵法》还包含更多的东西。引人注目的是，几乎无人注意《兵法》最大的异常之处：对话的首要参与者是法布里奇奥（1450/1460-1520）。他作为马基雅维利军事目标的主要解说者出场，他来自一个显耀的罗马贵族家庭，古往今来，该家庭与众多的亲戚共同从事雇佣军首领这一职业。法布里奇奥和这些亲戚都是佣兵队长，受雇于那不勒斯的阿拉贡国王们、教宗、阿拉贡国王斐迪南、法兰西人，有时也受雇于佛罗伦萨人。② 事实上，法布里齐奥

---

①　Marc Barbut，《〈兵法〉旁注》（"En marge d'une lecture de Machiavel: Le' art de la guerre"），载于 *Annales* 25 (1970)，页 567-573。

②　对法布里奇奥生涯最好的介绍是 F. Petrucci 的《法布里齐奥·科隆纳》（"Colonna, Fabrizio"），载于 *Dizionario biografico degli italiani*, 27, 1982，页 288-293。关于法布里齐奥及其家庭中其他身为雇佣军首领的成员，参 H. C. Butters，《16 世纪早期佛罗伦萨的统治者和政府》（*Governors and Government in Early Sixteenth-Century Florence. 1512-1519*），Oxford, 1985，页 83-85、98-101、104；Fredi Chiapelli，《秘书马基雅维利》（Machiavelli segretario），载于 *Machiavelli nel VO centenario della nascita*, Bologna, 1973，页 45-60，尤参页 55-56；Aida Consorti，《新文件中的枢机主教科隆纳》（*Il cardinale Pompeo Colonna su documenti inediti*），Rome, 1902，页 12、16-18、21、23、31-32、52-53、58、59、68、69、81、82、86-87；Christiane Gil，《佛罗伦萨公务员马基雅维利》（*Machiavel, fonctionnaire florentin*），Paris, 1993，页 308；K. J. R. Loewe，《文艺复兴时期意大利的教会和政治》（*Church and Politics in Renaissance Italy: The Life and Career of Cardinal Francesco Soderini [1453-1524]*），Cambridge, 1993，页 59-62；Roberto Ridolfi，《萨沃纳罗拉传》（*The Life of Girolamo Savonarola*），Cecil Grayson 译，London, 1959，卷一，页 151；Gennaro Sasso，《马基雅维利的政治思想》，前揭，页 185；Machiavelli，《兵法》，前揭，页 18-19。

对阿拉贡王室的个人服务极其重要,研究意大利文艺复兴的一流
军事史家马利特(Michael Mallet),甚至将西班牙军队在意大利的成
功,更多地归于他而非其他首领;[1] 1512年,这同一支西班牙军队
将美迪奇家族的统治带回佛罗伦萨,结束了索德里尼领导的共和
国,马基雅维利政治生涯的所在。16世纪早些年间,在马基雅维
利拟定的重建佛罗伦萨防御的计划中,科隆纳氏即法布里齐奥家
族的雇佣军扮演了重要角色;马基雅维利曾受十人委员会(Died di
Balià)之命出使罗马,期间也曾与他们交涉。[2] 索德里尼共和国垮
台之后,科隆纳氏雇佣军继续同时服务于教宗、阿拉贡人、神圣罗
马帝国皇帝和佛罗伦萨人。他们与索德里尼家族也保持着极好的

---

[1]　Michael Mallett,《雇佣兵与他们的主人》,前揭,页250–251、257。

[2]　Machiavelli,《第一次出使罗马教廷》(Prima legazione alla corte di Roma,
14 December 1503);《第二次出使罗马教廷》(Seconda legazione alla corte di
Roma, 25 August 1506, 28 August 1506, 16 October 1506, 24 October 1506,
25 October 1506), 见 Machiavelli,《作品全集》,前揭,页568、573、575、604、
609–611。关于科隆纳家族在佛罗伦萨军队的逐渐形成中扮演的角色,最好
的研究是 Roslyn Pesman Cooper,《马基雅维利、索德里尼与唐·米凯洛托》
("Machiavelli, Francesco Soderini and Don Michelotto"),载于 Nuova rivista storica
66(1982),页342–357。另参 H. C. Butters,《16世纪早期佛罗伦萨的统治者和政
府》,前揭,页108。佛罗伦萨人也雇佣唐·米凯洛托,一名原先受雇于博尔贾
的西班牙首领;有些佛罗伦萨人怀疑,雇佣唐·米凯洛托是为了帮助索德里尼
发动一场君主制的政变,这一点已被圭恰迪尼证实,参 Francesco Guicciardini,
《1378—1509年佛罗伦萨史》(Storie fiorentine dal 1378 al 1509), 见其《作品集》
(Opere), Roberto Palmarocchi 编, Bari, 1931, 页281。Carlo Dionisotti,《马基雅维
利》(Machiavellerie), Turin, 1980, 页162–166, 以及 Gennaro Sasso,《马基雅维
利的政治思想》,前揭,页3–59,均认为这一恐惧有其根据;不过, Cooper 以令
我们信服的方式反对这种见解。

关系。① 因此，这场旨在为公民民兵胜过雇佣军且与之对立而辩护的论争，马基雅维利为什么要放在一名佣兵队长口中？况且还有其他从事这一职业的值得注意的人，他们曾效力于佛罗伦萨，其中有些是法布里齐奥自己的亲戚（更不用提其他家庭的子孙了），为何选择法布里齐奥作为这些观点的媒介，既然他无论从理论上还是实践上，都不赞同马基雅维利的军事观点？

令人惊讶的是，很少有人注意这些问题。里多尔菲（Roberto Ridolfi）和曼斯菲尔德（Harvey C. Mansfield）注意到，《兵法》中的法布里齐奥与历史上的法布里齐奥之间存在差异，但他们并未尝试解释两者之间的矛盾之处。② 马利特认为，对话中的法布里齐奥是对真实的法布里齐奥的"戏仿"（caricature），但并未澄清马基雅维利为何要如此呈现法布里齐奥，也未澄清马基雅维利期待自己的读者有何反应；维利埃（Frédérique Verrier）也将对话中的法布里齐奥视为虚拟人物，但认为马基雅维利使用这一文学手段是为了表明理论与实践之间的差异。③ 吉耶曼（Bernard Guillemain）认为，马基雅维利执迷不悟，希望法布里齐奥能实际上成为一支意大

---

① H. C. Butters，《16世纪早期佛罗伦萨的统治者和政府》，前揭，页278；K. J. R. Loewe，《文艺复兴时期意大利的教会和政治》，前揭，页114、125-126；Michael Mallett，《雇佣兵与他们的主人》，前揭，页254。

② Roberto Ridolfi，《马基雅维利传》(*Vita di Machiavelli*)，第七版，Florence，1978，页278；Harvey C. Mansfield，《马基雅维利的德性》，前揭，页203-205。

③ Michael Mallett，《雇佣兵与他们的主人》，前揭，页258；Frédérique Verrier，《〈兵法〉中的马基雅维利和法布里齐奥》(Machiavelli e Fabrizio Colonna nel'*Artedella querra*: Il polemologio sdoppiato)，载于 *Machiavelli*: *Politico storico letterato*，Jean-Jacques Marchand编，Rome，1996，页175-187。

利联合部队的首领,把外国人赶出意大利。① 但迪奥尼索蒂(Carlo Dionisotti)给我们指明了正确的方向。他认为,马基雅维利在《兵法》中故意将法布里齐奥作为他的代言人,因为他知道这一战术会被视为一种反奥尔西尼(anti-Orsini)的姿态,因此也是反美迪奇(anti-Medic)的姿态。② 这一论点到此为止都很正确,但仍有待进一步的资料证明。与此同时,马基雅维利选择的这名雇佣军首领,其家族曾与奥尔西尼家族陷入长达几个世纪的斗争,马基雅维利选择他作为对话者,除了间接批评美迪奇家族之外,还有另外两个马基雅维利式的议题(Machiavellian agendas),后两个议题有时也与第一个互相配合:批评教宗和批评萨沃纳罗拉(Girolamo Savonarola)。

与科隆纳家族一样,奥尔西尼也是罗马贵族,在很多个世纪里深刻影响了意大利的军事和教会生活。此外,美迪奇家族的两个族长和奥尔西尼家的女人近来结成婚姻,宽宏者洛伦佐(Lorenzo the Magnificent)娶了克拉丽切·德利·奥尔西尼(Clarice degli Orsini),他儿子皮耶罗娶了阿尔芳西娜·德利·奥尔西尼(Alfonsina degli Orsini)。马基雅维利在《佛罗伦萨史》中提到,这两次联姻都触怒了佛罗伦萨人。他注意到,似乎很多人都认为美迪奇家族看不起他们的同胞,他们通过与一个高贵的外国家族联盟,暴露了对共和主义的蔑视和自己称王的野心。关于第一次联姻,马基雅维利写道:

---

① Bernard Guillemain,《马基雅维利的政治人类学》,前揭,页202–203。

② Dionisotti,《文人马基雅维利》(Machiavelli, Man of Letters), Olivia Holmes译,载于 *Machiavelli and the Discourse of Literature*, Albert Russell Ascoli 和 Victoria Kahn编, Ithaca, 1993,页17–51,尤参页46。

凡是不愿意和同胞公民结亲的人,必是想奴役他们,所以才不屑于和同胞们交好。①

另一个刺激佛罗伦萨人的因素是,皮耶罗·德·美迪奇去世时,他的遗孀阿尔方西娜控诉佛罗伦萨共和国,声称后者没收的财产中有一部分是她的嫁妆。美迪奇家族与奥尔西尼家族之间的这一联系,导致索德里尼家族,包括正义旗手(gonfaloniere)皮耶罗和他的兄弟、索德里尼枢机主教弗兰切斯科(Francesco),在1498年之后,与科隆纳家族联合起来反对美迪奇家族,尽管索德里尼家族或因忠贞或因道义,直到那时尚未在佛罗伦萨生活的制度动荡中找到位置。②

马基雅维利尽管在1520年代接受了美迪奇家族成员的委任,但他反美迪奇的立场不难证实。在第一篇《十年纪》(Decennale)中,他评论道,失去比萨抵消了佛罗伦萨1494年在苦熬了60年后从美迪奇家族统治下解脱出来的快乐(《十年纪》,1.25–27,页940)。③除了上引《佛罗伦萨史》中的段落外,在这书的另一处他还指出,

---

① 《佛罗伦萨史》7.11,页800;见Machiavelli,《主要作品及其他》(*The Chief Works and Others*),3卷本,Allan Gilbert译,Durham,1965,卷三,页1351。关于皮耶罗·迪·洛伦佐·德·美迪奇的婚姻,参同书8.36,页843。关于马基雅维利在1520年代对美迪奇家族持续增长的不满,参John M. Najemy,《马基雅维利与美迪奇家族》("Machiavelli and the Medici: The Lessons of History"),载于*Renaissance Quarterly* 35(1982),页551–576,尤参页554。[译注]中译参马基雅维利,《佛罗伦萨史》,前揭,页364。

② K. J. R. Loewe,《文艺复兴时期意大利的教会和政治》,前揭,页24–26、51、53–54;Sergio Bertelli,《马基雅维利和索德里尼》("Machiavelli and Soderini"),载于*Renaissance Quarterly* 28(1975),页1–16,尤参页10–16。

③ [译注]中译参马基雅维利,《戏剧·诗歌·散文》,徐卫翔、刘儒庭、胡维译,长春:吉林出版集团有限责任公司,2013,页190。

在共和国中，公民有两种获得荣誉的方式——他以此公开了自己的意图。这两种方式，一种是通过从事公务，这不会产生派系之争；另一种是通过私下里支持自己的追随者，借给他们钱，给他们提供庇护，这会滋生党派之争。马基雅维利引卡波尼(Neri Capponi)作为以第一种方式获得荣誉的公民的例子，而引科西莫·德·美迪奇(Cosimo de' Medici)作为同时以两种方式获得荣誉的例子。他指出，科西莫为了其支持者的利益而操纵佛罗伦萨的法律体系。至于科西莫对艺术的夸张赞助，马基雅维利提到，他的府邸是按照帝王而非公民的规格而建(《佛罗伦萨史》7.1-2, 7.5, 页792-795)。

关于同一个主题，马基雅维利在《李维史论》中补充道，公民如果由于功德或机运成为君主，他们应该模仿斯基皮奥而不是恺撒(《李维史论》1.10, 3.28, 页91-92、234)。在《李维史论》中，马基雅维利给出了科西莫的另一幅鲜明的肖像。他指出，科西莫的荣誉一半源于自己的美德，另一半源于同胞的愚昧和党羽的支持。古代罗马的独裁官一职，是通过合法选举产生有限任期，而有的公民却以个人财富收买他人的支持，非法僭取君主大权。对比了二者之后，他补充说，独裁官没有权力改变制度，由公民变成的君主则可以改制(同上，1.33-34, 1.46, 1.52, 页115-117、128、133-134)。作为对比，他还提到躬耕陇亩的辛辛纳图斯(Cincinnatus)以及其他不以公谋私的罗马典范(同上，3.25, 页231-232)。马基雅维利写道，1478年，帕奇家族(the Pazzi)反对美迪奇家族的谋划以失败告终，因为美迪奇家族几十年的统治，使佛罗伦萨人的耳朵已经听不见自由的呼唤(《佛罗伦萨史》3.25, 页822)。另外，谈到城市改革的困难，他认为，单单迫于重大形势说服人们相信改革是可能的。因此，1502年的阿雷佐事变(the loss of Arezzo)促成佛罗伦萨改革，规定了"终身正义旗手"一职。但伴随1512年在普拉托

(Prato)的失败——这一事件导致了美迪奇家族的复辟——而来的，不是佛罗伦萨的改革而是动乱(《李维史论》1.2,页79)。马基雅维利在成书于《兵法》前后的作品中显示,^①无序、无视法律、徇私、侵蚀共和主义自由,这些都是美迪奇家族留下的遗产。

教宗政治(Papal politics)是马基雅维利编织在亲科隆纳(pro-Colonna)、亲共和(pro-republican)、反奥尔西尼、反美迪奇主题下的另一个话题。马基雅维利强调,一个奥尔西尼家族的教宗——尼古拉三世(Nicholas Ⅲ)——开任人唯亲风气之先,在13世纪末封其侄贝尔托尔多·奥尔西尼(Bertoldo Orsini)为罗马涅公爵。尼古拉还想把托斯卡纳和伦巴第封给自己的亲戚。他还暗中与阿拉贡王彼得(Peter of Aragon)商议,剥夺安茹的查理(Charles of Anjou)在西西里的统治权,为阿拉贡统治南意大利铺平道路。关于尼古拉三世,马基雅维利这么说:"他是公开暴露自己野心的第一位教宗。他还借口壮大教会,把高官厚禄赏给他自己的家庭成员"——先是他的近亲,然后是近亲的儿子——"将来他们还会竭力把教宗职位变成世袭。"^②马基雅维利继续写道,博尼法斯八世(Boniface Ⅷ)企图通过开除教籍消灭科隆纳家族,结果适得其反。博尼法斯由于对教会露骨的、政治性的利用而损害了教会,减弱了人们对宗教制裁的敬畏。而且,科隆纳家族的首领逃到法兰西,和法王菲利普四世(King Philip Ⅳ)合作,帮他入侵意大利,导致了博尼法斯在阿纳尼阿(Anagni)的监禁这次巴比伦之囚(Babylonian Captivity)的

① ［译注］《李维史论》成书于《兵法》之前,《佛罗伦萨史》成书于《兵法》之后。
② 《佛罗伦萨史》,1.23,649;见Machiavelli,《主要作品及其他》,前揭,卷三,页1062。

开始(同上,1.25,页649)。

在更近的年代,1480年,宽宏者洛伦佐与那不勒斯单独缔结和平,随后,那不勒斯–教宗联盟破裂,科隆纳家族加入那不勒斯——国王之子卡拉布里亚公爵(the Duke of Calabria)的军队,劫掠教宗属地。他们站在公爵一边,是因为奥尔西尼家族受雇于正攻打佛罗伦萨的教宗西克斯图斯四世(Sixtus Ⅳ)。[①] 博尔贾尽管既害怕奥尔西尼家族又害怕科隆纳家族,但还是雇佣了奥尔西尼家族,利用他们和其他雇佣军为他火中取栗,之后再想办法消灭他们。马基雅维利在《君主论》中提到这段较近的历史。他在《出使瓦伦蒂诺公爵》(legations to Cesare Borgia)中对此作了详细讨论;佛罗伦萨政府对博尔贾与奥尔西尼家族之间的分分合合极感兴趣,因为正是在这个过程中,博尔贾消灭了他那些不忠的首领。

在这曲折历程的某一点上,马基雅维利记录了自己与保罗·奥尔西尼(Paolo Orsini)之间的一场谈话。由于这位雇佣军首领曾服务于佛罗伦萨,马基雅维利对奥尔西尼说,奥尔西尼目前只是佛罗伦萨一个可怜的仆人,尽管他统治着托斯卡纳且他的部队行动迅猛。奥尔西尼的回答很无礼。这次交谈强化了马基雅维利就奥尔西尼家族想要提出的三个要点。首先,他们与教宗(以及博尔贾)在教宗属地的裙带关系以及对佛罗伦萨的侵略有关。其次,他们证明雇佣军不可信赖。第三,他们十分热衷于让佛罗伦萨恢复到美迪奇家族的统治下。[②]

---

① 《佛罗伦萨史》,8.23,8.27–28,333–334,836–837。另参Silvia Ruffo Fiore,《马基雅维利》,前揭,页15–19。

② 《君主论》,7,13;《出使瓦伦蒂诺公爵,罗马涅》(*Legazione al Duca Valentino in Romagna*, 20 November 1502),页266–267、277–278、452。其他相

出自奥尔西尼和科隆纳两大家族的枢机主教之间的斗争,也揭示了我们所关心的拥护与反对之网。在1521年的教宗选举中,哈德良六世(Hadrian Ⅵ)当选,在这场选举中,科隆纳家的枢机主教被迫扮演了一个决定性的角色,跟索德里尼枢机主教联盟,以阻止美迪奇家族的教宗当选。与这些枢机主教的宗教阴谋相勾结的,是普洛斯佩罗·科隆纳(Prospero Colonna)的支持,作为一家之长,在1512年之后以及1517年美迪奇家族的教宗利奥十世(Leo X)上台、索德里尼枢机主教失势之后的那段时间里,他还加大了科隆纳家族对索德里尼家族的保护。[①] 我们还应该注意,一方面是科隆纳家族、索德里尼家族与佛罗伦萨各加盟共和国之间的联系,另一方面是奥尔西尼家族、腐败且反佛罗伦萨的教宗(anti-Florentine popes)及其子孙(nipoti)与美迪奇家族(不管是在佛罗伦萨、罗马还是两地同时)之间的联系,对这些,马基雅维利的同时代人也有所描绘。圭恰迪尼(Francesco Guicciardini)勾勒了其中一些相同的联系,他特别将佛罗伦萨1505年雇用科隆纳氏雇佣军,视为一项有意识地反奥尔西尼和反美迪奇的政策。[②]

但《兵法》还有另一层潜台词需要揭示。马基雅维利敌视的另一个同时代团体是修士同伙或恸哭派(the Frateschi or Piagnone

关段落,参整个出使记录,页401-496。马基雅维利在这一时期过度简化了奥尔西尼家族和科隆纳家族的政策,这一点可参 Cristine Shaw,《罗马公爵和意大利的法兰西血统》,(The Roman Barons and the French Descent into Italy),载于 *The French Descent into Renaissance Italy*, *1494–95. Antecedents and Effects*, David Abulafia 编,London, 1995,页250-261。[译注]中译参马基雅维利,《政务与外交著作》,王永忠译,长春:吉林出版集团有限责任公司,2013,页189-321。

① K. J. R. Loewe,《文艺复兴时期意大利的教会和政治》,前揭,页125-126。

② Francesco Guicciardini,《1378—1509年佛罗伦萨史》,前揭,页277。

party)——萨沃纳罗拉及其政治和道德方案的追随者。在这位修士的骨灰于1498年撒于亚诺河之后,他留下的派别并未自行解体。

[关于这一现象最好和最近的研究是 Lorenzo Polizzotto,《16世纪早期意大利的语言、政治和历史》(Prophesy, Politics and History in Early Sixteenth-Century Italy), 收于 Florence and Italy: Studies in Honour of Nicolai Rubinstein, Peter Denley 和 Caroline Elam 编, London, 1988, 页107-117; Lorenzo Polizzotto,《拣选之国》(The Elect Nation: The Savonarolean Movement in Florence, 1494-1545), Oxford, 1994。另参 Rudolf von Albertini,《佛罗伦萨:从共和国到君主国》(Firenze dalla repubblica al principato: Storia e coscienza politica), Cesare Crisofolini 译, Turin, 1970, 页107; Sergio Bertelli,《马基雅维利和索德里尼》, 前揭, 页10; Gene Brucker,《萨沃纳罗拉和佛罗伦萨》(Savonarola and Florence: The Intolerable Burden), 收于 Studies on the Italian Renaissance in Memory of Arnolfo B. Ferruolo, Gian Paolo Biasin 等编, Naples, 1985, 页119-130; Eric Cochrane,《被遗忘的世纪中的佛罗伦萨》(Florence in the Forgotten Centuries, 1527-1800. A History of Florence and Florentines in the Age of the Grand Dukes), Chicago, 1973, 页3、5、7-8、61、134-135、136-137; Rachel Erlanger,《没有武装的先知》(The Unarmed Prophet: Savonarola in Florence), New York, 1988, 页299; Bernard Guillemain,《马基雅维利的政治人类学》, 前揭, 页29-30; Guido Pampaloni,《1497年末的第二次痛苦派运动》(Il movimento piagnone secondo la lista del 1497), 收于 Essays on Machiavelli, Myron P. Gilmore 编, Florence, 1972, 页337-347; Roberto Ridolfi,《萨沃纳罗拉传》, 前揭, 页288-304, 以及《马基雅维利传》, 前揭, 页397、602; Giuseppi Schnitzer,《萨沃纳罗拉》(Savonarola), 2卷本, Ernesto Rutili 译, Milan, 1931, 卷二, 页22-23、24、26-70、427-456、463-494; Donald Weinstein,《萨沃纳罗拉和佛罗伦萨》(Savonarola and Florence: Prophesy and Patriotism in the Renaissance), Princeton, 1970, 页323-376, 以及《向上帝的子民解释上帝的行为》(Explaining God's Acts to His People: Savonarola's Spiritual Legacy to the Sixteenth Century), 收于 Humanity and Divinity in the Renaissance and Reformation: Essays in Honor of Charles Trinkaus, John W. O'Malley, Thomas M. Izbicki 和 Gerald Christianson 编, Leiden, 1993, 页205-225。H. C. Butters,《16

世纪早期佛罗伦萨的统治者和政府》，前揭，页63–66、69、106–107、147、167–168、179–181、186、194、204、263，相比之下，该文作者认为修士同伙的影响并没有世所公认的那么大。]

在佛罗伦萨动荡的政治图景中，萨沃纳罗拉主义者始终是一股强大的力量，马基雅维利有两个理由对其深恶痛绝。首先，从他的立场看，他们颠倒了他设定的政治与宗教之间的关系。对萨沃纳罗拉来说，政治是通往一种禁欲的、非世俗的道德和宗教改革的手段，用于净化佛罗伦萨的罪恶和奢华，使佛罗伦萨能在他宣扬的末日来临时行使新耶路撒冷的职能。在这种情况下，佛罗伦萨政府完全建基于威尼斯大会议（Venetian Great Council）的模式就很重要；公民越多地介入决策过程，道德和宗教改革就越容易通过立法得到确立。萨沃纳罗拉还把这一使命跟反对美迪奇家族以及猛烈批评教宗的腐败联系在一起。[1]

对马基雅维利来说，宗教的职能是为政治服务，在政治上激起积极的态度和行为、公民德性以及军队的英勇，而不是激起谦卑或"虚荣之火"（the burning of vanities）。他视萨沃纳罗拉的先知式主张为无稽之谈，认为这个修士是个目光短浅的骗子，因为萨沃纳罗拉未能使佛罗伦萨在军事上常备不懈，也未能在必要时严厉地执

---

① Girolamo Savonarola，《论国家的组织》（Del reggimento degli stati），Pisa，1818，页5–65。另参Roberto Ridolfi，《萨沃纳罗拉传》，前揭，页20、22–23、26–27、32–35、38–40、44–49、51、77–83、92–93、101、107、134、154–155、168、184、278–279、282、317–319；Ralph Roeder，《文艺复兴人：四位立法者》（The Man of the Renaissance. Four Lawgivers: Savonarola, Machiavelli, Castiglione, Aretino），New York，1933，页57–87；Giuseppi Schnitzer，《萨沃纳罗拉》，前揭，卷一，页97、105–116、123–133、165–194、217–259、265–318、365–382、391–397、437–459；卷二，页32–33、199–333。

法。在自己的全部作品中，马基雅维利有几处显示了对萨沃纳罗拉的仇恨。最著名的无疑是在《君主论》中，他把摩西和萨沃纳罗拉（"没有武装的先知"）作了比较。

[《佛罗伦萨防务序言》(*Discursus florentiarum rerum praefatio*)；《李维史论》，1.1, 1.10–12, 1.19, 1.25, 1.34, 1.45, 1.49, 2.8, 3.30；《君主论》，6, 12, 21；《十年纪》，1.154–165；《金驴记》(*L'Asino*)，5.94–127；《狂欢节之歌》(*Canti carnascialeschi*)，4, 2–11, 45；《信件3, 致里切拉多·贝齐, 1498年3月9日》(*Ep.* 3, to Ricciardo Becchi, 9 March 1498)；《信件217, 致弗兰切斯科·维多里, 1513年12月19日》(*Ep.* 217, to Francesco Vettori, 19 December 1513)；《信件261, 致弗兰切斯科, 圭恰迪尼, 1521年5月17日》(*Ep.* 261, to Francesco Guicciardini, 17 May 1521)，页24–25、77–78、91–96、104–105、108–109、116–117、127、131–132、157、264–265、275–277、281、943、967、991、1010–1012、1161–1162、1203。有些学者否认或弱化马基雅维利对萨沃纳罗拉的不满。Felix Gilbert，《马基雅维利的〈佛罗伦萨史〉》(Machiavelli's "Istorie fiorentine"：An Essay in Interpretation)，收于 *Essays on Machiavelli*，Myron P. Gilmore编，Florence, 1972，页75–99，他认为马基雅维利分享了萨沃纳罗拉的启示论；Eugenio Massa，《达·维泰博、马基雅维利、路德和悲观的基督教》(Egidio da Viterbo, Machiavelli, Lutero e il pessimismo cristiano)，收于 *Umanesimo e Machiavellismo*，Enrico Castelli编，Padua, 1949，页75–123，尤参页108，他认为马基雅维利尊重这位修士；Larry Peterman，《庄重和虔敬》("Gravity and Piety：Machiavelli's Modern Turn")，载于 *Review of Politics* 52 (1990)，页189–214，尤参页192，声称在马基雅维利的《关于语言的对话》中有对萨沃纳罗拉赞赏性的参考；John Plamenatz，《马基雅维利》(Machiavelli)，收于 *Man and Society*，卷一，页1–44，New York, 1963，尤参卷一，页11，页35，他认为马基雅维利对萨沃纳罗拉既着迷又厌恶；Donald Weinstein，《马基雅维利和萨沃纳罗拉》(Machiavelli and Savonarola)，收于 *Studies on Machiavelli*，Myron P. Gilmore编，Florence, 1972，页253–264，他认为马基雅维利对萨沃纳罗拉的反对随时间而减弱；以及 Alison Brown，《萨沃纳罗拉、马基雅维利和摩西》(Savonarola, Machiavelli, and Moses：A Changing Model)，收于 *Florence and Italy：Renaissance Studies in Honour of Nicolai Rubenstein*，Peter Denley 和 Caroline Elam编，London，

1988，页57-72；Maury D. Feld，《马基雅维利的国民军和马基雅维利的雇佣军》，前揭，页 88-90；Pasquale Villari，《马基雅维利的生活和时代》(*The Life and Times of Machiavelli*)，2 卷本，Linda Villari 译，据1892年 London 版重印，New York，1968，卷一，页300；以及 J. H. Whitfield，《论马基雅维利》(*Discourses on Machiavelli*)，Cambridge，1969，页 1-15、24、33-35、87-110，认为马基雅维利肯定受到了萨沃纳罗拉的影响。在争论的另一边，以下学者的文章(并未穷尽所有文献)从不同的角度、以强烈的陈述表明马基雅维利对萨沃纳罗拉极度不满：German Arciniegas，《萨沃纳罗拉、马基雅维利和圭多·安东尼奥·韦斯普奇》("Savonarola, Machiavelli, and Guido Antonio Vespucci: Totalitarian and Democrat Five Hundred Years Ago")，载于 *Political Science Quarterly* 69 (1954)，页184-201；Harvey C. Mansfield，《马基雅维利的新模式和新秩序》(*Machiavelli's New Modes and Orders: A Study of the Discourses on Livy*)，Ithaca，1974，页 136-138、146、159、165-167、400；Augustin Renaudet，《马基雅维利》(*Machiavel*)，Paris，1942，页 42-45、178-180；Roberto Ridolfi，《马基雅维利传》，前揭，页 15-17、397、602；以及 Gennaro Sasso，《尼可洛·马基雅维利：他的政治思想的故事》，前揭，页 13-16、18-29、32-40、113-115、122-123、138、156、201、392、430-431。]

　　更有甚者，在马基雅维利眼中，修士同伙破坏了他鼓吹的共和主义方案：多数自治(governo largo)。这一共和主义方案既反对美迪奇家族的君主式统治，也反对在他自己的时代由佛罗伦萨贵族促成的、美迪奇复辟之前的共和国的贵族统治(governo stretto)。[①]

---

　　① 以下学者注意到了修士同伙抢先占据多数自治的共和主义的方式：Sydney Anglo，《详论马基雅维利》，前揭，第二章，页9-200；William J. Connell，《佛罗伦萨内外的共和传统》(The Republican Tradition In and Out of Florence)，收于 *Girolamo Savonarola: Piety, Prophesy, and Politics in Renaissance Florence*，Donald Weinstein 和 Valerie A. Hotchkiss 编，Dallas，1994，页95-105，尤参页95；John M. Najemy，《朋友之间》(*Between Friends: Discourses of Power and Desire in the Machiavelli-Vettori Letters of 1513*)，Princeton，1993，页72；Nicolai Rubinstein，《马基雅维利和佛罗伦萨的共和经验》(Machiavelli and the Florentine Republican Experience)，收于 *Machiavelli and Republicanism*，Gisela Bock，Quentin Skinner 和

马基雅维利远非从天启或威尼斯的角度为多数自治辩护,而是基于人性和他的历史阅读为之辩护。萨沃纳罗拉的共和主义方案的持续普及,是导致马基雅维利不安的原因,尤其当这位修士似乎已取代马基雅维利本人对教宗和美迪奇的批判时。

在《兵法》中,马基雅维利在两个成对的段落中站在反修士同伙的立场,斯帕克曼(Barbara Spackman)将这些段落简单地视为马基雅维利喜欢使用成对之物(dyads)的例子,而没有感觉到其中反萨沃纳罗拉的含义。但雷蒙迪(Ezio Raimondi)领会到了两段话之间政治上的呼应。[①]两位学者都注意到,马基雅维利比较了两种类型的首领,一种认为“懂得如何编造一场骗局……如何使自己的演说成为神谕应答”[②]就足够了,另一种则知道如何利用宗教来激励自己的部队。他援引了属于后者的一个最近的例子:

在我们父辈的时代,法王查理七世在他对英国人的战争

Maurizio Viroli编, Cambridge, 1990, 页3–16; J. N. Stephens,《佛罗伦萨共和国的衰落:1512—1530》(*The Fall of the Florentine Republic, 1512–1530*), Oxford, 1983, 页35–45、78–79; 以及Giovanni Silvano,《16世纪早期佛罗伦萨的共和主义》(Early Sixteenth–Century Florentine Republicanism), 收于*Machiavelli and Republicanism*, Gisela Bock, Quentin Skinner 和 Maurizio Viroli 编, Cambridge, 1990, 页41–70。

① Barbara Spackman,《敌对行动中的政治:马基雅维利的〈兵法〉》(Politics on the Warpath: Machiavelli's *Art of War*), 收于《马基雅维利与文学话语》(*Machiavelli and the Discourse of Literature*), Albert Russell Ascoli 和 Victoria Kahn编, Ithaca, 1993, 页179–194; Ezio Raimondi,《马基雅维利与战士的修辞术》("Machiavelli and the Rhetoric of the Warrior"), 载于*Modern Language Notes* 92 (1977), 页1–16。

② 《兵法》, 7: 388; 见Machiavelli,《主要作品及其他》,前揭,卷二,页724。

中说，他遵循上帝派来的一名少女的忠告，她被大家称作法兰西贞女；这就是他胜利的原因。[①]

这里，在圣女贞德身上，马基雅维利实际上看到了一个武装起来的现代先知。

尽管厘清了《兵法》中潜藏于马基雅维利主要论点表面下的各种潜台词，这些潜台词解释了他为何选择一位科隆纳家族的成员作为代言人，但依然存在一个问题，即他为何把为公民民兵辩护的任务交给一名雇佣军首领。对文本本身更贴近的阅读，把《兵法》放在文学史中，放在意大利文艺复兴时期的对话的语境中，将解决这最后的难题。

首先，对话一开始，马基雅维利就隐约表达了自己反美迪奇的态度。他将主人科西莫描述为正在招待那位著名的将军法布里齐奥，后者于1519年[②] 从伦巴第——他帮阿拉贡国王斐迪南赢得此地，立下赫赫战功——南下（《兵法》，1∶307）。从科西莫的祖父贝尔纳多的时代起，鲁切拉伊家族庭园就是一个政治和文学讨论的中心，圈子成员既包括主张多数自治（largo）的共和主义者，也包括主张贵族统治（stretto）的共和主义者。马基雅维利于1515年前后加入其中。一些成员在1494—1512年间企图复辟美迪奇家族的统治，另一些人则在1522年密谋推翻复辟的美迪奇政权。[③] 当

---

① 《兵法》，4∶354；见Machiavelli，《主要作品及其他》，前揭，卷二，页661–662。

② ［译注］斐迪南死于1516年，此处或为1516年之误。

③ 最重要的研究是Felix Gilbert，《贝尔纳多·鲁切拉伊与奥里切拉里花园》（"Bernardo Rucellai and the Orti Oricellari: A Study of the Origin of Modern Political Thought"），载于 *Journal of the Warburg and Courtauld Institutes* 12（1949），

马基雅维利介绍其演员阵容时，包括扎诺比、巴蒂斯塔、路易吉以及科西莫在内，不管马基雅维利本人还是其中任何一个，都没有评论法布里齐奥的职业。相反，对话立刻关注庭园布置的问题。看到其中有些树木和古人栽培的是同一品种，法布里齐奥说，跟随古人在阳光下从事强劲严苛的活动，比学他们坐在树荫下乘凉更好。他强调，正因为忽视这些充满朝气的活动，罗马才沦于毁败（《兵法》，1：304）。作为回应，科西莫答道，他祖父贝尔纳多创建庭园及讨论圈子是因为生在腐败时代；他的意思是，那是宽宏者洛伦佐的时代，不可能产生有意义的政治行动。法布里齐奥接受了这一解释，但极力主张，罗马共和国的榜样仍有益于一个还有某些善留存的城邦。他暗示，佛罗伦萨并未完全腐败。①

在这个节骨眼上，当法布里齐奥开始概述其军事对策时，科西莫发起挑战（hurls down the gauntlet），提出了《兵法》的现代读者很少注意的问题：法布里齐奥，你为什么一方面鼓吹模仿古人，谴责行为不像古人的那些人，另一方面却"在你擅长并被评为在其中出类拔萃的战争领域，不见你用过任何古代手段，或者多少与之类似的手段"？② 法布里齐奥回答说，他已通过自己的研究作好模仿古人的一切必要准备，但是，他声称，他缺少将理论转化为实践的

页101–131。另参 H. C. Butters，《16世纪早期佛罗伦萨的统治者和政府》，前揭，页59–60、164、183–184、279、307。

① Felix Gilbert，《贝尔纳多·鲁切拉伊与奥里切拉里花园》，前揭，页101–131。关于这儿反美迪奇的潜台词，参 John M. Najemy，《马基雅维利与美迪奇家族》，前揭，页562–563。

② 《兵法》，1：304；见 Machiavelli，《主要作品及其他》，前揭，卷二，页572。Harvey C. Mansfield，《马基雅维利的德性》，前揭，页203–205，也注意到科西莫的反对，以及法布里齐奥的回答的软弱无力。

机会：

> 因为我没有遇到过导致有可能显示我作的准备，从而能
> 使军队回归其古代法则的机遇，所以倘若我没有使之回归，我
> 就不能因此遭到你或别人的非难。①

法布里齐奥在声明中承认，"机遇"是否已实际到来是个有待
讨论的问题。因为这一问题不确定，他转而提出探讨确定的问题：
意欲有效抓住机会，必先作好准备。这一结论强调了法布里齐奥
最初的声明，② 由此，马基雅维利使谈话离开与机会和法布里齐奥
的真实职业有关的问题，转向构成对话主体的、关于军事政策的具
体细节。在卷一和卷二，法布里齐奥以问答的方式教授科西莫关
于部队征募和军饷、武器、操练及布阵的事情。在卷三，路易吉成
为法布里齐奥的主要对话搭档，就战术、演练和军团规模作出评
论；卷四和卷五探讨士气、行军秩序、侦查、给养及战利品的分发，
扎诺比起了相同的作用。在卷六和卷七，主要是巴蒂斯塔推动谈
话进行，法布里齐奥论述了扎营、撤营、纪律、联络、战马以及攻城
和守城问题。对话最后结束于法布里齐奥与科西莫的短暂交谈。

法布里齐奥一开始就强调他的主题：一个制度良好的城邦，不
管是共和国还是王国，依赖于一支公民民兵，罗马正因为背离这
一原则而导致毁败（同上，305–308）。科西莫这个搅局者再次表示

---

① 《兵法》，1：305；见 Machiavelli，《主要作品及其他》，前揭，卷二，页
572–573。

② 《兵法》，1：305；Basterebbe, quando io fussi certo che l'occasione non fusse
venuta［倘若我肯定这机遇未到便足矣］；见 Machiavelli，《主要作品及其他》，前
揭，卷二，页573。

反对。他指出,环顾当今世界,看到的都是像法布里齐奥和他领导下的那帮人一样的职业军人,从君主和共和国处获得供给以谋生,甚至在和平时期,他们也凭此而不至于变成强盗、土匪和反社会者(同上,308)。这里,科西莫指出当时的一个现象:常备军以雇佣军为基础;事实上,通过那些财政和官僚机构——这些机构从15世纪中期开始就存在于除佛罗伦萨外的大多数意大利城市国家中——人们一直激励这些雇佣兵充当忠诚正直的社会成员。法布里齐奥的回答是,和平时期没有足够的事务,比如守备,使军队常有事干。他补充道,给雇佣军发饷是腐败的做法。雇佣他们很可能在城邦内造成混乱,但这一回答并没有真正回应科西莫的观点(同上),因为给了钱的士兵不管是否在战斗,都用不着为了收支相抵而在不打仗时蹂躏乡村、洗劫城市及欺压非战斗人员。

但接下来,法布里齐奥说了更奇怪的话。谈到他自己时,法布里齐奥强调,他从不是一名职业军人或佣兵队长。他断言:

> 我从未将战争用作一门专技,因为我的技艺是治理我的下属和保卫他们,并为了能保卫他们而爱好和平、懂得如何作战。我的国王奖赏和尊敬我,更多的是因为我还知道如何在和平时期为他出谋划策,而不是因为我懂得打仗。①

紧跟这一完全不诚实的声明——他实际上是雇佣军首领却说不是——法布里齐奥继续谈论招募公民军队的细节,以及他在《兵法》中着手处理的其他话题。

---

① 《兵法》,1:309;见 Machiavelli,《主要作品及其他》,前揭,卷二,页580。

一直到对话的最后一卷，法布里齐奥才回应科西莫在卷一对他的指责：

> 如果你记得不错，科西莫，你对我说过你对此百思不得其解：一方面，我是古代的颂扬者，谴责那些在大事上不仿效它的人，但另一方面，我在战争事务上没有仿效它，而是自行其是。对此我曾回应说，想要做某事的人首先必须自我准备，了解如何做此事，以便接着在机会允许时更有能力去做。至于我是否知道如何使军事回归古代模式，听了我就这一问题的长篇大论之后，我希望你们能作出评判。从我的议论中，你们已经能够认识到我在这些思考上花了多少时间，而且我也相信你们能够想象我心中多么渴望将其付诸实施。我是否有能力做到，我是否被给予了这样的机会，你们不难猜测。①

法布里齐奥再次声称，机遇不会自己出现，也不会为一个像他那样的雇佣军首领出现。因为他提议的军事改革只对这样的国家才有可能：这些国家能从自己的公民中招募一支至少包括一万五千或两万人的军队。对于更小国家的统治者而言——更不要说那些受雇于别的统治者的指挥官了——这一可能根本不存在。可以肯定，法布里齐奥不是一个这样的君主或总督，可以指挥一支他认为规模最合适的军队。法布里齐奥现在承认，他是一个为外国君主效力的指挥官，必须遵守君主制定的规则。鉴于其部队唯利是图的本性和放荡的习俗，法布里齐奥总结说，他的改革靠

---

① 《兵法》，7：309；见 Machiavelli，《主要作品及其他》，前揭，卷二，页722。[译注]同上，页175。

他手头的人没法进行(同上，387–389)。

这一向"我做不了主"模式的撤退，与缺乏机遇是一样的借口，尽管法布里齐奥其实是在为他没能开创自己鼓吹的改革，缺乏激流勇进的能力开脱，但至少让我们又看到了原来那个法布里齐奥：承认自己是个雇佣军首领，而不仅仅是其君主的贤明顾问、其学科的辩护人。《兵法》最后一卷的法布里齐奥，似乎比开启对话时的法布里齐奥更像历史上的法布里齐奥。尽管如此，通观此书，我们还是发现，一位知名雇佣军首领否认那些军事手段的效用，尽管这些手段已被证明有效且助其在战场上赢得了成功和荣耀。我们希望，以上论据解释了马基雅维利为何选择一个科隆纳家族的人为公民民兵辩护。但那个问题依然存在，它由科西莫在文中提出而一直没得到回答，即：为何这个特别的科隆纳会摆出一副与他本人著名的实践如此不符的姿态？

正是在这里，将文艺复兴时期的对话作为一种文学样式来考虑，能够提供一种解决方案。我们已指出，研究16世纪对话的学者忽略了《兵法》。被忽略的正是理解《兵法》的一种可能性，即将《兵法》放在15世纪意大利对话的语境中来理解。马什(David Marsh)对这一课题的重要研究解决了这个问题。[1] 马什表明，15世纪意大利的对话作者不只是从古典对话中选择各种典范并模仿他们，他们还进行创新。意大利作者更愿意将当代人作为对话者放入对话作品中，因为读者对这些角色的生活和观点十分熟悉。但从15世纪初的布鲁尼(Leonardo Bruni)到下一代的布拉乔利尼

---

[1]　David Marsh，《15世纪对话》(*The Quattrocento Dialogue*: *Classical Tradition and Humanist Innovation*)，Cambridge, MA, 1980，页31–77。本段余下部分基于 Marsh 的发现。

(Poggio Bracciolini) 和瓦拉 (Lorenzo Valla)，则加入了新的变化。在布鲁尼的对话作品中，对话者尼古力 (Niccolò Niccoli) 在第一篇对话中持一个非常不得人心的观点，与他的真实想法截然相反，他批判佛罗伦萨的"三顶桂冠"：但丁、彼特拉克和薄伽丘。在第二篇对话中，尼古力撤销了自己的第一个观点，在对第一个观点的虚拟拒绝中，破坏了这个观点的可信度。

布拉乔利尼在《论贪婪》(*De avaritia*) 中也使用了类似的写法，我们在这部作品中同样发现，同时代的对话者在反对他们自己的广为人知的观点。一位读者惑于布拉乔利尼的策略，写信给他要求澄清，布拉乔利尼在回复中强调了两点。他说，首先，他把对贪婪的攻击分派给一个被认为是贪心的人，把为贪婪辩护分派给另一个公认的败家子，是为了将反讽引入对话，从而使对话更有趣。其次，他指出，我们要能够区分观点本身与提出观点的人。一个观点合理或有价值，跟提出观点的人没有关系。

瓦拉在《论享乐》(*De voluptate*) 的每个标题下、在每个对话者身上都用了同样的技巧，把廊下派和伊壁鸠鲁派的观点，放在那些绝非这些哲学派别的拥护者的口中。他的基督教发言人批判那个伊壁鸠鲁主义者所持的观点，而当时的人都知道，这一观点与那个伊壁鸠鲁派对话者的实际生活方式不同。该基督徒还以同样的方式攻击那个廊下派对话者。正如马什所言，通过分析这些对话作者而重新发现的文学策略，能使这些作者或多或少秘密地表达其他的个人意图：攻击基于逻辑的经验神学，批评教会的财富或基督教必须与苦行主义结合的观念。

从这个角度看，如果将《兵法》放入马什研究过的15世纪对话的传统中阅读，只要把《兵法》的布景做一下轻微调整，不是在当下而是在不远的过去——那时鲁切拉伊还在世——那么，马基雅维利的对话以及他选择法布里齐奥作为主要发言者就完全讲得通了。我们已看到，这篇对话并不乏马基雅维利式的潜台词，反映了贯穿其众多作品的好恶。马基雅维利不仅通过选择各位对话者，也通过分派他们的台词，清楚地说出了这些潜台词。最重要的是，将《兵法》纳入15世纪对话的背景中，就解决了马基雅维利引出的问题：他为何用一名雇佣军首领，一名帮助外国统治者征服意大利大片土地，剥夺其中很多城市的自治权，使美迪奇家族在佛罗伦萨复辟的首领，来批判雇佣军，并让他为马基雅维利心目中与共和公民美德关系极其紧密的公民民兵辩护？对马基雅维利及其同时代的读者而言，《兵法》最大的反讽在于，当时没有一个人比法布里齐奥更有资格传达这一信息。

《兵法》中修辞术的军事"德性"

维特霍夫(William E. Wiethoff) 撰

张培均 译　林凡 校

　　马基雅维利主要作品的总体基调是具有政治效果却缺乏道德,正是由于这种基调,佛罗伦萨在文艺复兴时期欧洲修辞观念发展过程中本来扮演的突出角色,却总是被遮蔽了。最近有论文尝试将《君主论》看作修辞概念在公民哲学(civil philosophy)中的运用——该文同时也间接将《李维史论》放在这个位置上,[1] 但是,吉尔肯(Geerken)对大量马基雅维利研究的分析表明,这些研究根本与修辞术方向无关。[2] 学者们研究马基雅维利的修辞术时,常常根据几个涵盖范围很广的修辞"术语和方法",将其归入"其他技艺和科学"。[3] 但是,如果我们注意到他的修辞术与他本人受过的

---

　　① William E. Wiethoff,《马基雅维利的〈君主论〉:修辞对公民哲学的影响》("Machiavelli's *The Prince*: Rhetorical Influence in Civil Philosophy"),载于 *Western Speech*,(38)1974,页99。

　　② John H. Geerken,《1969年以来的马基雅维利研究》("Machiavelli Studies Since 1969"),载于 *Journey of the History of Ideas*,(37)1976,页351–368。

　　③ Richard Mckeon,《中世纪的修辞术》("Rhetoric in the Middle Ages"),载于 *Speculun*,(17)1942,页3。很多研究中世纪晚期和文艺复兴文化的学者,都认为修辞术具有"普遍"(pervasive)的影响;尤参 Paul Oskar Kristeller,《古

人文主义训练、他对口才和智慧的由衷喜好，以及他对aretē——有时被翻译成"德性"（virtue），一种既有军事特征又有演说特征的混合物——这个古典观念的特殊欣赏之间的联系，那么，我们就需要以不同的独特维度研究他的修辞术。

我认为，马基雅维利对以务实、"道德"（virtuous）的方式运用人文主义技艺具有天然的兴趣，正是这一兴趣令他在创作《兵法》（1521年）时赋予该书修辞性的形式与内容。分析《兵法》的文本之前，我们要简单勾勒马基雅维利受过的人文主义训练，以及他对德性的古典观念的拥护。这一军事著作也许是作者最珍视的作品，[①]该书的写作穿透了文学传统的面纱，并清楚地表明马基雅维利受惠于战士–演说家（warrior-orator）这一古典式的人文理想。

马基雅维利的人文主义

文艺复兴时期的人文主义者寻求智慧与口才在实践上的联合。这些政府官员、教士和专业学者，在"人文主义者"这个词流行之前，常因"演说家"而知名，他们遍寻当时发现的古代作品，以

典与文艺复兴思想》（*The Classics and Renaissance Thought*），Martin Classical Lectures，15，Cambridge，1955，页10–13；Hanna H. Gray，《文艺复兴时期的人文主义》（"Renaissance Humanism: The Pursuit of Eloquence"），载于 *Journey of the History of Ideas*，(24)1963，页506；Jerrold E. Seigel，《雄辩的典型与彼特拉克的沉默》（"Ideals of Eloquence and Silence in Petrarch"），载于 *Journey of the History of Ideas*，26，No.2(1965)，页147；以及 Vincent M. Bevilacqua，《修辞术与道德研究领域》（"Rhetoric and the Circle of Moral Studies: An Historiographic View"），载于 *Quarterly Journal of Speech*，(55)1969，页343–344。

① 《兵法》是马基雅维利生前唯一出版的主要作品。参 Neal Wood，《引言》（"introduction"），见 Machiavelli，《兵法》（*The Art of War*），Neal Wood译，前揭，页18。

指导他们追求实际口才。古典修辞术向人文主义者提供了确定无疑的传统建议,宣称"修辞技艺和成就在人类事务中扮演了核心角色"。① 在那个年代,收集和出售古典修辞术文本是一门兴隆的生意。15世纪早期,布拉乔利尼发现了昆体良《演说术原理》(*Institutes of Oratory*)的一份相当完整的手稿,兰德安尼(Gherardo Landriani)发现了几篇西塞罗论修辞的论文,这些都鼓舞了人文主义者的研究。② 昆体良作为修辞导师地位崇高,而西塞罗在人文主义者引用的作品中尤其引人注目。③ 西塞罗"无所不在的影响",④ 尤其是他关于智慧的可操作的定义——智慧即ars vivendi[生存之道],⑤ 反映在人文主义者关于智慧和口才的概念中,迫使公民哲学成了修辞术的附属物,⑥ 也迫使"英雄"和"演说者"在形式上等同。⑦

马基雅维利(1469—1527)生长在一座将人文主义者奉为"新文明的先知"的城市。⑧ 他的"普通文学"教育包括古典作品方面

---

① Gray,《文艺复兴时期的人文主义》,前揭,页498。

② John A. Symonds,《学术的复兴》(*The Revival of Learning*), New York, Capricorn Edition, 1960, 页98—102。

③ Pearl Kibre,《14和15世纪图书馆中的知识兴趣》("The Intellectual Interests Reflected in Libraries of the Fourteenth and Fifteenth Centuries"),载于 *Journal of the History of Ideas*, 7(1946), 页280。

④ Douglas Bush,《文艺复兴文学中的古典影响》(*Classical Influences in Renaissance Literature*), Martin Classical Lectures, 13, Cambridge, 1952, 页2。

⑤ Eugene F. Rice, Jr.,《文艺复兴时期的智慧观》(*The Renaissance Idea of Wisdom*), Harvard Historical Monographs, 37, Cambridge, 1958, 页2。

⑥ Mckeon,《中世纪的修辞术》,前揭,页4。

⑦ Hanna H. Gray,《文艺复兴时期的人文主义》,前揭,页504。

⑧ Felix Gilbert,《马基雅维利与圭恰迪尼》(*Machiavelli and Guicciardini* –

的一般训练,这些古典作品深受人文主义者喜爱。[1] 那些特地准备履行职业公民义务的年轻人学习修辞术和辩证法,以便有效地参与"公共辩论,这是对受过通识教育之人的测验"。[2] 佛罗伦萨的大家族,尤其是美迪奇家族,对古代遗物的商业热望,确保马基雅维利能够接近"写满难以辨认的字母的古老羊皮纸"上的古典修辞术。[3] 15世纪后期及16世纪初的政治和军事巨变,破坏或毁掉了很多私人图书馆,但美迪奇家族的私产基本保存完好。[4] 马基雅维利在佛罗伦萨秘书厅的秘书生涯(1498—1512),扩展了他对人文主义者诸种技艺的研究和实践,[5] 使他成为中世纪dictatores[师爷]的专业继承者:

> 他们根据教科书和典范,教授并实践撰写公文、书信和公共演说辞等极其实用的技艺。[6]

Politics and History in Sixteenth-Century Florence),Princeton,1965,页162;关于将佛罗伦萨塑造为"亚诺河上的新雅典",另参Hans Baron,《意大利文艺复兴早期的危机》(*The Crisis of the Early Italian Renaissance*),Princeton,1955,卷一,页6。

[1] Pasquale Villari,《马基雅维利的生活和时代》(*The Life and Times of Machiavelli*),Linda Villari译,第二版,London,1883,页223。另参Gilbert搜集的证据,《马基雅维利与圭恰迪尼》,前揭,页318—322。

[2] Dominic A. LaRusso,《修辞教育:意大利,1300—1450》("Rhetorical Education: Italy,1300–1450"),载于*Western Speech*,24,1960,页218。

[3] John A. Symonds,《学术的复兴》,前揭,页102。

[4] Pearl Kibre,《14和15世纪图书馆中的知识兴趣》,前揭,页262。在佛罗伦萨免于美迪奇统治期间,马基雅维利曾因公出使罗马,这段时间美迪奇家族的图书馆暂时被置于教宗的保护之下。

[5] Felix Gilbert,《马基雅维利与圭恰迪尼》,前揭,页162。

[6] Paul Oskar Kristeller,《古典与文艺复兴思想》,前揭,页12。

马基雅维利在古典文学方面所受的训练，使他得以明智地为奥里切拉里花园效力，被佛罗伦萨放逐后，他加入了这一人文主义者的讨论圈子。①

马基雅维利的"德性"

马基雅维利研究"古典智慧，以便将其运用于他自己所处时代的问题"。② 在他个人寻求结合智慧与口才的过程中，他借助 virtù［德性］这个术语表示人类各种美德的联合。这个术语包含各种意思，包括关于"道德力量"和"政治权术"的通常概念；virtù 同时并且特别地含有军事特征，既涉及精神又关乎身体。③ 在很多文本中，这一术语是对德性——马基雅维利的人文主义以此为基础——的古典表述的恰当意译。迈内克(Meinecke)评论说，尽管马基雅维利"以一种相当④ 个人的方式"详尽阐释了"他的全部真实和最高的价值"，但是，他的 virtù 这一概念仍"源自古代传

---

① Felix Gilbert,《当代史学中的马基雅维利》("Machiavelli in Modern Historical scholarship")，载于 *Italian Quarterly*, 14, No.53, 1970, 页19。

② Felix Gilbert,《马基雅维利与圭恰迪尼》，前揭，页158。

③ 对这一术语的两种通常意义的解释，参 Linton C. Stevens,《马基雅维利的德性和蒙田的唯意志论》("Machiavelli's virtù and the Voluntarism of Montaigne")，载于 *Renaissance Papers*, 1957, 页123；有关其特殊的军事含义的证据，参 Felix Gilbert,《论马基雅维利的德性观》("On Machiavelli's Idea of Virtu")，载于 *Renaissance News*, 4, 1951, 页54, 以及 Neal Wood,《塞涅卡和马基雅维利思想的几个共同方面》("Some Common Aspects of the Thought of Seneca and Machiavelli")，载于 *Renaissance Quarterly*, 21, 1968, 页20。

④ ［译注］原文为 quiet, 疑当作 quite。

统"。① 康托斯(Kontos)在其文章中明确提出要考察德性的古代传统,他认为,马基雅维利式的英雄"成功地实现了自己的企图,赋予他们所在的社会以生命,使其在军事上强大且在政治上稳定"。② 雄辩的智者既通过军事技艺也通过公民技艺(both martial and civil arts),令其周围充满生机。公元前5世纪的雅典人证明,修辞家(Rhetor)意味着要领导城邦,指导有关战争与和平的事务,③ 而且西方文明关于男子德性最早的说明,就宣称男人既要有"辩论"的本领,也要有"战场作战"的本领。④ Aretē 的古典概念,同样能在早期修辞术著作中找到表述,比如亚里士多德强调,一个男人因无力用武器保卫自己而感到羞耻很"荒谬",但是,他如果因无力用讲辞和理性保卫自己而感到羞耻则不荒谬。⑤

文艺复兴时期,人们将德性的古典概念转换成了其他形式,对一个有抱负的佛罗伦萨人而言,这些形式的德性能够轻易获得且意义重大。马基雅维利必定研究并思考了教–政(church–state)关系,他生活在一个继承了中世纪教–政法规(religious–political

---

① Friedrich Meinecke,《马基雅维利主义》(*Machiavellism*), Douglas Scott 译, New Haven, 1957,页31。

② Alkis Kontos,《马基雅维利笔下的成功和知识》(Success and Knowledge in Machiavelli), 载于 *The Political Calculus*: *Essays on Machiavelli's Philosophy*, Anthony Parel 编, Toronto, 1972,页85。

③ Otto A. Dieter,《修辞家之石》("The Rhetor Stone"), 载于 *Quarterly Journal of Speech*,(51)1965,页426–432。

④ 见荷马的《伊利亚特》,卷九,第443行, A. T. Murray 译, Loeb Classical Library, Cambridge, 1946,阿基琉斯的老师福尼克斯提醒这位英雄,他受到的训练使其"成为会发议论的演说家,会做事情的行动者"。

⑤ 亚里士多德,《修辞学》卷一,第1章,1355b12, John H. Freese 译, Loeb Classical Library, Cambridge, 1959。

prescription)传统的时代。例如,注意查理大帝(Charlemagne)对富尔达修道院院长鲍格尔夫(Abbot Baugulf of Fulda)的指示(约795年):"朕欲使尔等成为教会合宜之士兵……善言之学者。"① 中世纪的教士同样维持了修辞术的古代政治定义,视之为一门"因其雄辩的光彩和丰富而被认为在民事问题上最有用、最必要的"科学。② 西塞罗一贯认为,口才形成于"关乎和平与战争的最伟大事业",③并明确指出,希腊和罗马黄金时代的英雄树立的典范"在民事和战争事务上超绝常人"。④ 昆体良引用福尼克斯(Phoenix)给予阿基琉斯的"道德"教育,⑤规定了修辞术练习,其中"兵法能提供某种类比"(同上, 2.5.14-15),并明确指出,希腊和罗马英雄树立的典范,在军事技艺与修辞技艺的结合方面超绝常人(同上, 12. 11)。贝利(Bayley)在解释文艺复兴时期佛罗伦萨的军事传统时,似乎最好地总结了马基雅维利式德性的知识背景:

---

① 《加洛林文学培育书简》(Karoli Epistola de Litteris Colendis),见M. L. W. Laistner译,《西欧思想与书简》(*Thought and Letters in Western Europe*),London, 1931,页154。

② 参Cassiodorus、Isidore、Alcuin和Rabanus Maurus定义修辞术时"几乎相同的用词",见Luke M. Reisma,《英格兰的修辞术》("Rhetoric in England. The Age of Aelfric, 970-1020"),载于*Communication Monographs*, 44, 1977,页400,注释53。

③ Cicero,《论开题》(*De Inventione*), 1.2.3, H. M. Hubbell译, Loeb Classical Library, Cambridge, 1968。

④ Cicero,《论演说家》(*De Oratore*), 3.33.132-34.139, Horace Rackham译, Loeb Classical Library, Cambridge, 1968。

⑤ Quintilian,《演说术原理》(*Institutes of Oratory*), 1.2.3, H. E. Butler译, Loeb Classical Library, Cambridge, 1953。

理想的市民是政治家、战士和哲人……他在人类生存的活动领域和沉思领域展现出同等的自在和精通。[1]

后文将应用马基雅维利的德性观来考察《兵法》的形式与内容，这一方法非常依赖于另一个相关应用。这里的中心论据假设了以下两者之间的某种类似：古典传统一致认为政治是一种创造性的"制作活动"(*poetic* activity)，[2] 同样，马基雅维利同意"完美政治领袖的风格，应当与资深将军实践的兵法类似"。[3] 下文的文本分析基于这两点，其一，马基雅维利非常认可修辞术在文艺复兴时期人文主义中的中心地位；其二，他相对成功地"在人类集体活动中给军事实践分配了位置"。[4]

《兵法》中的修辞术

严格说来，马基雅维利很可能因为在其军事体系的"几乎每个案例上都'下错了赌注'"而受到指责。[5] 然而，《兵法》"在整个16世纪得到高度评价"，在1521至1587年间累计出版了八个意

---

① C. C. Bayley，《文艺复兴时期佛罗伦萨的战争和社会》，前揭，页199。

② Michael Oakeshott，《人类交谈中的诗的声音》(*The Voice of Poetry in the Conversation of Mankind*：*An Essay*)，London，1969，页15，注释1。

③ Neal Wood，《马基雅维利的行动人文主义》(*Machiavelli's Humanism of Action*)，载于 *The Political Calculus*：*Essays on Machiavelli's Philosophy*，前揭，页41。

④ F. L. Taylor，《1494—1529年间意大利的兵法》(*The Art of War in Italy*，*1494–1529*)，Cambridge，1921，页157。

⑤ Charles Oman，《16世纪兵法史》(*A History of the Art of War in the Sixteenth Century*)，London，1937，页93–94。

大利语版本，1536年出现一种西班牙语盗版，1546年出版法译本，1560—1588年间出版三个英译本，17世纪早期还出版了各种拉丁语和德语译本。①

这部著作的古典来源包括弗龙蒂努斯、塔西佗、韦格蒂乌斯和摩德斯图斯(Modestus)的经典军事论著(这些作品于1487年在罗马结集出版)。②《论王制》(*De Regimine Principium*)是罗马努斯(Aegidius Romanus)改编自阿奎那的一部作品(1280)，代表了中世纪后期著作的类型，由此产生了文艺复兴时期的一整个"军事传统"。③ 15世纪论兵法的前辈倾向于认同西塞罗的理想，在后者的理想中，一个公民在男子德性上的进步"源自他在公共讨论中的学习，源自他从公共讨论走向战场"(同上，页200)。布鲁尼，这位15世纪的佛罗伦萨人，以西塞罗和昆体良为师，"严格依照"修辞术这一相关公民技艺来写作《论军事》(1422年，同上，页316)。马基雅维利本人的军事手册开篇就在呼应一种古典态度："平民生活"与"军事生活"之间并无任何必然的不和谐(页566)。④

《兵法》描述了一场虚拟的对话，对话双方主要是法布里奇奥和科西莫，前者刚从伦巴第征战归来，是受人尊敬的首领，后者是位佛罗伦萨贵族。两位主讲人与另外几位提问者饭后在科西莫家的花园讨论军事科学。法布里齐奥在全书七卷中讲话最多，把马

---

① Machiavelli，《兵法》，Neal Wood 译，前揭，页29-30。

② Machiavelli，《兵法》，页17。另参 Neal Wood，《弗龙蒂努斯作为马基雅维利之方法的一个可能的资料来源》("Frontinus as a Possible Source for Machiavelli's Method")，载于 *Journal of the History of Ideas*，28，1967，页243-248。

③ C. C. Bayley，《文艺复兴时期佛罗伦萨的战争和社会》，前揭，页219-284。

④ 本文对《兵法》的引用，均采自 Machiavelli，《主要作品及其他》(*The Chief Works and Others*)，3卷本，Allan Gilbert 译，Durham，1965，卷二，页561-726。

基雅维利的观点传达给读者。值得注意的是，法布里齐奥在对话中扮演的角色，与其在对话形式的文学作品中的祖辈们扮演的角色一致，比如卓越的克拉苏（Crassus），他在《论演说家》中就是西塞罗的代言人。

在一开始致斯特罗齐的献辞中，马基雅维利赞美一种特殊形式的美德，这种美德结合了英雄和修辞家、"那些立法者"和那些"军事训练掌管者"的技艺；马基雅维利的献辞也表明，作者的意图是要将"往昔卓越的诸形式"应用于当代的政治和军事需求（页567）。献辞呼应了先前《君主论》中表达过的需求，沿用了马基雅维利的这一比方（figure）："法律和武器"是一种对国内的成功而言必要的结合体。[1]献辞利用了昆体良在界定演说术和武器时打过的相同比方（《演说术原理》，2.1.12，前揭）。西塞罗也作了这一比喻性的规定（《论开题》，1.1.1，前揭），且进一步说明演说家必须知道所有"种类的技艺"，尤其是那些"军事技艺"。[2]

关于如何达成智慧与口才在军事上的联合，《兵法》卷一提出了具体建议。马基雅维利的法布里齐奥强调罗马"尊荣和奖励卓越"的政策（页572），并以很大篇幅论证公民士兵在品质上高于纯粹的雇佣兵。马基雅维利把军事科学的各个方面留到之后几卷处

---

[1]　Machiavelli，《君主论》(*The Prince*)，第26章，Allan Gilbert译，他总结道，"没有什么比提出新法律和新制度更令人荣耀"。（卷一，页94——随后所有《君主论》和《李维史论》的引文都参考Gilbert的译文。）每个国家的首要基础，在第3章被简单描述为"智谋"和"力量"（卷一，页20），在第12章是"好的法律和好的军队"（卷一，页47），在第18章则是"法律"和"力量"（卷一，页64）。《李维史论》卷三第38章在论及军事与修辞技能彻底调和的实际需求时，引了这位罗马史家（卷一，页515）。

[2]　Cicero，《论演说家》，1.2.8，E. W. Sutton译，Loeb Classical Library，Cambridge，1959。

理,而在卷一其余部分说明了征募民兵的标准。人文主义者对智慧与口才可在实践中联合的信念,调和了挑选新兵的绝对规则。当法布里齐奥声称"智巧能补自然无法补的不足"(页581)时,他是在一个更高的层面表达他认可的"法律和武器"之间的关联;也就是说,政治或修辞技艺可以补偿人类的实质性缺陷。随后,他再次声称,"携带武器的公民或属民,在有法律且得到良好管理的情况下,绝不会造成破坏"(页585)。马基雅维利细心的辩证清楚地暗示了西塞罗的主张:

> 智慧没有口才基本无用,而口才没有智慧则一般会造成巨大的伤害且毫无用处。(《论开题》,1.1.1,前揭)

昆体良则干脆说,"一位演说家最卓越的天赋是智慧的灵活性"(《演说术原理》,2.12.2,前揭)。法布里齐奥提到三个招募标准:考官的个人经验、新兵的实际表现以及某些特定的"直"觉(页588),它们分别类似于道德的、逻辑的和情感的这三种证明方式。但是,卷一包含太多具体规则,因此读者自然会回到"灵活性"这一建议,这个建议来自古典文本,更加亲切且明显带有修辞性。

卷二一边讨论应用于军事训练的"规则",一边引入对武装模式及佛罗伦萨在军事科学上衰落之原因的分析。通过概述大量"布阵"(evolution)或阵型,马基雅维利暗示了自己对布局(disposition)的关注(页608–619)。在"每个细小的优势都举足轻重"这一点上达成一致后,法布里齐奥提醒读者注意"无怪乎那些古人会考虑最细微的事物"(页606)。古典传统中与之对应的是,昆体良也用"行""列"和"佯攻"这些术语,解释布局(同上,2.13.2–17)以及其他阵型(同上,5.12.14和7.10.13)。西塞罗赞许关于"营地和练兵场"的模范"训练"。①

遗憾的是,对于军事科学的初阶训练(progymnasmata)而言,"不存在一条规则,对所有那些你可能不得不处理的模式都有用"(页617)。规则说到底无法满足布局的需要,但武装模式可以提供替代性的帮助。法布里齐奥提醒读者,"罗马人不仅用盔甲,而且用羽毛装饰他们的步兵"(页596)。武装模式要求在战术上考虑首领的话语、旗帜和乐曲(措辞、符号和韵律):一位首领"凭借其话语"(页620)也可以像凭借其他事物一样维持士气;除首领之外,旗帜的存在也使一支军队"充满生气";而"乐曲经妥善安排,则能保持队列"(页620)。昆体良同样承认首领的话语(《演说术原理》,2.16.8和12.1.28,前揭)、旗帜(同上,10.7.17)和乐曲(同上,9.4.11)的激励效应,而西塞罗只强调话语。②卷二偏离主题的部分谈到军事科学的衰落,即"杰出之人多来自共和国而非王国",这呼应了西塞罗和后人关于罗马雄辩术衰亡之政治原因的一贯评论。③

卷三大力推荐组织和模式的古典典范。法布里齐奥继续引证希腊和罗马模式,讨论一支得到完美布局的民兵的战术行动,并驳斥那些认为在文艺复兴时期的火炮面前"古代的武器和阵式无用"的人(页638)。讨论火炮是一种"阻碍视线"的无用手段(页637),以及法布里齐奥在英勇对抗混乱时下令"展示古代气魄"(页639),这两者在主题上对应着关于修辞术的亚细亚式精细的古老争论。

---

① Cicero,《论演说家》,3.59.220, Horace Rackham 译,前揭。

② Cicero,《论开题》,1.50.94,前揭;以及《论演说家》,1.8.32–34, E. W. Sutton 译,前揭。

③ 参 George Kennedy,《罗马世界的修辞技艺》(*The Art of Rhetoric in the Roman World*), Princeton, 1972,页446–464。

马基雅维利的法布里齐奥——总是一个实用主义者——插入这么一句格言："必须躲开无法抵挡的东西"(页641)。武装模式再次提供了替代性"道路"。卷三重申符号体系、措辞和节奏在军旗、领导力和乐曲中的文体价值(stylistic values)(页645–647)。对古代文体模式的考察,使法布里齐奥对队列间的无用喧嚣得出这一最终评论:如此喧闹妨碍"首领的话语和激励之言"(页648)。马基雅维利引证的军事模式,可以跟昆体良的下述评论对观:

> 兵法可以(为修辞术研究)提供某种类比:尽管它无疑基于某些一般原则,知道那些个别的首领在不同条件和环境下利用的各种阵式仍然要有用得多。(《演说术原理》, 2.5.15, 前揭)

在卷四中,马基雅维利极为详细地解释了他关于修辞术的军事德性的概念。成功的首领必须精于情境分析,但他们也必须掌握其他用于维持士气、阻止退缩及夸大自己胜利的修辞技能(页654–656)。首领身边应当是那些已证明自己具备智慧与口才的谋士——"忠心耿耿之士,精通作战,小心谨慎"(页658),但"卓越的首领通常本身就是演说家"(页661)。卷四以亚历山大大帝为证,列举了"无数次"表明修辞技能对军事科学至关重要的情境:

> 演讲驱除恐惧,点燃斗志,增进顽强,揭露欺骗,许诺酬赏,显示危险,表明避险途径,责备,恳求,威胁,灌注希望,赞誉,辱骂,成就人类激情所据以被扑灭或激发的一切事情。因而,意图缔造一支新军队并赋予这军队好名声的君主或共和国,应当使自己的士兵习惯于听统帅演讲,统帅则应当懂得如

何对士兵演讲。(页 661)

马基雅维利相信,士兵首先是从"武器"和"首领的威名"中获取信心,而且士兵对自己首领的敬重增强,"更多是因能力,甚于因任何他可能展示的善举"(页 662)。[1] 首要的是,军事与修辞能力的结合,被应用于上文提到的一连串目的。马基雅维利对首领的修辞目的的详述,与他早前对不同说服程度的列举,[2] 在形式和内容上都类似,两者都指向通过言与行获得美德的最早的古典典范。

卷五处理与罗马模式相关的标准作战地点(topoi)。法布里齐奥强调在敌国领土作战时要作情境分析:

> 如果想要一支训练有素、经过实践的军队,这些操练和习惯的培养便必不可少。在这些事情上,首领和指挥官们必须积极有为。(页 669)

关于修辞的一般和特定话题都包括在内——"在危险之中,一个人依以指挥的用语必须清晰干脆……避免笼统用语,要使用特定的用语"(页 669)。在处理关于筑垒、给养、战利品及其他报偿的紧急情况时,尤其是处理可能遭遇埋伏的情况时,首领必须知道"地点"(页 674)。

卷六继续强调情境分析和相关的共同话题,并另增了一些心理策略。马基雅维利承认他"决定"选择性地"模仿罗马人",包

---

[1] 参《君主论》第7–23章(卷一,页27–88)对下述事实的重复强调:务实的领袖需要"被爱戴与被畏惧",需要缓解和(或)转化敌意。

[2] 《君主论》第7章(卷一,页34)。

括这一关于技艺与自然的西塞罗式观点："首领的勤勉使之［营地］井然有序，场景或技艺使之固若金汤。"（页679）当法布里齐奥列出各种心理策略，从欺骗和转移注意力到选择性解释和行贿时（页694–701），他暴露出了自己"马基雅维利式的"性格。通过① 以"惩罚和奖赏……赞扬和责备"（页690）等各种方式表现谋略，并表明首领需要使自己的民兵保持"受罚和领酬"（页698），法布里齐奥不断指向马基雅维利的这一基本策略：领袖要始终同时"被爱戴与被畏惧"（见上文）。法布里齐奥在描述理想战士的virtù［德性］时，提到"节制和正义"等要素（页701）；卷六结束时，他将军事德性完全解释为首领的"力量，他的组织，他的纪律和他的能力"（页703）。

卷七总结了马基雅维利对技艺与自然、口才与智慧之间的"道德"关联的看法。在用一段冗长的话讲到关于围攻的特殊话题之前，法布里齐奥既提到"自然"，又提到"人工的筑垒"（页703）。接着他汇集了关于军事德性的27条格言，包括"天生硬汉寥寥无几，勤奋和训练造就众多勇士"这样的老生常谈（页718）。② 法布里齐奥也总结了自己对"创新"这一德性的分析（页721），并重申，"在当今人们可做的事情中，再没有什么"比战士–修辞家的事情"更容易回归古代模式了"（页722）。

---

① ［译注］原文为though，疑当作through。

② 马基雅维利承认地点在作战中的有利因素，并在这一点上作出妥协，进一步支持了以下说法：类似《双行诗集》（*Disticha Catonis*，一本3或4世纪的格言集，中世纪的学者用于发展主题）这样的作品在中世纪之后仍非常流行，且"地点成了能用于各类文学的陈词滥调"。参 Sister Joan Marie Lechner,《文艺复兴时期老生常谈的概念》（*Renaissance Concept of the Commonplaces*), New York, 1962, 页34, 页63。

卷七的结论明显指向《君主论》最后一章。法布里齐奥控诉意大利当前的统治者，但表达了他的希望：文艺复兴时期的战争手段，可以跟修辞技艺一样，共享重生的古典主义，这种古典主义正发生于"道德研究领域"[1]——发生于"诗歌、绘画和雕塑中"（页726）。

结　语

将《兵法》归入受修辞术语和方法全面影响的文艺复兴作品，是恰当的做法。马基雅维利将虚构、布局和模式等西塞罗式的概念应用于军事，毫不逊色于他本人及其同时代人在修辞术方面作的一些改编。[2]马基雅维利以对话形式打造其作品，并把传统的修辞功能分派给他笔下的角色。大力褒奖"规则"的功用以及对古典典范的模仿，类似于罗马修辞教育中的那些重要规定。马基雅维利经常从一般的修辞和辩证传统提供的前提出发，为自己主张新古典派的军事科学辩护。他的措辞和意象很大程度上倚赖于西塞罗和昆体良的修辞术论文中显见的专门术语和相关比喻。简言之，在马基雅维利的《兵法》中，论据的内容、布局和形式，表明作者的写作与传统修辞方法之间不仅仅是一种无意识的关联。

《兵法》作为文艺复兴时期关于智慧和口才的"道德"联合的一份注解，也显示出自己独特的重要性。在《君主论》结尾，马

---

[1]　Vincent M. Bevilacqua,《修辞术与道德研究领域》，前揭，页343。

[2]　比如，Della Casa 和 Guazzo 会把《君主论》归于早期受修辞术影响的"宫廷"（courtesy）书。参 Gerald P. Mohrmann,《市民对话》（"The Civile Conversation: Communication in the Renaissance"），载于 *Speech Monographs*, 39, 1972, 页194。

基雅维利声称，意大利"并不缺乏要被赋予形式的内容"(《君主论》，第26章)。马基雅维利不断提及言辞与行动，或法律与武器之间紧密而实际的联系，表明他试图赋予文艺复兴时期人的行动以商议式的(deliberative)修辞形式。此外，马基雅维利对军事关切(martial concerns)的执着，凸显出他对古典概念上的德性的注意，因为那正是在智慧和口才的联合中显现出来的德性。他的译者注意到，在政治口才和军事智慧的联合中获得马基雅维利式的德性，"将是一项极其困难和罕见的成就，除非有某一类活动能两者兼而有之"。①《兵法》卷三称，"每门技艺都有自己赖以奠基的一般规定和原则"(页642)。《兵法》的敏锐读者定会推测，马基雅维利也看到了同样的"一般规定和原则"，它适用于军事技能与修辞技能的技艺性联合。

文艺复兴时期的修辞术历史尚未得到彻底考察；这一时期受修辞术影响的文本所呈现的多样外表，无疑妨碍了批评研究的努力。如果我们假设"军事行为……有利于强化公民的特征"，那么，我们对《兵法》的修辞分析，就能提供关于"马基雅维利的社会和政治思想"的可靠指引(同上，页72)。而对不同文艺复兴文学传统中其他作品的相关分析，则很可能为修辞术历史贡献重要的一章。②

---

① Machiavelli,《兵法》, Neal Wood 译，前揭，页53。

② 除了"君主镜鉴"的写作传统，我们至少还应该在"军事"作品传统——从布鲁尼的《论军事》(1422)到詹诺蒂(Donato Giannotti)的《论佛罗伦萨共和国》(1529)——中考察这个作品迭出的世纪。这两个文学传统都展现了那些著作的作者对古典修辞的熟知，展现了他们如何一贯地将修辞原则应用于公民哲学。

马基雅维利与战士的修辞术

雷蒙迪(Ezio Raimondi) 撰

张培均 译　林凡 校

研究马基雅维利的风格时，我们应当把《动机的修辞术》(*A Rhetoric of Motives*) 一书牢记心中，该书出自当代新修辞(neo-rhetoric)领域最另类、被讨论得最多，也许最反讽的战略学家伯克(Kenneth Burke)之手。书中有一段文字提到，就其试图在读者身上制造影响而言，我们可以视《君主论》为一种修辞。根据伯克的看法，《君主论》最初几章构成一种"修辞教育"(rhetorica docens)，而最后一章热烈"敦促将意大利从蛮人手中解放出来"，必须读作一个"修辞应用"(rhetorica utens)的例子，它直接运用了献祭式表达(sacrificial tonalities)这一说服策略。

伯克的假说所以巧妙而睿智，还在于该假设将《君主论》作者勾勒为一个统一的形象，这一形象基于行政修辞(administrative rhetoric)这一概念和语言的象征作用，后者是对前者的补充。因此，伯克的假说值得保留；所需要做的，就是将其转化为一种历史人类学，转化为一种基于更严谨的文本阅读的语言语用学(linguistic pragmatics)。同时，如果我们真想知道马基雅维利的"修辞教育"，他关于雄辩术的政治理论，我们就必须往回走，就像格雷(Hanna H. Gray)研究文艺复兴时期人文主义修辞问题时的恰切之言：回到《兵法》卷四的最后几页。在那里，我们会发现作为演说家的统帅的典型。卷四的一系列谈论，讲到统帅在投入战斗前应当考虑什么，在任何意料不到的事件中应当采取什么应急措施。在这段对话末尾，法布里奇奥，作为作者的替身，当他的一位年轻对话者问他是否必须对整支军队说话或只需对头目们说话时，他表明，在真的战士的实践中，言辞的功能类似源于信心和热忱的武器。

现在，让我们将注意力转向法布里奇奥的思考并仔细聆听，因为这应该是我们评述的起点。以下就是马基雅维利的军事代言人的说法：

要就一件事说服或劝阻几个人很容易，因为，倘若言辞不够，那么你接着还可以使用权威和强力；然而困难在于使许许多多人打消一种看法，在此场合，你只能使用大家能听到的言辞，因为你希望一起说服他们全体。为此，优秀的统帅通常是个演说家，因为他若不懂如何对全军说话，就只有经历大困难才能成就任何好事；但在我们时代这一点全然被抛弃了。读读亚历山大大帝的传记，看看他有多少次集合军队并公开对其演讲；否则，由于这支军队已变得富有万千，战利溢满，他就永不会率领它历经千辛万苦穿过阿拉伯沙漠进入印度。

将有无数次令一支军队陷入毁灭的事情出现——如果统帅不能或不习惯对军队演讲的话；演讲驱除恐惧，点燃斗志，增进顽强，揭露欺骗，许诺酬赏，显示危险，表明避险途径，责备，恳求，威胁，灌注希望，赞誉，辱骂，成就人类激情所据以被扑灭或激发的一切事情。因而，意图缔造一支新军队和赋予这军队好名声的君主或共和国，应当使自己的士兵习惯于听统帅演讲,统帅则应当懂得如何对士兵演讲。

宗教,还有士兵前去从军服役时让他们念的誓词,在使古代士兵保持性情良好方面非常可贵。因为,他们由于自己的每个过错而受灾难威胁,不仅受他们所惧怕的人那里来的灾难,而且受他们以为会从神那里来的灾难威胁。与别的宗教模式混杂在一起,这东西屡屡使得每桩事业对古代统帅来说变得容易,而且它在宗教受到畏惧和遵从的地方将总是如此。色尔托瑞乌斯(Sertorius)本人就利用它,办法是显示他与一头鹿对话,后者代表神许诺他得胜。苏拉说自己与一座塑像对话,那是他从阿波罗神庙取来的。许多人说神在他们的梦中出现,晓谕他们去战斗。在我们父辈的时代,法王查理七世在他对英国人的战争中说,他遵循上帝派来的一名少女的忠告,她被大家称作法兰西贞女(the Maid of France),那就是他胜利的原因。

你还可以沿用种种使你手下人鄙视敌人的方法,犹如斯巴达人阿格西劳斯(Agesilaus)沿用的方法,他向他的士兵展示一些赤裸的波斯人,以便看见过这些人纤细脆弱的肢体后,他们就毫无理由害怕他们。

某些人依凭必然性去强逼他们战斗,打消他们除得胜外拯救自己的一切希望。此乃意欲令其部队顽强不屈的人所能采取的最果断、最优越的预备措施。这顽强因为对统帅和祖国的信心与爱而增进。信心来自武装、纪律、新胜利和统帅的威名。对祖国的爱缘自天性;对统帅的爱则缘自统帅的能力,胜于缘自其他任何善举。必然性可以多种多样,但最强大的那种逼使你要么得胜,要么死亡。

　　在《兵法》关于雄辩术力量的这几段文字里，前文提到的格雷
之文发现了人文主义者的文化标记，这一文化以西塞罗为榜样，寻
求智慧与风格的完美结合，使演说家成为一种典型的英雄。事实
上，我们会立刻想起波利齐亚诺(Poliziano)对修辞术的评论，他颂
扬了修辞术不可替代的人文和公民价值：

　　　　有什么比你在一大群人当中演说更令人钦佩呢？你用这
　　种方法潜入人的心灵和大脑，从而推动他们的意志，将其从这
　　艘船救到那艘船上；你抓住所有的人，无论是过于温和还是过
　　于热烈的人，你都加以调节；你甚至统治人的灵魂，不管是友
　　善的灵魂还是贪婪的灵魂……而且，什么是如此有用和有利
　　呢：你发现那些对你的共和国以及与你最亲的那些人有用和有
　　益的东西，并且能通过演说劝服他们远离邪恶和有害的想法？

　　但是，对演说技艺产生的心理效果的传统分类，应让我们注
意到，对马基雅维利而言，演说还有一种论战意图，以对抗他自己
的时代，主要是反对人文主义者，在那个时代，演说家和战士的风
尚已变得完全过时。稍后，在卷七那个热烈而精彩的尾声中，人
们会读到，作为替代的是一种呆滞的高雅，一种享乐派的自满神
情，以粉饰和篡改现实的冷酷无情；在被①阿尔卑斯山北部战争
(transalpine war)的狂暴打败之前，这些就是意大利君主们的"共同
信念"，为了证明他们具备政治家的能力，他们只需做这些就够了：
在自己的书斋里构思一份措辞犀利的答复，撰写一封辞藻优美的
书信，在自己的言行中显示机智敏捷，知道如何编造一场骗局，饰

---

　　① ［译注］原文作where，疑当作were。

以宝石黄金……使自己的言辞成为神谕应答。产生自这种信念的错误持续到马基雅维利的时代，并形成一种不良机制，使人们不再考虑"磨炼筋骨以备艰辛，砥砺精神以度危难"，也不再理解或爱慕亚历山大及所有那些优秀的勇士和君主们身先士卒的榜样。言辞不再是英雄气概的活的表达，而成了英雄气概的替代品；如今，言辞只是揭露了英雄气概的缺失。

从马基雅维利作品的很多段落中，人们可以推断出，马基雅维利认为，人文主义文化也对意大利的文明衰落负有责任，尽管事实上他在这种文化中长大。如果我们只能选一个段落，那应该是《佛罗伦萨史》卷五的开篇，这一章应当与《李维史论》卷一第10章对观阅读，该章论述城邦生命周期中的治乱交替，比如从行动或军事活动的阶段转入文化阶段。用马基雅维利自己的话说，他的主题是，

> 武力既已夺得胜利，胜利又已赢得和平，只有那种与文字有关的体面的懒散最能软化昂扬的尚武精神；在一个井井有条的社会里，也只有这种懒散具有最大危险性和欺骗性。

马基雅维利认同老卡图针对初到罗马的希腊哲人而持有的反人文主义立场，而他认同的根源就在这里。老卡图已认识到，这种体面的懒散会给自己的国家带来邪恶，但是，在后来"败坏的意大利世界"，不会有人再有老卡图这样的认识，在这个败坏的意大利，从佛罗伦萨开始，战争都变成了怯懦的仪式。另一方面，马基雅维利只是将自己从普鲁塔克《卡图传》(*Life of Cato*) 中学到的东西改编进他的文本语脉中，他学到了普鲁塔克的准确解释，即为何罗马政治家害怕"对言辞的赞美会引导青年人转向这种文雅，从而轻视指挥事务和军事荣耀"。但我们可以发现，格外重要的是，普鲁塔

克首先强调"对言辞的赞美"与"军事荣耀"之间的对立、雄辩术
与公民生活之间的对立,这为我们理解马基雅维利相关段落中的
内容提供了隐秘的线索,在这些段落里,马基雅维利辛辣地抨击一
种缺乏力量和伟大的军事伦理。现在,如果我们把这一分析的开
端考虑进去,下面这一点就变得明晰了:在一部关于兵法的专著中
处理修辞问题,有着相当特殊的论战意义。不仅统帅从演说家那
里吸取自己的教训,演说家也在战士的世界中发现一种完满,一种
在文化的还原过程(reductive process)中已经消失的整全。

事实上,西塞罗在追溯雄辩术的历史时,已经在《论演说家》
一书中谈到"语言与内心的分离",这发端于苏格拉底哲学的专门
化。不管西塞罗多么偏爱"演说家"甚于"统帅",偏爱"文明事
务"甚于"战争事务",他还是强调,真正的雄辩术与智慧一样,实
现了"行"与"言"的综合,是一个人在"共和国"中的全部政治义
务。《论演说家》指出,这种人的原型就是荷马笔下的阿基琉斯,
一位拥有言辞天赋的战士:

> 在古代,众所周知的那门科学实际上显然既教人正确地
> 行动,又教人优美地说话。并非不同的学者而是同一些人,他
> 们既是生活的导师,又是语言的导师,例如荷马笔下的**费尼克
> 斯**(Pheonix),此人称阿基琉斯的父亲佩琉斯让他作为年轻人
> 的伴随去打仗,好使他把年轻人培养成既是善于言辞的演说
> 家,又是善于处理事务的能手。①

① [译注]中译参西塞罗,《论演说家》,王焕生译,北京:中国政法大学
出版社,2003,页545。译文略有调整。

我们现在知道，特别是读了阿伦特(Hanna Arendt)的佳作《人的条件》(*The Human Condition*)之后，我们更应该知道，费尼克斯的话规定了政治家生活(bios politikos)的前苏格拉底的希腊典范，诚如阿伦特所言，在实践和言辞的完美结合中，"言说和行动同时发生，同等重要，属于同一层次、同一类型"，在这种结合中，

　　不仅政治行动(就其处于暴力领域之外而言)实际上要以言辞来进行，而且更为根本的是，除了言辞传达的交流信息外，在恰当的时刻找到恰当的言辞本身就是行动、能力、力量。①

西塞罗将这一过程包含在其政治修辞的概念中，将集"雄辩"和"智慧"于一身的演说家置于积极生活的中心，然而，马基雅维利把这个概念改编进他自己的军事体系时，重新发现了这一概念原有的力量和勇气维度，也就是阿基琉斯和马人的时刻(moment)。因此，马基雅维利将西塞罗的观点作了激进化的处理，直至将其推翻，然后近乎嘲弄地质疑，西塞罗甚至不是一个哲人，而是一个自由的、没有成见的思想者。西塞罗关于智慧的概念与马基雅维利"德性"的极端看法相去甚远。马基雅维利的反西塞罗主义最重要的影响是，它质疑了15世纪早期佛罗伦萨公民人文主义(civic humanism)的修辞方案，恰恰在那个时候，作为这一人文主义最杰出的代言人，布鲁尼的观念为《君主论》和《李维史论》的新政治思想提供了必要的背景。关于公民人文主义的真正含义，我们现在当然不能像巴伦(Baron)及其学派那样对这个名称作不懈研究，

---

　　①　[译注]中译参阿伦特，《人的境况》，王寅丽译，上海：上海人民出版社，2009，页16。译文略有调整。

重新开启这一讨论，自然也很难像加林(Garin)一样重启讨论。① 然而，确定的是，马基雅维利立刻成了公民人文主义的继承者和批评者：从世纪末的巨大危机中——萨沃纳罗拉的出现并非与这个危机毫不相关——马基雅维利认识到那种人文主义及其观念形态的政治局限，这种观念形态只是"共和国"文化与统治阶级的寡头利益之间的一种修辞性妥协。人们只需拿布鲁尼的《论军事》与《兵法》比较，就能衡量公民士兵这一普通观念内部的差距：一边是一位"文人"(homme de lettres engagé)充满希望的、辩护性的思考，另一边是一位政治思想家透彻而绝望的诊断，后者刚逃过一场浩劫，正试图破译历史在升降兴亡的循环运动中的秘密规律。

如波考克(John G. A. Pocock)在《马基雅维利时刻》(*Machiavelli Moment*)中所言，他同意新一代意大利批评家的看法，尽管他可能并不知道他们：他们乐于采用吉尔伯特(Felix Gilbert)的解释，认为公民军事化是《李维史论》和《兵法》的关键问题。这两部作品研究政治行为的军事和社会基础，一反成规地分析自由、公民德性与军事纪律之间的关系，分析战士的风尚与公共生活中的宗教之间的关系——这种公共生活已恢复自己的竞争性结构和充满冲突的动态，从而构成了马基雅维利更加颠覆性的一面，也构成了他对共和理论最具独创性的贡献。

如果说，一方面，军事活动必须被吸收进政治活动，因为一个

---

① ［译注］巴伦指Hans Baron，德国历史学者，著名学者特洛尔奇的学生，在研究佛罗伦萨的文艺复兴时，他于1928年首次提出公民人文主义的说法，形成巨大影响，参Riccardo Fubini，《文艺复兴史学家》("Renaissance Historian：The Career of Hans Baron")，载于*Journal of Modern History*，Vol.64, 1992, 页541–574。加林是著名的意大利文艺研究学者，其著作《意大利人文主义》早有汉译，参李玉成译本，北京：三联书店，1998。

纯粹的士兵对所有其他社会活动都是一个威胁,那么,另一方面,这是深化武装德性(armed virtù)这一概念,以便转化多数人享有公民权这一问题,将士兵与公民的同一建立在一种民主逻辑之上,这种逻辑就是共识,就是治人者(the man of goverment)与大众团体之间有机而活跃的联系。因此,领导一支军队的人不会变成一个恺撒或拿破仑的政治替代品,即使《君主论》的一些章节会直接使人这么认为;更确切地说,他与这种政治家的形象更加相似:他对权力的运用,是在一种生死攸关的紧张情形下,在与他的大量下属之间艰难而紧张的关系中,就后者而言,这一关系所以艰难而紧张,是因为他也与他们平等地共同分担①相同的命运。

当统帅对自己的部队讲话,以使他们自信地面对即将发生之事时,他便建立起一种直接民主,借用波考克的巧妙说法,就是一种军事平民主义,这种军事平民主义与一种源自团结和奉献、源自共同利益和信念的默契有关,而一旦面对现实力量,这些共同信念就会受到挑战。统帅的言辞出自行动并导向行动;这是一种姿态,调动起一种集体能量,设法引发一种有组织的意志的狂热,并将这种狂热导向一个方向,让行动者甘心以生命本身去冒险,让行动者甘心以直接戳穿言辞幻象的事实语言去证实那些使一支军队成为一个单独机体、一个武装"共同体"的理由和观念的真实性。

如果现在回到《兵法》中论及作为演说家的统帅的段落,就能立刻理解马基雅维利为何既考察演说术的言辞特性,又考察其戏剧特性,还因此举出一堆关于合作和集体责任的心理和情感方面的对策,这些对策取自弗龙蒂努斯、普鲁塔克和色诺芬,再加上圣女贞德这一当代例子,并根据一种新的关于共识的政治社会学重

---

① [译注]原文作 participants,疑当作 participate。

新解释这些对策。对马基雅维利而言，修辞术正如伯克所称，是"一种关于说服手段的理论，具有一种直接的修辞特性，但同时也包含一些言辞说服之外的操作"，因为修辞术在结构上混合了象征手法和明确的经验性操作，后者用于在一般以符号交流的人群中引发行动。

另外，人们应当想起，《李维史论》卷三第12章也涉及军事问题，该章谈到一位审慎的统帅应当在绝对必要时才使自己的部队投入战斗；这一章提到，传统上来说，人赢得高贵与双手和舌头相关，双手和舌头是使人显得高贵的工具当中最高贵的两种，如果用典型的马基雅维利的语言风格来表达，就是由于绝对必然性的驱使，人通过双手和舌头赢得高贵。毕竟，修辞也是舌头和手的一种产物，是镶嵌在现实的戏剧化场景中的一整套动作，后者必须结束于一个决定，结束于对各种事件所提出的挑战的回答，结束于确实受必然性驱使的刻不容缓的各种替代方案。在一篇实际上只允许使用商议文体(deliberative genre)及其变体即劝勉文体(exhortative variant)的演说中，言辞的发明产生自这同一个对象，只要这个对象处于控制范围内：即产生自清晰的决定和激发决定的热烈理性；因而如老卡图所教，"事"会产生"言"。

我们现在必须参考《李维史论》的卷二第15章，这一章事实上强调了"在每一场会议中对于待决之事予以定案的好处，切忌模棱两可或游移不定"，接着是他对李维"一旦作出明确的决议，因事制宜的言辞自然水到渠成"这句话的评论。他补充说，

> 如果对自己想做的事优柔寡断又游移不定，因事制宜的言辞自然无处可寻；一旦心意已定且决策明确，应对的言辞自然水到渠成。

因此，很清楚，那些导向言辞的决定总是源于勇气，源于选择公共利益的好公民的可靠力量。论证的合理性导向意志的世界，导向充满公民激情的思潮(the ethos of civil passion)。

如果"言"必须总是归属于"事"和"人"，如同马基雅维利的设想，修辞问题就一定内在于与集体行为有关的更一般的问题之中，说得学究一些，内在于某种作为信任(credibility)根基的知识社会学之中，立法者或政治领袖从他领导的人民那里寻求积极且持久的共识时，必须乞灵于这种信任。《兵法》援引苏拉、色尔托瑞乌斯和圣女贞德的例子，《李维史论》最著名的一章(卷一，第11章)中与之相对应的例子就是努马(Numa)、吕库古(Lycurgus)和萨沃纳罗拉，这一章"涉及罗马人的宗教"，试图证明求助于神可以变成一件效果非比寻常的武器，用于制定非比寻常的法律，否则，这些法律

> 就不会被接受，因为智虑周详的人看得出许多有益的事，可是那些事情本身并没有显而易见的理由可以说服别人。

虽然马基雅维利将宗教局限于它的工具特性，只将其作为一种政治手段，但是，他没有将宗教视为一个关于权威的简单的外部仪式。最令他感兴趣的东西是宗教的情感力量，宗教的社会化进程，信仰者对纪律和道德升华的严格实践，面对信仰时，即便开明之人也会被征服。因此，证实萨沃纳罗拉是否真的与上帝谈过话并不重要，任何情况下，人们提到他都理当心存敬意，因为确定的、几乎惊人的事实是"他的生平、学识与教诲，都足以使人们对他寄予信任"。

马基雅维利已经知道,人类良知受到周围社会环境的影响,也受到那操控想象和欲望的内在力量的制约;他借用普鲁塔克的词语"信心"(fiducia),认为战士也跟政治家或先知一样渴求信心,因为信心排除独断的、植入式的宣传操控和对公告的煽动性歪曲,因为我们面对的是作为真理之尺度的历史,人可以建构真理并活在他的"积极生活"(vita activa)之中。在这种意义上,修辞术无法说谎。修辞术带来一种隐藏的能量,接着让这种能量意识到自己,将自己引向终点,同时,修辞术严格考验说话者的人格并决定他的命运。《李维史论》卷三第33章表明,一个想打赢战役的统帅,除了可在对敌的战争行为中使用欺诈之外,还必须给自己的军队信心,以使士兵们确信不管发生什么都会取得胜利。这一信心取决于纪律、团结、士兵的爱国主义,尤其取决于统帅的形象,他必须以自己的品质博得尊敬,从而使士兵们对他有信心,看到他总是时刻戒备,热切而无畏,深知如何维护其职位的高贵并保持自己的荣誉。

因此,言辞无非就是对某种一致性的证明,这种一致性因某项与一群人有关的行为的威望而合法,这群人即使受到服从誓言的约束,仍是自由人,他们听从号召并在自己这方面采取行动,将"言辞"转换成"行动",用人文主义传统中的某个德国学者的话说,就是一种"对行动的渴望"(Drang zur Sache)。

显然,与这种对修辞如此强烈的政治解释有关,马基雅维利对听众的角色也持有一种极其积极的看法,即听众就是一种行动的角色。这种解释也与整部《李维史论》中遍布的民主观念,或者也可以说共和观念,有一种直接、深远的联系。《李维史论》以一种几乎革命性的方式,颠倒了将群众视为无用且变化无常的流行理论,认为民主政制优于君主统治。因为,当平民掌权且秩序良好时，与无论多么智慧的君主制相比，民主政制都以大致同样的方式或以一种更好的方式而更稳定、审慎且令人愉快。

对自然所塑造的人来说，一切事物都是欲望的对象，确实如此，但是，由于并不是一切事物都可以得到，因此，人们就不会满足于自己拥有的东西，他们当前的境遇几乎不能给他们带来满足；但是，如果说，军事德性与公民德性在公共利益中结为一体，为了实现一个普遍的目标可以牺牲某些特定的益处，因而使人性的完善成为可能，那么，言辞就变成了公民竞争的基础、对抗的尺度以及社会制度内部冲突的裁判，即一种集体真理的载体。而且，言辞的自然保管者(depository)就是人民自身，因为，马基雅维利说，几乎可以证明，平民的声音就是上帝的声音：公共意见在预言方面异常准确，似乎平民能通过某种隐藏的力量辨别将要降临自己头上的灾难或好事。因此，怪不得马基雅维利每次在《李维史论》中想要展示人民的卓越时，他采用的对比事项总是与公民大会的经验有关，或与庭议有关。为此，马基雅维利甚至会利用西塞罗（比如在卷一，第4章）——当然是在一种嘲弄性的反西塞罗和反寡头的意义上，他借助西塞罗再次申明，人民尽管无知，却能够抓住真相，只要有值得信赖的人告以实情，他们马上就会信服。

《李维史论》卷一第58章是平民主义主题的聚集点，在这一章，马基雅维利一方面宣称，当听到两个能力相当而立场不同的演说者时，平民少有未能采取较好的观点或无法接受听到的真相的；另一方面，马基雅维利继续说，甚至在选举官员时，平民也会比君主作出好得多的选择，因为平民不可能听了花言巧语就抬举名誉不好或品行败坏的人。如果碰巧平民被表面为善的错误表象误导，只因表面上确定、醒目的东西而作出毁灭性的选择，那么，只需有一个他们信得过的演说者使他们意识到恶是为了什么、善是为了什么就够了。同样，一群兴奋的人，如果没有在自己的成员中找到一位领袖，那么，只要一个有分量、有名望的人站出来说话，他们就会安静下来；那个人如果属于军队就更好了，"佩戴着不管什么级别的勋章，以便给他们留下深刻的印象"。因此，人民的力量取决于团结，取决于一种尚未败坏的生活方式，他们的本能可以确保修辞术在言辞和象征这两个方面具有具体的理性力量，也具有一种政治行动的力量，这一政治行动应该以信任和一种直接的、近乎身体性的内在能量为前提，在构建集体生活的语言时，会把这种内在能量奉为神圣。

　　这场谈话一开始就声明，《兵法》中关于演说家–统帅的段落，会以一个专门的（privileged）、论战性的概要勾勒马基雅维利的"修辞教育"。如果套用伯克的双层结构，我们此刻必须转向能完成这一结构的"修辞应用"。从某种观点看，确实，在马基雅维利的作品中，随着谈论对象更多地投入观察者与其戏剧角色的对话范围之中，元修辞（meta–rhetoric）也随之重新转变成修辞术，并强烈地展现出语言的意动功能（conative function）——借用雅各布森（Roman Jakobson）的术语。但如果相反，人们将《兵法》中这一段军事论述视为一个主题，视为某种"普遍观点"（loci communes）的罗列，那么，我们的注意力就能恰好集中在《佛罗伦萨史》中的"演说"（orationes）上，尤其是那篇最具特色的演说——我指的是卷三中呢绒工（Ciompi）的匿名领袖的演讲。这篇演讲化用了阿格西劳斯剥光波斯俘虏的衣服来鼓舞士气这个动机（motif）——这种改编表明，作者受到过良好的训练，具体来说，演讲以一种创造性的力量，将这个动机转化为一种象征姿态，代表正处于阶级战争开端的革命者。赤裸的身体如今变成了平等的证明，正如衣服代表一个受权力规律支配的社会系统中的地位。那位演说家说：

　　不要害怕，以为他们祖先的古老血统会使他们比我们高贵，因为所有人类都出于同一祖先，都同样古老；而大自然也把所有的人都塑造成一个模样。大家把衣服脱光了，就会看到人人都长得差不多；假如我们穿上他们的衣服，他们穿上我们的，毫无疑问我们就显得高贵，他们就显得卑贱了，由于贫富不同才使我们有贵贱之分。

　　那么，古老的阶级母体(matrix)还剩下些什么呢？普鲁塔克的肖像描写(iconography)似乎在这位现代演员的爆炸性活力中燃烧不已，这位现代演员比布莱希特(Bertold Brecht)早好几个世纪就已发现，语言与思想一样，是一种人对人的行为。与马基雅维利其他地方的笔法一样，模仿古人意味着转化他们，将他们浸入政治斗争残忍、激进的真相之中，意味着开始一种新的方式，这种方式如马基雅维利在《李维史论》前言中所称，尚无任何其他人涉足。

　　15世纪末的蓬塔诺(Pontano)在《阿克提乌斯》(Actius)中也认可这一点，马基雅维利的前辈、佛罗伦萨史家布鲁尼和布拉乔利尼同样如此。在这些人文主义史学作品中，"演说"的作用在于，考察直接对话和公开辩论的修辞密码，通过其中各种人物的类型学研究，阐明精神的和政治的历史，阐明集体行为的隐秘原因和动机(motives)。但马基雅维利不可能止步于任何一种仍旧保留道德传统的文学技巧，因此，他才会指责佛罗伦萨史家没有探讨城市的内部冲突。他的拉丁文学楷模是李维、撒路斯特(Sallust)，有时是塔西佗，此外，在一种真正的政治判断的层面上，马基雅维利凭直觉恢复了修昔底德的科学方法，恢复了他惊人的重构能力，也就是说，通过让重大历史事件的参与者自己说话，重构冲突集团的内在逻辑、权力斗争的深刻机制、国家兴衰的支配规律。

马基雅维利身上融合了两种东西，一种是政治观察家的实践，比如分析冲突的情形，从对手的角度推测其行动，另一种则是模仿的天赋、出自异常戏剧才能的夸张敏感，这种融合使他能够将一种源自真正的政治修辞的紧张，注入史学散文的直接论述之中。这种修辞术试图凭借理性激起并发挥公共激情的作用，同时拒绝这种史学观点：以道德教育的名义仅仅使胜利者的观念形态合法化。

因此，在马基雅维利纯属杜撰的呢绒工事件中，那位无名氏的演讲，一方面因其微妙的影射关系使人想起撒路斯特笔下卡提林（Catiline）的两篇演说；另一方面，在意识形态冲动（ideological impulse）的深处，这篇演讲又抓住了一名反叛者清醒地诉诸暴力时的心理结构。因此，撒路斯特那里关于生理方面和道德方面的胜利的警句式主题，比如"胜利在我们手中，我们正当盛年，理智健全；岁月和财富却使他们变成老朽"，[1] 在这里让位于冷静精确的分析，并迅速地阐明对立双方的力量结构：

> 在我看来，好处是肯定的，因为我们的对手既有钱又不团结。他们的不团结会令我们胜利，他们的财富到了我们手里就会使我们能够维持生活。

马基雅维利有足够的理由将这位无名氏描述为最激昂、最具经验的反叛者之一，他将马基雅维利本人的回顾性解释带入历史故事的场景。马基雅维利不赞成呢绒工，因为他们仅代表一个宗

---

[1] ［译注］中译撒路斯特，《喀提林阴谋·朱古达战争》，王以铸、崔妙因译，北京：商务印书馆，1995，页110。译文略有调整。

派,但他将反叛的原因之一定为贫富差距——至少这是俄国学者罗滕博格(Rutenburg)的看法,这种不平等首先催生主观上要求改革的时刻,并引发一种将会打乱既有权力平衡的行动。一位士兵型的假想领袖传达了这一革命前的思想状态;如果我们想起,当代史学家布鲁克纳(Gene Bruckner)已准确地揭示很多呢绒工领袖都有军队背景,那么,这件事会更加令人惊讶。既然这里的分析将我们带回文本,带回被称为这个文本的制造者的语言状态(linguistic status),那么,正如我们把眼睛凑向一幅画时所为,我们需要做的就是直接检查这篇演说的策略和布局,检查其文体象征(stylistic emblems)的自我表达结构。

在表达形式的层面上,要作现代的修辞学解读,我们就不能忽略以语法诗(poetry of grammar)为中心的方法论要求,也就是雅各布森在一篇广为人知的经典论文中的提法。在那篇论文中,雅各布森利用语法范畴和结构,阐明了安东尼(Anthony)致恺撒葬礼的演说辞开头的激动人心的力量。我们也不要忘记那些伟大的俄罗斯形式主义者的学术思考,从艾亨鲍姆(Ejxenbaum)到特尼亚诺夫(Tynjanov),从托马谢夫斯基(Tomasevskij)到卡申斯基(Kasanski),从雅库宾斯基(Jakubinskij)到什克洛夫斯基(Sklovskij)。早在1924年那一期著名的《勒夫评论》(review Lef)中,他们就分析了列宁的风格和他的革命性修辞的几何学特征,这种风格的基础是动态平行的原则、对意志的强烈呼吁以及一种极其理性的句法——以一种源自萨图尔(satyre)的、既高雅又通俗的现实主义调子将言辞推向行动——的同情功能。时间是言多行寡者的敌人,因此,时间不允许我们沿着所有已知的小径探究马基雅维利的论述地图,我们必须将自己限制在一个有限的案例选集中。但这些案例足以说明,如我们时代最伟大的萨图尔作家克劳斯(Karl Kraus)所断言,某一事业的真正煽动者往往是那些赋予形式更多重要性的人。毕竟，"修辞"（Rhétorique）和"恐惧"（terreur）是一回事。

《佛罗伦萨史》中的那位煽动者在寻求行动和武装上的团结时，讲话也带有大作家魔鬼般的权威，他知道突出要点的重要性，因为他知道如何使自己的文本比仅凭语言规则更有条理。他的首要辩证武器是必要性论证、抉择论证，由此，一旦暴力机器开动，在征服与死亡之间便无处逃遁。这产生了整篇演说的支架，其迷人的语调，在其螺旋式推理中从受迫的负极转向有利的正极——使那个知道如何抓住正确时机的人胜券在握。人们必须不惜一切代价渴求胜利，因为倘非如此就会被恐惧之下变得残忍的对手碾碎。自由和安全、富裕和贫困、平等和收获、团结和力量、无畏和正义——这些象征性的说法精心编排成一出言辞的剧本，似乎这些说法只不过是一种集体仪式的幌子，由此，根据残忍现实的戏剧性对位法（counterpoint），产生了房屋被洗劫、教堂被掠夺、赤裸的身体、陷阱、监狱和拷打、在贫困中窒息、人相食等转喻或现实画面。

以同样的方式，在讨论（tractatio）的中间部分，演说家必须战胜自己听众中的犹豫或懊悔情绪，他借助一个对比开始摧毁每个道德顾虑，每个只服务于统治阶级的道德顾虑，讽刺性地将对饥饿和监狱的切近而具体的恐惧，与对地狱的遥远而假想的恐惧联系起来。这第一步揭穿真相的操作之后，是第二步更加具体而教条的操作，即探查财富和权力积累的起源，指责意识形态是为了将力量合法化，并断定拿起武器是被压迫者的唯一道德。在这位无名氏关于"人对人是狼"的这些话中，有人已感觉到一种黑暗、阴险而带着邪恶的魔力，近乎一位伊丽莎白时代英雄（Elizabethan hero）的虐待狂式的自鸣得意。但是，这些特征绝不适用于马基雅维利，比起研究政治行为的内在逻辑，或研究内在于人的行为和言说方式中的冲突和对立，他对残忍并无多大兴趣。真正的暴力寂静无声，而反叛者必须言说，并给出自己的理由：

> 那么现在是时候了，不但可以从他们的压迫下解放自己，还能够使自己变得比他们更为崇高，从而使他们有更多的理由担忧你们，害怕你们、而不是你们担忧害怕他们。

在一种产生于"你们–他们"这一对立范式的倾向的压力下，在以人文主义论文的"庄重"（gravitas）为榜样书写句子的激越韵律中，自然会持续出现对句（parallelisms）、对称（symmetries）、对照（antitheses）、交错配列（chiasmi）、自相矛盾（paradoxes）——并相继带来高潮、戏剧性的加速、惊人的不和谐、近乎神谕的并置等效果，即如罗兰·巴特（Roland Barthes）所言。在马基雅维利稠密、紧张的语言材料中，语法的潜在表达找到了产生风格多样性的沃土，甚至在"能指"（signifiant）及其形态和语音相结合的层面上——这些一般注定会在翻译中丧失。让我们以这个片段为例："犯错者很多，无人受惩罚；轻罪受惩处，大罪重罪得奖励。受损者多，无人寻仇。"或者，让我们试图跟随这一螺旋，"危险"这一词素以敲打般的重复在其中层层展开：

> 我承认，这个计划既大胆又危险，但在迫不得已时，大胆就变成审慎；而且在大事业中，勇敢的人从来都不考虑什么危险；从事始于危险的事业，到最后总会得到报酬。任何人，不经历某些危险，就不会从危险中摆脱出来。

但更巧妙的是意味深长的对称展示，如以下警句式的结构：

> 忠实的奴仆总是奴仆，好人总是受穷；除非既不忠实又大胆，否则永远也摆脱不了奴役；除非既贪婪又奸诈，不然一辈子也逃不出贫困。

在这里，人们必须回到意大利文本才能理解，重音都在最后一个音节的三音节词servitù［奴役］和povertà［贫困］，如何与infedeli e audaci［既不忠实又大胆］、rapaci e frodolenti［既贪婪又奸诈］既在词汇上又在韵律上构成交错配列。再举最后一个例子，我们可以从句法的角度，在结束语（perotatio）的最后几行中观察到同样的现象：

> 你们大家看到我们的敌人正在作准备；我们必须先发制人；谁首先拿起武器谁就一定胜利，一定能消灭敌人、壮大自己。只有这样，我们当中的许多人才能得到荣誉，才能得到安全。

但在意大利原文中，在收场白的标记（sigla）处，动词"导致"放在限定词"对于我们当中的许多人"及其主语"荣誉"之间，跟随其后的是以交错配列的形式出现的"全体都将得到安全"。一场为了抗击敌人而进行的逐步推进的激励——这样的演说只能结束于一个总括全体的高潮：由公共利益的希望粘在一起的必然联合。

一位现代批评家说过——也许因为他也是一位先锋作家：伟大的修辞总是反叛者们的修辞，是那些处于对立位置的人的修辞。不管他是对是错，在此讨论这个问题都过于复杂，尤其是在我即将结束这篇文章时。但是无疑，那篇我们已考察过的佛罗伦萨无名氏的演说是一个政治对立的例子，一份意识形态抗争的文献。然而该演说的作者只是一个幻影，一个与《兵法》中的战士类似的幻影，幻影身后藏着一位保持作为观察者的距离、不再置身其中的政治科学家，一位不抱幻想的智者，带着马人的模糊天性，即一个没有阿基琉斯的喀戎(Chiron)，留给他的只有作品中的孤单独白。因此，"修辞应用"退回到"修辞教育"，退回到欲望的一个隐喻、行动的一个替身。然而，正是从这一综合的失败中产生了现代史学风格，或许还有一种关于对立的散文——爱用警句且反西塞罗。一个世纪之后，这一风格将成为从培根到帕斯卡尔的新随笔形式的言辞结构。

敌对行动中的政治：马基雅维利的《兵法》

斯帕克曼（Barbara Spackman） 撰

无论从古典修辞术的视野出发，还是从后结构主义者关于新修辞和符号学的观念来看，军事策略和文本策略之间的类似都令修辞术和战争术难以分离。在《动机的修辞术》一书中，伯克提醒我们，西塞罗将自己的一系列修辞手法比作能用于威胁、攻击或"纯粹用来炫耀"的武器，修辞术的商议（deliberative）、诉讼（forensic）和炫耀（epideictic）功能，在战争行为中都能找到对应甚或模板。[①] 伯克自己就将战争放在修辞术的标题下，而不是"语法"或"象征"这样的标题下，这不仅因为军事策略像修辞术一样，意图都是向一定的受众施加影响，还因为战争作为一种"合作之病"（disease of cooperation），会"歪曲"认同（identification）这一修辞原则（同上，页22）。更特别的是，伯克恰好在他关于马基雅维利和"行政修辞"的文章中指出，《君主论》中政客和战士的无言行为具有符号学的力量：

> 军事力量既能通过自己在实际战斗中的使用，也能通过自己的纯粹"意义"进行说服。（同上，页161）

---

① Kenneth Burke，《动机的修辞术》（*A Rhetoric of Motives*），Berkeley，Calif.，1969，页68。

伯克关于修辞术的见解由此进入符号学家的领域；如果可以将语言视为象征性的活动，无言的行为就可以拥有修辞性的力量。因此，怪不得埃科(Umberto Eco)也在《读者的角色》(*Lector in fabula*)中，在分析文本策略及其与"模范读者"的关系时，接受了文本策略与军事策略的类似。正如文本策略建构一位"模范读者"，军事策略也创造一位"模型"，对手的每一步行动都可预料。[①]埃科关于"文本"的定义表明，初看起来，一个类似物实际上可能是一个同源物：

　　一个文本是这样的作品，它的解释命运必须是其自身生产机制的一部分；产生一个文本意味着激活一个策略，这一策略在于对他人行动的一系列预期。(同上，页54)

根据这一定义，军事策略完全与文字策略一样是文本性的(textual)。这样的类似没有忘记战争的暴力和侵害，相反，通过强调战争的推论特征，它令任何文本的潜在暴力变得可见；"诸文本"间的差异不在于加之其上的暴力属于不同的类型，而只在于程度的不同。事实上，文学文本利用口头语言的多义性，且允许读者有多种解释的选择，以便制造悬念、文本乐趣(le plaisir du texte)等等；反之，军事策略的首要目标，是制造排除了选择余地的含义单一的话语(discourse)，以便引出取胜所必需的解释选项。作为话语的军事策略是卓越的意识形态话语，因为军事策略旨在使对手承认自己的失败，使其无可奈何地自愿去做你将要强迫其做的事情。一

---

① 参Umberto Eco,《读者的角色》(*Lector in fabula*: *La cooperazione interpretativa nei testi narrativi*), Milan, 1979, 页54–55。

个文学文本，按埃科的说法，可能"开放"或"封闭"的程度不一；然而，军事话语必须将自己呈现为开放的、不可预测的，同时又必须是尽可能最封闭的和可预测的话语。根据埃科的说法，敌人"可以推断出的路径"必须止于设有埋伏的关口；若据伯克所言，我们可以说，如果口头修辞旨在说服和反驳(convincere)，那么军事"修辞"就旨在共同-取胜(con-vincere)和取胜(vincere)。

然而，将一份类似于马基雅维利的《兵法》那样的军事手册，作为与修辞手册有亲缘关系的战斗文本来分析，并不能看成一次减小战争暴力的"诠释学家式的"尝试。事实上，如马基雅维利所述，军事行为与残暴的武力并无多大关系，却与残暴的符号过程(semiosis)关系密切；军事行为并非完全旨在摧毁敌人的物质资源，然后建立一个看似不可战胜的权力话语。战争对马基雅维利来说是政治的延续，或者说，按福柯的术语，"战争"和"政治"只不过是力量关系的多样性可以编码的两种方式，两个可以用来整合那些关系的不同策略(或文本)。[1]

如果我们寻找一种马基雅维利推荐的策略的现代相似物，我们不会在游击战中找到，而会在专注于核武器累积的象征性的冷战中发现。对马基雅维利推荐的策略怀有更大兴趣的，是那些以战争作为威慑的人，而非那些用化学武器或恐怖袭击"制造战争"的人。这一点对《兵法》而言是正确的，对马基雅维利其他作品的读者来说也毫不奇怪。福柯认为，马基雅维利是极少数认识到力量关系的人，他"根据力量关系构想了《君主论》的权力"。麦坎利斯(Michael McCanles)则主张，《君主论》本身是一项关于威慑中的

---

[1] Michel Foucault，《性史》(*The History of Sexuality*)，Robert Hurley 译，New York，1980，页93。

政治和悖论的指导。^① 检视《兵法》这个长期被认为落后于自己时代的文本，我们能发现一种特殊的关联：在核战争时代，在战争作为威胁因而也是作为修辞的时代，马基雅维利对"产生自力量的文本与产生自文本的力量的循环论证"^② 的理解，可谓一箭中的。

吉尔伯特所言颇当，"对于当今研究马基雅维利的学者而言，《兵法》并非最让他兴奋的作品"。^③ 将军队布置成比如"蜗牛阵型"(formazioni a chiocciola)，或者"有一个带角的前沿"(con la fronte cornuta)的阵型，这些详细的技术性信息，占了很多篇幅，这些引来庞台罗(Matteo Bandello)奚落的细节，在有些读者看来，是错乱地、迷狂地着魔于技术理性主义的迹象。^④ 然而，现代人对这一文本的兴趣，并不在于计算多少长矛兵和轻装步兵是必要

---

① 同上，页97；Michael McCanles，《马基雅维利与威慑的悖论》("Machiavelli and the Paradoxes of Deterrence")，载于 *Diacritics* 14，1984，页12-19。另参这一"核武器批评"期刊中，德里达(Jacques Derrida)对核武器政治的基本修辞性的评论，《没有天启，不是现在》(No Apocalypse, Not Now [Full Speed Ahead, Seven Misseiles, Seven Missives])，页20-31。

② Michael McCanles，《马基雅维利与威慑的悖论》，前揭，页139。

③ Felix Gilbert，《马基雅维利：兵法的复兴》，前揭，页23。事实上，最近关于马基雅维利的研究，除了必要的那几页之外，几乎没有更多地致力于《兵法》。比如，参 J. G. A. Pocock，《马基雅维利时刻》，前揭，页199-203；Hanna F. Pitkin，《机运是个女人》，前揭；Wayne A. Rebhorn，《狐狸和狮子》，前揭。

④ 比如说，Pitkin写道：这些细节似乎远远超过了功能有效(functionally efficient)的范围，好像把技术细节弄对，人们就可以控制战争血腥且不可预测的现实似的。好像马基雅维利觉得，只要我们的统帅们使其营地中的街道精确地达到正确的宽度和互相之间正确的角度，我们意大利人就不用再受北欧侵略者的掠夺、抢劫和杀戮了(Hanna F. Pitkin，《机运是个女人》，前揭，页71-72)。庞台罗对马基雅维利的奚落出现在其《故事集》(*Novelle*)卷二，作为第40个故事的前言，在致乔瓦尼·德·美迪奇的献辞中。

的,而在于其中所提策略的修辞本质,以及所产生的"文本性的"(textual)战争。因此,我们的分析可以始于必须排除在马基雅维利的"文本"战争技艺之外的东西:看起来最"现代"的因素——火器。

当然,下面这类说法已成为老生常谈,诸如马基雅维利错误估计了火炮的潜力,在未能理解或预见火器的益处和重要性这一点上,他仍然囿于自己的时代。[1] 确实,马基雅维利始终不相信火炮的效率,尽管有1494年那引人注目的例子,他仍然认为火炮累赘而又靠不住。[2] 法布里奇奥,马基雅维利在这篇对话中的代言人,提供了一系列将火炮排除在他的理想战役之外的理由,但最后那条"好笑的"理由最有意思:

> 另一个原因也驱使我打仗不开火炮,对此你或许会感到好笑;然而,我并不认为它是什么要被鄙视的。在一支军队里,没有任何事情比阻碍视线造成更大的混乱。许多非常勇敢的军队所以被击败,都是因为视线被尘土或太阳光芒挡住

----

[1] 参Felix Gilbert,《马基雅维利:兵法的复兴》,前揭,页28-29。关于文艺复兴时期对火药的反应的讨论,参J. R. Hale,《火药和文艺复兴时期》(Gunpowder and Renaissance: An Essay in the History of Ideas),收于氏著《文艺复兴战争研究》(*Renaissance War Studies*),London,1983,页298-420;以及Ullrich Langer,《火药作为越轨的发明》(Gunpowder as Transgressive Invention in Ronsard),收于 *Literary Theory/Renaissance Text*,Patricia Parker 和 David Quint 编,Baltimore,1986,页96-114。

[2] 关于1494年的军事重要性,参J. R. Hale,《文艺复兴时期意大利的战争和公共观点》(War and Public Opinion in Renaissance Italy),收于氏著《文艺复兴战争研究》,前揭,页359-387;以及Piero Pieri,《文艺复兴和意大利军事危机》(*Il Rinascimento e la crisi militari italiana*),Turin,1952。

了。没有什么比火炮开火时造成的烟霭更阻碍视线了，因此我愿相信，较为审慎的是让敌人自己成为睁眼瞎，而不是使你想去搜寻他们却视而不见。①

马基雅维利对火炮的低估，既不是因为阿里奥斯托（Ariostean）式的怀旧，也不是因为不信任技术上的发展和火炮的精确性，而是出于"符号学"的考虑。对马基雅维利来说，战争是政治的一种形式，其中符号的活动和交流的需要十分重要。火炮的使用将扰乱这些过程并损害基本的符号单义性。因此，最后一个理由绝不好笑：火炮造成的烟霭会妨碍对于交流来说必不可少的能见度，从而将"噪音"引入交流的频道——既在自己的军队中，也在自己的军队与敌军之间。法布里齐奥指出，同一种烟霭和混乱也可能变得有用，如果你想削弱敌人的视觉，或妨碍敌人交流的频道的话。但火炮的益处不是从杀伤力的角度来判断，而是从信息能否传递、"文本"能否构建的角度来判断。如果被迫"视而不见"（andare cieco a trovarlo），将造成灾难性的后果，这首先是因为纪律将得不到执行，而纪律恰恰是军队的支柱。纪律本身依赖于交流的频道；将军的声音、彩旗、鼓声、手持不同武器的分队的顺序，诸如此类，会被火炮造成的烟霭和实际的噪音掩盖：

不过，让我们返回我们的顺序（ma torniamo all'ordine

---

① Machiavelli，《兵法》（*The Art of War*），Ellis Fameworth 译本的修订版，Neal Wood 编，New York，1965，卷二，页96。我已尽我所能调整了译文，以便使其更加贴近原文。意大利文本（Machiavelli，*Arte della guerra*，Sergio Bertelli 编，Milan，1961）的页码放在英文本页码后面的括号中，例如，（卷二，页96［页413］）。这一反对使用火炮的观点没有出现在《李维史论》中。

nostro)。顺着这操练问题，我说为了缔造好军队，仅磨炼人、使之能耐艰苦和迅捷灵巧还不够，还需要让他们学会如何适应阵型，服从首领的声音信号和话语，并且在立定、撤退、前进、战斗和行军时知道如何维持秩序。因为，没有这纪律，一丝不苟和极为勤勉地被遵守和实施的纪律，一支军队就始终不好。无疑，凶猛和杂乱无章的人比胆怯和循规蹈矩的人弱得多。因为，规矩驱逐恐惧，混乱消减凶猛。(《兵法》卷二，页61［页374-375］)①

　　通过将噪音——既是字面意义上的也是比喻意义上的——引入交流的频道，火炮既破坏了视野，也破坏了军队的战斗力所赖以维持的"秩序"。如果交流的频道不清晰，马基雅维利建议的战略行动和各种各样的符号行为，都将在实际上变得不可见、不可听、不可读。

　　视野的重要性不容低估，因为视野基于看见的能力，即预见、预言且预料到敌人行动(并因此构建军事"文本")的能力。在这一关于国家及其力量的剧本安排中，最重要的策略是制造关于武力的幻觉，通过使用表象而非残暴的武力达到征服的目的。甚至在激战中，在需要物质力量支援的时刻，残暴的武力也可用于传递消息和欺骗敌军：

---

　　①　Wood / Fameworth省略了ma torniamo all'ordine nostro，而简单翻译为"不过，让我们回到我们的话题"。翻译《兵法》的困难之一，恰好在于ordine这一单词的多义性，马基雅维利用这个词表示"顺序""等级""组织""阵型"和"状态"。

在我看来,按照古代范例,差不多所有优秀的统帅在得知敌人已使一边强悍有力时,都不对阵最强的部分,而是对阵最弱的部分。而且,他们用最弱的去对阵其他较强的部分。然后,在战斗打响时,他们命令他们最强悍的部队只是抵挡敌人,而非消灭之,并且指示最弱的部队可佯装失败而退入军队的最后列。这导致敌人的两大紊乱:第一,他发觉自己的最强部分遭到包围;第二,当他自己看似适才得胜时,他很难不是处于紊乱状态。他由此兵败垂成。(卷四,页113 [页427-428])

以己之最弱面对敌之最强这一策略,或以己之最强面对敌之最弱,旨在使敌人低估或高估我方的力量,从而按照基于错误前提制定的策略行事,而这一策略已被我方将军所了解和预见。"弱"兵的损失几乎可以忽略不计,他们只是国家的末梢而已,并非重要器官。在另一个例子中,法布里齐奥描述了一位将军,他因为损失大量士兵而输了战役,但由于他连夜将所有尸体掩埋,于是第二天一早,"胜利的"一方反而相信自己打了败仗,便撤退了。这不是关于"生与死"的问题,而是关于设计军力表象、制造并解释符号的问题。法布里齐奥的策略的首要目标,不是不择手段并不计代价地毁灭生命和财产,而是扰乱敌军的战略预测。因此,最有效的策略是,在不损害自己阵营的秩序和预测的前提下,在敌营制造混乱和无序。

因此,对谈论兵法的古典文献的研究和广泛引用,不仅提供了关于最成功策略的指导,还提供了关于军事惯例(commonplaces)、行动框架的指导,我们可以将后者称为军事意见

(doxa)。[1] 我们应该反这类意见而行, 以便出敌不意, 或者如马基雅维利所写, 以便

> 制造某个新的意外事件, 那事件因其新而令他惊异, 他由此久惑不定, 驻足不前(stare dubbio e fermo)。就像你知道汉尼拔所为, 被马克西穆斯(Fabius Maximus)围拢, 他将点燃的小灯挂在许多公牛的两角之间, 以致法比乌斯由于这新颖事而惊惑莫名(sospeso da questa novità), 竟忘了切断对方的退路。(卷六, 页 172–173〔页 484–485〕)

马基雅维利的策略, 归根到底是自相矛盾的, 也就是说, 在修辞的意义上与意见相对立：头冠小灯笼的公牛这一景象, 恐怕尚未进入军事意见之中。构成军事意见的期望和规矩被打乱了, 正如谈话的规矩有可能被某一"冒犯的"评论扰乱, 使对话者一时语塞, "由于这新颖之事而惊惑莫名"。[2] 马基雅维利的策略是要在对

---

① 关于"框架"的符号学分析, 参Umberto Eco, 《读者的角色》, 前揭, 尤参页78–85; 关于马基雅维利使用的古典资源, 参L. Arthur Burd, 《马基雅维利〈兵法〉的资料来源》, 前揭。

② 这个例子跟马基雅维利的很多例子一样, 引自弗龙蒂努斯。另一个弗龙蒂努斯的例子以更幽默的方式说明了这一原则：当执政官昆图斯·米努奇乌斯的军队陷进利古里亚的一个峡谷时, 大家都想起了考狄昂山峡一战败北的情景。米努奇乌斯下令努米底亚人的辅助部队开往敌人据守的谷口。他们长相粗俗, 坐骑又很难看, 不致引起更多的注意。敌人起先十分警觉, 生怕遭到袭击, 派了岗哨。努米底亚人为了进一步造成使对方轻视他们的印象, 故意装作从马上跌落下来, 并作出各种滑稽可笑的动作。异邦人觉得这一切很新鲜, 他们完全被这个场面吸引住了, 于是队伍乱了(弗龙蒂努斯, 《谋略》, Charles E. Bennett译, Cambridge, Mass., 1950, 卷一, 页16)。关于符号学中谈

手试图解释这一冒犯行为并寻求合适的答复之时，充分利用这一"语塞"的瞬间。但为了在这样一种战术中只给机运留下最小的空间，马基雅维利建议强化旧的惯例，必要时才创造新的做法。通过培养特定的期望以致养成习惯，就创造了新的意见，这种意见可以哄得敌人自鸣得意：

> 在围困一个镇子时，卡尔维努斯(Domitius Calvinus)每日用他的颇大一部分部队环绕其镇墙，以致成了他的惯例。镇民以为他这么做是为了训练，于是放松了守卫。当多米提乌斯注意到这一点时，他就发动袭击，猛攻他们。(卷七，页194［页505］)

不论已有惯例可以利用，还是需要创造新惯例，都是为了打破惯例的规则；这是某种虐待狂式的巴甫洛夫理论，敌人被训练得对特定信号产生反应，却没料到会因自己的适应性而受到惩罚。军事策略与下棋游戏之间反复被提到的相似性，恰好在这一接口处开始脱节，因为下棋的规则从来不变，而在兵法之中，只有改变规则者能赢。战争是对游戏规则持续的创新和违反。

人并非始于白板(tabula rasa)一块，而且，种种框架的沉淀物(the sedimentation of frames)以及构成意见的解释性反应(interpretive reflexes)，既可以有用，也可以有害。如果在宗教受到崇敬的时代总有可能出奇制胜，那么以下这点也是正确的：宗教、迷信以及关于日常生活的观念，代表会阻碍人们创造新惯例、新框架的僵化了

话规矩的理论化，参 H. P. Grice，《逻辑与对话》(Logic and Conversation)，收于 *Syntax and Semantics: Speech Acts*，New York，1975。

的解释性反应。面临类似的障碍，人们必须适应一个不同的策略：对传统符号作强有力的重新解释。在《兵法》的语境中，为了增强军队的士气，经常有必要使用这一策略：

> 古代统帅有着现代首领差不多全然没有的一种烦恼，那就是要将恶兆解释成符合他们的目的。如果一道闪电猛然落到一支军队头上，如果发生日食或月食，如果地震来临，如果统帅在上马或下马时跌倒，那么士兵们就解释成预兆凶险，并在他们那里产生那么大的恐惧，以致如果他们去战斗的话就会轻而易举地输掉。因此，一旦类似的事情发生，古代统帅立即表明它的缘由，并将它归结为自然原因，或者将它解释成符合他们的目的。恺撒下船时跌倒在阿非利加土地上，便说"阿非利加，我得到了你"。（卷六，页176［页487］）

如果无法隐瞒某个事故或恶兆——总可以从两种可能中选取适当的一种，那就必须调整解释方法，把发生的一切都归于自身的设计，归于自身的德性而非厄运。一旦某一未预见到的事故发生，那就必须使之显得已经被预见到了，是某个复杂且已预先制定好的计划的一部分。古代统帅决不能在权力的舞台上跌倒而不立即恢复到强大的样子。未被预见到的，必须被重新解释为已被预见到的；若没有权力的同意或直接介入，"自然的"预兆就无法存在。任何一方不仅必须跟敌人的战略行动作战，还必须跟存在于双方阵营中的惯例和解释习惯作战。马基雅维利还提供了另外一个例子：

> 倘若在战斗中，你恰巧碰上某个事故惊吓了你的士兵，那

么懂得如何掩饰它,并且化害为利是件非常审慎的事(è cosa prudentissima il saperlo dissimulare e pervertirlo in bene),如霍斯提利乌斯(Tullus Hostilius)和苏拉所为。前者见到战斗时他的一部分兵力如何投到了敌人一边,此事又如何令他自己手下人大为惊恐,遂立即告知全军,一切皆根据他的命令(per ordine suo)发生。这不仅没有惊扰军队,反而使得士气大增,以致军队依旧得胜。(卷四,页118〔页142〕)

此处马基雅维利似乎意识到了这一行动中对"自然"的某种违背:一种合理的恐惧,被"歪曲"至一个更可欲的方向;一个不可预见的事件,被"执意"重新解释为某人意愿且预见到的——"根据他的命令"。只有当解释性反应确实会带来好处时,人们才会利用解释性反应,比如,在一支由信教者组成的军队中,统帅们会相当自信地利用对上帝的恐惧,而马基雅维利正是出于这个原因对当时军队缺乏这样的信仰感到痛惜。另外,解释机制必须掌握在权力手中。将军不仅必须在战场上指挥自己的军队,还必须在语义学领域指挥各种意义。

《君主论》的读者都熟悉马基雅维利的曲解方式,在《兵法》中,他以同样的方式减弱了机运的作用,导致批评者们认为他的兵法纯粹是一种僵化的理论。[1] 例如,斯夸罗蒂(Giorgio Bárberi Squarotti)认为,马基雅维利对预见的强调使行动变得不可能;行动的完美模型的构成,其中一切都可预见,杜绝了行动的可能性,

---

① 关于减弱机运的讨论,参Barbara Sparkman,《马基雅维利与箴言》(Machiavelli and Maxims),收于 Reading the Archive: On Texts and Institutions, E. S. Burt和Janie Vanpee编, Yale French Studies 77, 1990,页137–155。

因此也杜绝了历史本身的可能性。[1] 有人可能会跟斯夸罗蒂争辩说，任何严格意义上关于行动的理论模型（就是说，从词源学的意义上讲，一个看见一切的模型）都杜绝了行动的可能性，在这种情况下，只有某种"错误的"理论模型才可能具有斯夸罗蒂希望的"开放性"。但他的批评似乎假定一种战争理论的可能性，这种理论会将自己向不可预见之事开放，向"事物的无限创造力"（l'infinita inventività delle cose）开放，并因此逃脱了"纯理论"（pure theoresis）的领域。斯夸罗蒂并没有陈述这种理论究竟如何，我想说的是，他在"完全的预见是可能的"这一断言中犯的错误在于，马基雅维利的断言是，制造出完全的预见的样子是可能的。正因为完全的预见不可能，曲解才必要。不可预见性，不论化身为机会还是机运，都是战略家和战术家的敌人，而马基雅维利式的兵法涉及的无非就是不可预见性，以及为了将不可预见的事情重新解释为总是可预见、可预测的事情而采取的行动。他的文本旨在创造某种特定的符号感觉，丰富互文的能力（intertextual competence）并教授一种权力语言。

置诸行动，这种感觉具体化为三种基本的规则：(1) 绝不信任

---

[1]　参 Giorgio Bárberi Squarotti，《兵法或不可能的行动》（L'arte della guerra o l'azione impossibile），收于 *Machiavelli, o la scelta della letteratura*，Rome，1987，页231–261；最早发表于 *Lettere italiane* 20，1968，页281–306。斯夸罗蒂的观点基于法布里齐奥的"对改变任何事情的可能性完全缺乏信念"（页235），尤其基于他在《兵法》卷七结尾处对"人"的本性的严厉判断。然而，法布里齐奥的论断处理的是某一特定类型的"人"，而且他的缺乏信念极其特殊：是对雇佣军、对"外国军队"及"那些忠于别人而不是我的人"的不信任和谴责（卷七，页208、516）。对于那些"他们自己治下的初朴、诚实的人们"（uomuni semplici, rozzi, e proprii）（页210、518）来说，"改变"的可能性确实存在。皮特金也痛惜马基雅维利文本没有血气、全然理性及非对话的特性（页69–72）。

样子,但总是要呈现出一切尽在掌握的样子;(2)不要依赖任何习惯性的"框架",而要以改变其中的参数和出敌不意为目标自己制造"框架";最重要的是,(3)料到并打乱敌人的预言。在一个极端的例子中,最后一条策略通过将敌人的预言和战略宣称为自己的而实现:

> 我希望你把握一项通则:被用来对抗敌人的计划的最大补救办法在于,自愿地做他预计你被迫去做的事情。因为,如果自愿地做,你会做得井井有条,对你有利而对他不利;如果你在被强迫之后做,那么它将毁了你。(卷四,页121-122[页435])

在一次为了维持纪律和命令而进行的看似执拗的自杀式尝试中,一方使敌人的计划变成自己的计划。很清楚,为了预测敌人的行动而不断调整战略和命令,暗示了纸上谈兵(programming *al tavolino*)的不可能。马基雅维利建议的原则,不仅对于执行预先制定的命令,而且对于以[新的]命令置换[旧的]命令都是必要的。如马基雅维利所说:"一旦发现敌人已经预知你的计划就当改变计划(muta partito)。"(卷七,页203[页512])似乎军事是一出关于这一技艺的极富灵巧的谐剧,演员会根据观众的反应改变角色甚至整个情节。就文学文本而言,文本策略是一次性地为所有人而制定,读者可以配合或选择退出,即可以选择做或不做一个模范读者。然而,就敌对行动中的政治而言,策略必须时时刻刻使自己适应敌人的策略,以使敌人成为模型敌人,就是打败敌人。但如果没有最大可能的能见度和可听度,甚至在战役本身的过程中,也不可能与受众——即敌人——合作或应答。必须看

到正在发生的事情,以便预见将要发生的事情。为了"自愿地做
他预计你被迫去做的事情",必须能够分辨对手的行动并对那些
行动作出反应,同样,也必须能够以"清楚和明显的""声音"或
"传令"的手段,向自己的军队传达新的战术和战略。马基雅维利
再次关注到单义性;事实上,法布里齐奥列举了用于发布命令的
最具单义性的词:不是"往回"(a dietro)而是"撤退"(ritiratevi);
不是"转身"(voltatevi)而是"去左面! 去右面! "(a sinistra !
a destra !)(卷五,页138[页453])这里没有为"推理式行走"
(inferential walks)造成的弯路留下余地。关于"往回",马基雅维
利让自己的读者参考《李维史论》(卷三,第14章)引用的一个插
曲,其中"后退"(fatevi indietro)的命令(给出这个命令是为了让
其中一个士兵有足够的空间去破坏锁头,这是进入城市广场的最
后一个障碍)一排一排往后传,变样成了"退"(addietro),结果士兵
们不仅撤退,还逃跑了。

厉声发令并非统帅所需要的唯一口头行为,他必须既是口头
修辞大师,又是军事"修辞"大师。拙文开篇提到的修辞学和符号
学,似乎要求修辞术与战争术之间的某种一致,但马基雅维利的军
事方针似乎视修辞术为一种温和的刺激手段:

> 要就一件事说服或劝阻几个人很容易。因为,倘若言辞
> 不够,那么你接着还可以使用权威或强力。然而困难在于使许
> 许多多人打消一种既与公共利益抵牾,也与你的意见相反的恶
> 劣看法。在此场合,一个人只能使用被大家听到的言辞[non
> si può usare se non le parole],希望一起说服他们全体。为此,优
> 秀的统帅需要是个演说家。(卷四,页127–218[页440])

如果说，关于战争的非口头修辞在于制造样子，并强行将意欲的解释加之于那些样子，那么，这一战争技艺中的口头修辞似乎首先是一种令人费解的温和的活动。向少数人说话的人总能求助于权威或强力，但跟许许多多人以及跟自己的军队打交道时，将军必须使用口头修辞"打消"各种恶劣看法，而且似乎不能求助于暴力，"只能使用言辞"。将军必须设法在自己军中激起信心，许诺奖赏，揭露诡计，点燃并平息激情。正如雷蒙迪所写，战士的修辞术"不能说谎"而是要"展示隐藏的能量"。① 但"只用言辞"的技艺在不久的过去造成了灾难性的后果。在之后的文本中，法布里齐奥厉声责备了一个不同的修辞家群体：

> 在尝到阿尔卑斯山外战争的打击之前，我们的意大利君主们惯常以为，对一位君主来说懂得下面的事就足够了：如何在自己的书斋里构思一份措辞犀利的答复，如何撰写一封辞藻优美的书信，如何在自己的言行中显示机智敏捷，如何编造

---

① 在马基雅维利展示的战士的修辞中，雷蒙迪[《马基雅维利与战士的修辞术》（"Machiavelli and the Rhetoric of the Warrior"），载于 *Modern Language Notes* 92 (1977)，页 1–16]看到，"与这种对修辞如此强烈的政治解释有关的，是对听众的角色持有一种极其积极的看法，即听众就是一种行动的角色，而且，这种解释也与整部《李维史论》中遍布的民主观念，或者我们也可以说共和观念，有一种直接、深远的联系"（页 9）。尽管雷蒙迪的文章在这一点上处理的是《李维史论》卷三第 33 章中的将军形象，而不是此处涉及的《兵法》中的段落，但这同样可以解释《兵法》中首次将战士作为修辞家时的意图。而且甚至在《李维史论》中，将军的口头修辞也并非激起信心的唯一事物："为了使一支军队充满信心，他们必须装备精良、纪律严明且互相了解。"Machiavelli，《君主论和李维史论》（*Il Principe e Discorsi*），Sergio Bertelli 编，Milan，1960，页 475。

一场骗局，如何饰以宝石、黄金，如何寝眠饮食堂皇过人，如何美色环身，如何贪婪自大地统治属民，如何在百无聊赖中腐败，如何依凭宠幸提升军职，如何鄙视可能向其展示任何可赞之道的人士，如何使自己的演说成为神谕应答(responsi di oraculi)。这些可怜虫不料想自己正在准备让自己成为无论什么袭击者的砧上肉。由此导致了1494年的巨大恐怖、突然逃亡和惨重损失(i grandi spaventi, le súbite fughe e le miracolose perdite)；由此，意大利三个非常强大的邦国惨遭洗劫和毁坏。（卷七，页210–211［页518］）

腐败于浮夸修辞的珠光宝气之中，这些君主为法兰西人侵入意大利铺平了道路。在《君主论》中，马基雅维利把法兰西人"用粉笔占领意大利"(pigliare la Italia col gesso)的过错归于雇佣军；而在这里，他将修辞学，以及意大利君主们熏陶于其中的人文主义文化，呈现为"突然逃亡和惨重损失"的根源。[①] 因此，将军的修辞术必须是另一种类型，尽管马基雅维利提供的例子只不过强化了君主式猎物(princely sitting ducks)与战士之间的相似性：

与别的宗教模式混杂在一起，这东西屡屡使得每桩事业对古代统帅来说变得容易，而且它在宗教受到畏惧和遵从的地方将总是如此。**色尔托瑞乌斯**本人就利用它，办法是显示他与一头鹿对话，后者代表神许诺他得胜。苏拉说自己与一座塑像对话，那是他从阿波罗神庙取来的。许多人说过，神

---

① 关于马基雅维利作为人文主义的"继承者和批评者"的讨论，参Raimondi，《马基雅维利与战士的修辞学》，前揭。

在他们的梦中出现，晓谕他们去战斗。在我们父辈的时代，法王查理七世在他对英国人的战争中说，他遵循上帝派来的一名少女的忠告，她被大家称作法兰西贞女。(卷四，页128-129［页441］)

这相似性令人不安，因为像君主们一样，这些将军将使自己的言辞成为"神谕应答"。这些例子与将军不能使用权威这一公开声明矛盾，因为宗教在这里被当作权威(auctoritas)，不管它伪装成说话的鹿还是圣女贞德。文本无法辨别这两种修辞家的不同。事实上，区分将军的修辞术与君主们的修辞术的，正是马基雅维利必须从中排除的东西，因为将军必须从士兵身上激发出来的信心并非仅仅来自言辞，也同样来自军事力量的"修辞化"(rhetorization)。在卷四最后，马基雅维利写道："信心出于武装"(la confidenza la causa l'armi，卷四，页129［页442］)。[①] 信心出于谁的武装？君主们的修辞术与战士的修辞术之间决定性的差别似乎在于，将军的口头修辞背后有军事"修辞"，即死亡的威胁：

必然性可以多种多样，但最强大的必然性是逼迫你要么

---

① 和短语la confidenza la causa l'armi最近的上下文似乎鼓励人们将其读作一个兼用法，即一个动词被多个主语支配。在那个上下文中，马基雅维利提出了一系列因果关系(页442)，Ellis Farneworth的译本忽略了兼用法：

这顽强通常要么因为他们对自己以及对武器、盔甲、纪律、优良秩序、新胜利所拥有的信心而增进，要么因为他们对统帅的敬重而增进。对统帅的敬重缘自他们对他的德性的看法，甚于缘自其他任何来自他的善举；或者缘自对祖国的爱，这对所有人来说都是自然的。(页129)

得胜要么死亡(che ti costringe o vincere o morire)。(卷四，页129 [页442])

关乎胜败的 "必然性" 就是将军现成的修辞策略；武装而非修辞产生信心，但武装只在作为威胁时有效，即作为修辞而有效。产生信心的武装想来是某人自己的武装，但造成 "要么行动，要么死亡" 这一威胁的武装想来是来自敌方阵营，现在被用作针对己方军队的修辞。马基雅维利的文本似乎想要阻止的是，在兵法中使用的口头修辞甚至将自己的军队变成会受到威胁的敌人。在将军只能使用言辞而不能诉诸强力这一公开陈述中，马基雅维利自己的修辞掩盖了暴力，但暴力不可避免地在段落最后重新露面。事实上，我们在卷二中发现了一个说明，关于无能的君主与马基雅维利的将军之间的关系：

> 古人认为，在一个共和国里，没有什么比那里有很多受过武器训练的人更令人愉快；因为，宝石和黄金的灿烂没有使你的敌人俯首屈膝，只有对武器的恐惧才使之如此。(卷二，页58 [页372])

这一原则同样适用于敌人和己方军队。现在清楚了，马基雅维利为什么在《君主论》中把法兰西人的入侵归罪于雇佣军，而在《兵法》中归罪于修辞术：修辞术与强力互相依存。君主们的修辞力量仅仅来自珠宝和黄金，这种修辞的无能源于他们缺乏自己的武装，缺乏一支能使他们的修辞术合法化的军队；敌军的武装，即一支意外地，因而也是不讲修辞地到来的军队，令这种无能昭然若揭，同样，这支意外军队也不是根据将军自己的策略而产生的 "文本"的一部分。就此而言,至少战争中没有为不能被修辞化的暴力留下余地,因而没有为火器留下余地,也没有为未被强力合法化的修辞留下余地。如今,人们对这一表述应非常熟悉,麦坎利斯称之为核威慑的第一悖论:

> 我们的话语只有在指向武器时才有意义,而反过来,武器只有在话语中清楚地表达出来才有意义。①

如果正如麦坎利斯所言,这是马基雅维利的一个基本洞见,那么,这一洞见如今已是我们这个时代全球性的军事和修辞困境。

---

① Michael McCanles,《马基雅维利与威慑的悖论》,前揭,页14。

君主及其战争技艺：马基雅维利的
军事平民主义

温　特（Yves Winter）　著

即使战争与政治之间的边界后来变得模糊不清，它们也始终处于现代自由国家政治想象的核心。对于战争与政治的分化，一些批评家将其当作堡垒守护以对抗社会的军事化，另一些批评家则将其当作幻想而公开指责，但这种分化被普遍认为是现代政治秩序的奠基石。从概念上说，这种分化令这种观念成为可能：塑造一种受法律和合法权威，而非受武力和暴力统治的社会秩序；从制度上说，这种分化规定了政府与军事事务在手段和实践上的分离，并区分了分别适合双方的各种知识(knowledges)及理性(rationalities)。

人们经常引用马基雅维利，将他当作一名以自己的作品瓦解了政治与战争之区分的政治理论家。[①] 批评家们认为马基雅维利

---

① Neal Wood，《重审马基雅维利的德性概念》("Machiavelli's Concept of virtù Reconsidered")，载于 *Political Studies*，15(2)，1967，页159–172；Wendy Brown，《文艺复兴时期的意大利：马基雅维利》(Renaissance Italy: Machiavelli)，收于 *Feminist Interpretations of Machiavelli*，Maria J. Falco 编，Pennsylvania，2004；Carlo Galli，《论战争与敌人》("On War and on the Enemy")，载于 *The New Centennial Review*，9(2)，2009，页195–219。

将政治视为战争的类似物(analogue),[1] 且在根本上与战争不可分离。[2] 下文打算根据马基雅维利的军事著作,特别是他的《兵法》,[3] 研究这一貌似真实的内政－军事统一体(continuum)。马基雅维利的《兵法》跟历史上很多军事专著有着相同的命运:即使近来获得了更多关注,[4] 那些关注更明显的政治文本的读者还是常常忽视《兵法》。对马基雅维利军事著作的重新检查,使得战争－政治关系的图景复杂化:不是战争作为政治的范式起作用,而是正相反。马基雅维利视战争为高度政治的实践,而视军队为潜在的政治剧变和平民起义的场所。

我对马基雅维利军事著作的解释强调两个特征。首先,对马基雅维利而言,战争并非一个叠加于政治之上的关于行动的完整

---

① Mary G. Dietz,《诱骗君主:马基雅维利与欺诈的政治》("Trapping the Prince: Machiavelli and the Politics of Deception"),载于 *American Political Science Review*, 1986, 页 777–799; Claude Lefort,《马基雅维利作品的任务》(*Le travail de l'œuvre Machiavel*), Paris, 1986; Maurice Merleau-Ponty,《关于马基雅维利的笔记》(*Note sur Machiavel*), Paris, 1960; Georges Faraklas,《马基雅维利:君主的权力》(*Machiavel: le pouvoir du prince*), Paris, 1997。

② Gennaro Sasso,《马基雅维利的政治思想》,前揭,页 422; Jean-Louis Fournel 和 Jean-Claude Zancarini,《马基雅维利的遗产》("L'héritage de Machiavel"),载于 *Les temps modernes*, 610, 2000, 页 7–25。对此的反驳,参 Hanna F. Pitkin,《机运是个女人》,前揭; Sebastian de Grazia,《地狱中的马基雅维利》(*Machiavelli in Hell*), New York, 1989; Alexis Philonenko,《马基雅维利与战争的含义》("Machiavel et la signification de la guerre"),载于 *Etudes Polémologiques*, 2(2), 1971, 页 1–13。

③ Machiavelli,《兵法》(*Art of War*), Christopher Lynch 译, Chicago, 2003。

④ Mikael Hörnqvist,《马基雅维利的军事方案及其〈兵法〉》(Machiavelli's Military Project and the *Art of War*),收于 *The Cambridge Companion to Machiavelli*, John M. Najemy 编, Cambridge, 2010; Christopher Lynch,《〈兵法〉的新秩序:重塑古代事物》("The *ordine nuovo* of Machiavelli's *Arte della guerra*: Reforming Ancient Matter"),载于 *History of Political Thought*, 31(3), 2010, 页 407–425。

领域,而是一种完全不同且错综复杂,由各种实践、惯例和规定组成的拼凑物。相应地,兵法,包括小心地编排、协调和展示各种物体和运动,简言之,是一种依赖公开表演和夸张形象甚于依赖蛮力的实践。第二,马基雅维利对招募一支平民军队(与雇佣军队相对)的实质性建议,是他的平民主义的一部分——将平民作为一支政治力量动员起来以对抗意大利贵族是他的政治计划。马基雅维利将军队定位为用于平民起义的推动性力量和潜在催化剂,而非简单地将军队视为保卫现存社会和政治安排的工具。这样,马基雅维利的分析暗示了另一种想象中的、非自由的(nonliberal)秩序,其中战争与政治既没有混在一起,但也不能全然分开。

君主的军事挑战

马基雅维利以对君主国及其获得方法的分类开始《君主论》。[①]
他写道:领土的获得,不是靠某人自己的武力,就是靠他人的武力。好的武力(buone arme)不仅对征服者(对他们而言武力当然必不可少)而言是必要的,对君主国或共和国保护自己免遭征服也是必要的。好的武力和好的法律是国家"主要的基础";且"因为没有好的武力的地方就不可能有好的法律",所以,马基雅维利说他"不讨论法律问题而[只]谈武力问题"(《君主论》第12章,页48)。如果从《君主论》中寻找马基雅维利"好的武力"的含义,我们会发现,这一术语似乎跟军事自主及防御能力意思相同。在第10章,马基雅维利提出以军事能力划分国家,要区分那些能够"募集足够的军

---

① Machiavelli,《君主论》(*The Prince*), Harvey C. Mansfield译, 第二版, Chicago, 1998。

队"的国家与那些"常常需要他人援助"的国家(页43)。对军事自主的强调贯穿第12和第13章,马基雅维利在那里表达了他那著名的对雇佣军和援军的攻击。马基雅维利征引一句文艺复兴时期人文主义者熟知的老生常谈(topos),[①]告诉自己的读者:雇佣军无用、危险且腐败。马基雅维利把雇佣军看得相当无能,他将意大利1494年败于查理八世(Charles Ⅷ)之手归罪于雇佣军。无纪律且不忠诚的意大利雇佣军,面对组织有序的法兰西军队无法提供有效的抵抗,任由查理"拿着粉笔占据意大利"(《君主论》第12章,页49)。

得出君主国需要自己的军队以便确保安全这个结论之后,马基雅维利接下来谈论君主具体应如何着手处理战争。第14章开篇,马基雅维利以如下方式向君主们提出挑战:

> 因此,一位君主除了战争及其制度和训练之外,不应再有其他的目标、其他的思想,也不应把其他事情作为自己的技艺,因为这是进行统帅的人应有的唯一技艺……亡[国]的头一个原因就是忽视这种技艺,而使你赢得一个国家的原因,就是成为这门技艺的专家[professore di quasta arte]。(《君主论》第14章,页58;着重部分由笔者标明)

这段话劝说君主成为一名兵法方面的professore[能手或专业人士],表明战争技艺可以成为国家技艺的模板。战争是某种专门技艺(arte)的对象,马基雅维利将这种知识和专门技艺描述为对君主

---

① Quentin Skinner,《现代政治思想的基础》,(*The Foundations of Modern Political Thought*),2卷本,Cambridge,1978,卷1,页75—77、163([译注]中译本参奚瑞森等译,南京:译林出版社,2011)。

生死攸关，并且是国家技艺的首要组成部分。如果战争技艺是事关君主的"唯一技艺"，且如果君主除了战争不应该再有"其他思想"，那么，战争技艺要么是国家技艺的镜鉴，要么至少相当类似地充当着君主的初级训练场的角色。因为军事专技是与君主相关的唯一知识，治国术（statecraft）必须在某些重要方面类似于战争。《君主论》没有详细说明如何把战争与治国术相联系，但它把战争定位为与发号施令者相关的唯一技能，从而暗示，存在一种享有特权的主体地位或有利位置——即军事指挥官或首领，战争知识能够由此得到理解。马基雅维利力劝君主成为兵法方面的专家，或许也成为一名军事指挥官，《君主论》第14章这个说法似乎是一个提喻（synecdoche），君主与军事指挥官之间的联系代替了政治–战争关系。①

　　但到底什么是君主应当掌握的兵法？要搞清楚马基雅维利通过兵法可能要表达的意思，最好的选择是研究他就同一个主题写的另一本书，即《兵法》。碰巧这本论兵法之书也是马基雅维利生前出版的为数不多的主要作品之一，这或许赋予《兵法》一种额外的许可（imprimatur）。如果某人遵循《君主论》第14章的建议并阅读《兵法》，他最可能学到什么？《兵法》提供了哪种《君主论》所缺乏，但对现在或将来的君主相当重要的知识？《兵法》发展出来的观点，如何更加普遍地阐明了战争与政治之间的联系？

　　《兵法》宣称的目标是考察军事德性的"古代模式"和"古代秩序"（《兵法》献词，页4；卷一，页35)，以及回归军事德性的这些古代模式将如何克服当代的军事腐败，同时也能解决16世纪意大

① Mary G. Dietz，《诱骗君主：马基雅维利与欺诈的政治》，前揭，页782；Claude Lefort，《马基雅维利作品的任务》，前揭，页401；Maurice Merleau-Ponty，《关于马基雅维利的笔记》，前揭，页267。

利的军事危机。① 正如在《李维史论》② 中，古代德性的首要典范是
罗马共和国，它的军事组织向马基雅维利提供了一支全面改革后
的军队的模板。③ 军事组织问题是本书的核心，确切地说，一位希
望学习如何发号施令的君主并不会对此有所期待。事实上，如果
一位君主发现，这本书主体部分所预期的读者，似乎是那些兴趣在
于恢复人文主义者的公民军队理想的共和主义者，那么他会感到
失望。此书的首要论点之一是：公民生活与军事生活殊途同归，因
此，控制和对付士兵加之于公民生活的潜在危险的最佳方式，就是
从士兵中造就公民。但若如此，那么，此书为现在或将来的君主提
供了什么呢——如果的确提供了什么的话？

初看并不多。部分是因为《兵法》经常被视为一份技术手册，
而非对战争问题的思考。④ 这一文本在整个16世纪极度成功且影
响深远，但如今通常被归入马基雅维利的次要作品之列。⑤《兵法》

---

① Piero Pieri，《意大利作家笔下的战争与政治》，前揭；C. C. Bayley，《文
艺复兴时期佛罗伦萨的战争和社会》，前揭；Luigi Vismara，《马基雅维利的军
事思想》前揭，页1439–1450；Sydney Anglo，《马基雅维利——第一个世纪：关
于宗教狂热、敌对状态和枝节问题的研究》(*Machiavelli—The First Century:
Studies in Enthusiasm, Hostility, and Irrelevance*)，Oxford，2005，页528。

② Machiavelli，《李维史论》(*Discourses on Livy*)，Harvey C. Mansfield 和 Nathan
Tarcov 译，Chicago，1996。

③ 参 Ezio Raimondi，《马基雅维利与战士的修辞术》，前揭。

④ Marcia L. Colish，《重审马基雅维利的〈兵法〉》，("Machiavelli's *Art of
War*: A Reconsideration")，载 于 *Renaissance Quarterly*，51(4)，1998，页1151–
1168，参页1161。

⑤ Felix Gilbert，《马基雅维利：兵法的复兴》，前揭；Sydney Anglo，《马基
雅维利——第一个世纪：关于宗教狂热、敌对状态和枝节问题的研究》，前揭，
页32。

在形式上是一位知名的雇佣军首领(名叫法布里齐奥)与四位年轻
贵族之间的对话，但对话迅速变成了一次关于军事组织的训导。
对话发生在1516年，年轻的佛罗伦萨人文主义者和贵族在鲁切拉
伊家族庭园内举行聚会，[①] 对话分为献词和接下来的七卷。前两卷
处理士兵的招募、不同兵种的功能和重要性以及演习和训练的作
用。卷三展示了一场假想的战斗，其中讲的都是战斗秩序和阵型、
战术以及谋略。卷四继续讨论战斗的空间安排、军队的布置，并强
调战略和计策。接下来的一卷处理行军秩序、地理、侦查和后勤，
而卷六几乎完全专注于扎营。最后的卷七开始讨论如何攻击及保
卫城镇和堡垒，整部作品终于一套以格言形式呈现的战争通则。

　　随着作品的深入，文本变得愈加专业，而且显得愈加隐微，导
致一些学者认为《兵法》乏味冗长而不予理会。[②] 但是，单调的表
面之下，隐藏着关于战争以及政治–战争关系的重要反思。《君主
论》以抽象的、有时定义性的术语表达战争与国家技艺之间的联
系，与此相反，《兵法》透过某种我们所谓的社会学视角，使战争成
为一种社会实践。《兵法》教导如何建立营地，围绕堡垒的壕沟该
有多宽，这样，就将注意力转向战争的空间坐标及其规模和面积。
对军队组织看似隐微的细节的强调表明，如果说战争技艺是"进行
统帅的人应有的唯一技艺"，那么，这不是因为战争教导一位君主
如何统帅，而是由于其他原因。

---

① Felix Gilbert,《贝尔纳多·鲁切拉伊与奥里切拉里花园》，前揭。

② Hanna F. Pitkin,《机运是个女人》，前揭，页69–70；Felix Gilbert,《马
基雅维利：兵法的复兴》，前揭，页23；Antonio Negri,《起义：制宪权和现代国
家》(*Insurgencies: Constituent Power and the Modern State*), Maurizia Boscagli 译，
Minneapolis, 1999，页95。

战争作为一套实践

在《兵法》卷一中，法布里齐奥区分了兵法的两种含义：一方面是战争的"实践"（esercizio），另一方面是战争的"专技"（arte）（《兵法》卷一，页15，译文有所调整）。法布里齐奥声称，为了使战争成为一门专技，没有办法诚实生活，也没有哪个共和国或秩序良好的王国会准许"自己的任何公民或属民"将战争变成一门专技（《兵法》卷一，页13）。因此，在一座秩序良好的城市，兵法不是一门职业或专技，而只是一种实践或练习。

法布里齐奥拒绝将兵法视为一种专技，这与马基雅维利对雇佣军的著名反对一致。除了《君主论》中我们所熟悉的反对理由之外，《兵法》引入反对雇佣军的进一步论据：因为专业士兵只知道如何打仗，无法区分战争与和平，也无法区分朋友与敌人。[1] 职业士兵因为缺乏这种区分能力，因此"贪婪、欺诈[且]暴烈"，发生在和平时期的"劫盗、暴力行为和暗杀"责任就多在他们（《兵法》卷一，页13）。职业士兵的问题在于，他们不足以成为公民或属民，文本通过一系列关于暴力的词汇表明了这一不足。

马基雅维利转而讨论作为一套实践（esercizi）的战争，这产生了一个新框架，使战争得到概念化地处理，并因此产生了一种关于战争的不同知识。"实践"一词通常意指一套广泛的活动，包括但不限于军事演习和操练。马基雅维利称这种演习为esercizi

---

[1] Timothy J. Lukes,《军事化的马基雅维利：重估其军事思考》（"Martialing Machiavelli: Reassessing the Military Reflections"），载于 *The Journal of Politics*，66(4), 2004，页1089–1108，尤参页1098。

和pratiche，但到了《兵法》的结尾，即卷六和卷七，他更广泛地使用pratica这一术语，来更一般地描述军事活动（《兵法》卷七，页150），甚至用来描述对话本身当中那些离题的做法（《兵法》卷六，页117）。[①] 将战争设想为一种实践（或一套实践）而非一种制度或专技，就是强调战争由各种各样协同的身体（bodies）和行动拼凑在一起的方式。通过突出地方和微观层面，对实践的分析强调了战争完全不同而错综复杂的本性，强调了战争由以组织、产生及呈现的社会、空间及材料的程序和机制。

对这种成套的身体动作（bodily routines）的强调，在《兵法》卷三的中间最为明显，谈话在这里发生了转向，法布里齐奥走出军事专家的角色，转而变成一名嵌在对话内部的战争报道员，提供了关于一场虚构战斗的生动且极为详尽的报告。掌握战斗阵型的马基雅维利这样描述维利特（velites）———一种罗马轻步兵———以散兵方式展开去破坏敌人的阵列：

> 维利特离开他们的阵位……攻击敌人，后者的火炮已射弹一次……结果它无法第二次开火，看我们的维利特和骑兵怎样已经拿下了它……看我们的[人]多么英勇地战斗，又多么有纪律，经过使他们因习惯而这么做的训练……看我们的火炮怎样为了给他们提供行动场所并留下供他们自由施展的天地，经维利特已经跑出的那个空间撤出……看轻步兵和轻

---

　　①　对术语pratica的这种用法，应当同当时佛罗伦萨政府中更专门的意思区分开来。佛罗伦萨政府中的pratica指一个咨询委员会，这是一个公民议事会，被赋予对政策进行讨论而非表决的权利，参John M. Najemy，《佛罗伦萨史：1200—1575》(*A History of Florence, 1200-1575*)，Malden，2006。

> 骑兵怎样散开并回返军队侧翼……看……敌人的一帮火绳枪
> 手如何……被围在一群与另一群骑兵之间,他们无法开火,撤
> 到他们各营后面。看……步兵怎样业已互相挨得那么近,以
> 致长枪不能再派上用场,因而……长枪在盾牌中间一点点地
> 被撤出……你难道没有看见鏖战之际[敌人的]阵列已收缩
> 了那么多,以致他们只能缩手缩脚地挥舞自己的利剑?(《兵
> 法》卷三,页70–71)

在文艺复兴时期的文本中,精巧而华丽地描写战斗并非不同
寻常,[1] 但法布里齐奥的战斗的值得注意之处,是他对移动和空间
控制的关注。他的部队击败敌人,并非因为武器更先进,而是通过
智取敌人的阵列。他的部队在协调和运动方面胜过敌人。如果扰
乱敌人队列的是骑兵和维利特的移动,那么,步兵纪律严明、秩序
井然的行军则将大部队维系在一起。火炮被描述为战术撤退的武
器,目的是给步兵腾出地方。战略就是控制部队的运动并打乱敌
阵的秩序。正是对空间的精妙管理,使"我们的"军队得以击败假
想的敌人。法布里齐奥描述自己的部队如何置身于敌人与敌人的
武器之间,阻止敌人发射火炮。移动、战术撤退和纪律是战斗中的
决定因素。敌人的火绳枪手被"围"(rinvolti)在法布里齐奥的骑兵
与敌人自己的骑兵之间,因此,他们无法开火而不得不撤退。当步
兵的封锁线收紧,士兵的身体互相越挨越近,笨拙的武器像长枪和
重剑已无法再使用,这就到了决定性时刻。法布里齐奥的步兵协
调良好:当他们收紧阵列时,就在盾牌中间撤出长枪以使其更易控
制。但当敌人的阵列收缩时,敌人的长枪太长,而且士兵们穿着笨

---

① Felix Gilbert,《马基雅维利与圭恰迪尼》,前揭。

重的盔甲互相拥挤,无法挥舞自己的利剑。敌军实际上为自己的武器所困。武器变成了约束士兵的身体和运动的桎梏。

这一冗长的作战报告的主题是,赢得战斗靠的是运动中的身体,身体可以展开,迂回到侧翼,包抄并诱陷对手,使对手被自己的装备绊住,还可以通过更好地控制运动来战胜对手。马基雅维利的得胜军队既没有最大数量的兵力,也没有最好的装备,相反,这支军队通过士兵们的身体及身体在空间中的位置来掌控并支配战场形势。法布里齐奥的部队掌管并编排战场空间。我方灵活控制空间中的身体,对手则缺乏移动性以及对自身运动的适当编排,双方的这种反差决定了战斗结果。

通过描述身体在战斗中的作为,这一段落使读者转向战争的身体维度以及这一事实:战争要求身体被着装、被武装、被移动、有纪律、受训练且被分配。读者不管是不是君主,都明白到战斗队列的编排不仅要求指挥技能,也要求多少认识到身体能做什么及身体如何在空间中移动。这种对身体的关注在马基雅维利的文学和诗歌作品中一以贯之,他充分探讨了人类身体的脆弱性和易损性。[①] 在《兵法》中,这种关注转变为在身体实践的层面对战争的一次近乎解剖学式的研究,向读者提供了一个关于战争的特写镜头,这与马基雅维利在其他作品,尤其是《君主论》和《李维史论》中清楚表达的观点相当不同。

在卷六中,法布里齐奥开始详细描述一整支由24,000名步兵和2,000名骑兵组成的军队该如何扎营,空间管理的问题再次出现(《兵法》卷六,页119-125)。这一不厌其烦的报告详述了营地的精确范围和尺寸,包括数量、宽度,甚至道路的名称,各营及其

---

① Wendy Brown,《文艺复兴时期的意大利:马基雅维利》,前揭,页118。

后勤保障的位置,分配给每个营帐的精确空间以及指派给各营帐的士兵数量。轻骑兵和重骑兵10人一组,安置在15臂长、30臂宽的营帐里,步兵30人一组睡在一起。营地被安排得像一个都市或城市空间,有交叉的道路,北端、南端、西端和东端都有门,四面被一条至少6臂宽、3臂深的壕沟环绕。营地像一座"移动城市(città mobile),不管移到哪里都带着同样的街道、同样的房屋和同样的外观"(《兵法》卷六,页125)。而且,正因为这座城市是一个贸易、居住和生产的场所,所以营地必须为木匠、铁匠、马蹄铁匠、石匠、技师以及牧人——他们的牲口为军队提供食物——留出空间(《兵法》卷六,页124)。马基雅维利的营地如此绘制了一幅关于身体的、错综复杂的几何图形;它计算出对每个身体而言必要的空间大小并为之分配相应的营帐;它重视身体的分配,如何在空间中组织身体,以及如何用这种图表式的空间组织来控制和标定(calibrate)军力分配。

对比《君主论》中对战争的处理,这部关于战争的专门论著标志着焦点的转移。但《兵法》并非如某位知名的文艺复兴史学家所言,是从对战争事务的"概念性"描述转向"实践性"描述。[1] 相反,这些"关于军事策略的具体细节"[2] 有概念性的含义。营地的移动城市是比喻,更精确地说是借喻,是一种思考战争的新方式。关于如何建立营地、如何保卫城市、环绕堡垒的壕沟该多宽多深的教导,暗示出战争由身体以及身体的实践、空间安排和活动组成。

---

[1] Michael Mallett,《马基雅维利的共和国的军事理论和实践》(The Theory and Practice of Warfare in Machiavelli's Republic),收于 *Machiavelli and Republicanism*, Gisela Bock, Quentin Skinner 和 Maurizio Viroli 编, Cambridge, 1990,页173–180,尤参页173。

[2] Marcia L. Colish,《重审马基雅维利的〈兵法〉》,前揭,页1161。

要点不仅在于，这一君主被敦促要掌握的兵法，是一门关于细节的技艺和一门关于特殊事物的科学；更重要的是，并非军队的等级秩序，亦非军队首领的技能，而是产生自共享的身体和空间实践的一致性和凝聚力，使军队成为一个发挥作用且有效的整体。军队是一种由一系列共同参与的实践产生的集合体。

这一焦点的转移，可以通过对《兵法》中关于暴力的修辞与《君主论》和《李维史论》的对比分析得到证实。这方面最明显的是，《兵法》全书在描写战争事务时，缺少谈论暴力的语言。上文讨论过的战斗报告令人注意的一个方面是，与不管《君主论》还是《李维史论》对杀戮的强调相比，《兵法》在表现战争时有着极其显著的差别。尤其在《君主论》中，暴力在第一阶段作为一种修辞性和戏剧性的因素而发挥作用。[1] 相反，《兵法》强调协调、训练以及身体的移动和管理。暴力没有像在《君主论》中那样作为中心主题来考虑。通过词汇分析可以得出相同的推论：在《兵法》中，"暴力"或"暴力的"（violenza 或 violento）在全书只出现了三次，基本上是在雇佣军的语境中。每次出现，单词"暴力"或"暴力的"都用于讽刺性地描述某种过度行为。除了这些例子，与《君主论》完全相反，暴力在《兵法》中明显地从关于战争的陈述中缺席。同时，对于单词"残暴"及其同源词（crudele, crudelissimo, crudeltà, crudelitas），马基雅维利在《君主论》中频繁地将其用作暴力的同义词，而在《兵法》中一次也没有出现。[2]

---

[1] Victoria Kahn，《马基雅维利〈君主论〉中的德性和阿加索克利斯的例子》（"Virtù and the Example of Agathocles in Machiavelli's *Prince*"），载于 *Representations*，13，1986，页63–83；Wayne A. Rebhorn，《狐狸和狮子》（*Foxes and Lions: Machiavelli's Confidence Men*），Ithaca，1988，页86及以下。

[2] 一个粗略的对照显示，《君主论》中"暴力"和"残暴"的同源词至少出现在25个段落中，而《李维史论》中这些词见于40至50个不同的语境。

在《兵法》中，马基雅维利小心地保留着"暴力"这一说法，将其用于戏仿某种他认为腐败的军队类型，尤其是雇佣军。一支由职业士兵组成的独立梯队，造成某种能支配政治和社会生活的过度暴力。不像《君主论》将暴力问题作为一种"经营"(economy)，[①]《兵法》中马基雅维利的平民民兵可以解决潜在的暴力过度的问题，也可以消除控制和管理这些过度暴力方面的困难。

军事平民主义

《君主论》的读者知道，好的军队产生好的法律（《君主论》第12章，页48），而且从好的军队可以产生好的盟友（《君主论》第19章，页72）。好的军队（以及好的盟友）会保护君主，对抗内部和外部危险，但士兵也会以阴谋的形式造成持续的威胁。君主的困难在于，既要保持一支有效的军事力量，以控制潜在的对手和不守规矩的属民，又要防止军队变得过于强大和自主。为了达到这一平衡，君主必须避免被人民憎恨或被士兵蔑视。马基雅维利引罗马皇帝卡剌卡拉(Caracalla)、科姆摩都斯(Commodus)和玛克西米努斯(Maximinus)，作为不能预先制止那种憎恨的君主的例子，他们为此付出了生命的代价（《君主论》第19章，页79–81）。军队越强大，士兵与人民之间的需求冲突就越麻烦。意大利文艺复兴时期的君主们有一个超过罗马皇帝的优势，因为前者无需依赖强大的军队去统治和管理领地，因此，马基雅维利建议依靠人民而非军队，并避免建立一支可能无法控制的军事力量（《君主论》第19章，页81）。

———————

① Sheldon Wolin，《马基雅维利：政治与暴力经营》(Machiavelli: Politics and the Economy of Violence)，收于 *Politics and Vision*，Princeton，2004。

但还有一种更加漂亮的方式可以解决这一问题，使人民和士兵都满意，那就是使两者变得一样，换句话说，就是武装人民。这正是马基雅维利在《君主论》第20章的劝谏，他在那里(错误地)声称，历史上屡屡可见武装自己属民的君主。

马基雅维利在《兵法》最后一卷中影射《君主论》这一章节，全部七卷当中，这一卷无论在风格还是内容上都最像《君主论》，因此为读者从《君主论》接近《兵法》提供了明显的起点。如果说《兵法》的共和派读者从阅读献词和卷一中最受益，因为马基雅维利在那两个部分发展了民兵思想，那么君主派读者将通过逆转顺序、从作品的结论开始自己的研究而学到更多。读者从结论中得知，尽管法布里齐奥花了很多时间解释兵法，包括知道如何管理部队，但"在意大利，懂得如何治理一支业已缔造的军队还不够，相反，首先必须懂得如何去缔造它"(《兵法》卷七，页161)。在意大利当前的形势下，更重要的是知道如何征募一支军队，而非知道如何打仗。因此，《兵法》结论性的陈述是，对君主而言，决定性的知识不是指挥技艺，而是缔造一支军队的技艺。正因为缺乏这种知识，1494年开始的战争才可能带来"巨大的恐怖、突然的逃亡和惨重的损失"。在这些战争之前，

> 我们的意大利君主们惯常以为对一位君主来说懂得下面的事就足够了：如何在自己的书斋里构思一份措辞犀利的答复，如何撰写一封辞藻优美的书信，如何在自己的言行中显示机智敏捷，如何编造一场骗局[……他们无法]料到自己正在准备让自己成为任意某个袭击者的砧上肉。(《兵法》卷七，页163)

　　《兵法》回响着源自《君主论》的、对人文主义者式作秀(humanist grandstanding)的类似批评，因此可以认为，《兵法》详尽阐释了马基雅维利在《君主论》最后一卷中的呼吁，即呼吁一套新的政治和军事体制，希望能将意大利从"蛮族的控制"中解放出来。从紧随意大利战争而来的失败和军事危机之中，《兵法》得出的首要教训是如何创建好的军队(buone arme)，或者用《兵法》中的话说，一支好的且组织妥善的军队(《兵法》卷七，页161)。法布里齐奥指出，缔造这样一支军队，对那些拥有大量属民且能召集1.5至2万名青年的君主来说容易；对那些没有此等便利的人来说则几乎不可能(《兵法》卷七，页161)。

　　征召一支如此规模的民兵，对任何一个16世纪的国家而言都很困难。有些特别富裕的君主能筹集一支如此规模的战斗部队，但其常备建制通常要小得多，而且除了法兰西和西班牙王国，没有一个欧罗巴政权拥有超过1万人的常备军。[1]对任何16世纪早期的意大利国家而言，比如佛罗伦萨、威尼斯、米兰、那不勒斯以及罗马教廷，调动一支这种规模的军队，要求把那些没有公民身份的属民也包含在内。因此，征募一支如此规模的军队不单是一次军事冒险，更是一次政治冒险，有可能在君主与马基雅维利如此看重的人民之间造成那种反寡头的政治联盟。

　　《兵法》坚信，必须"从自己的属民中并且依据君主的权威"挑选士兵(《兵法》卷一，页21)，由此强调了征募的政治层面。但法布里齐奥解释道，确切来说，士兵并非募选而来。他们是通过好的习惯和好的练习而产生。"天生硬汉寥寥无几；勤奋和训练造就众

----

[1]　John Rigby Hale，《文艺复兴时期欧罗巴的战争与社会，1450—1620》(*War and Society in Renaissance Europe, 1450-1620*)，Sutton，1998，页65-67。

多勇士。"（《兵法》卷七，页158）训练锻造出勇敢的士兵。而且，跟其他写过如何训练士兵的人，即从柏拉图到色诺芬、韦格蒂乌斯、弗龙蒂努斯和珀律比俄斯一样，马基雅维利也强调演习和纪律的地位。[①] 因此，法布里齐奥拒绝被归于皮洛士和恺撒的惯例，即基于士兵的身体特性来挑选士兵，比如身材高矮、力量、灵敏度和结构比例，[②] 他认为这样不可靠。马基雅维利坚信，任何地方都能造就好士兵（《兵法》卷一，页20）。他在《李维史论》中写道，那些缺少好士兵的国家，"应该为自己的错误感到耻辱，它们不知道如何从自己人当中造就士兵"（《李维史论》卷一，第21章，页54，译文有所调整）。如果士兵是"造就"的，那么缺乏好士兵就不能归罪于缺少合适的应征者，因为技能可以习得。

　　有些读者认为，马基雅维利是一个在政治方面主张自由和人民统治，在历史方面受罗马共和国影响的公民共和主义者，他们倾向于认为，这几行文字是马基雅维利对作为公民-士兵的古典共和人物怀有兴趣的证据。如果军事纪律和训练被认为能强化公民意识，如果好士兵被证明是好公民，那么，也许所有公民都应成为士兵。因此，对那些偏爱（privilege）马基雅维利的共和主义的读者而言，军事德性促进政治德性这一思想，象征着公民-士兵这一古典思想的复活。[③]

---

　　① L. Arthur Burd，《马基雅维利〈战争的技艺〉的资料来源》，前揭；Sydney Anglo，《详论马基雅维利》，前揭，页157。

　　② Publius Flavius Vegetius，《兵法简述》(*Epitome of Military Science*)，N. P. Milner 译，第二修订版，Liverpool，1997，卷一，页5-7。［译注］中译本参袁坚译，北京：解放军出版社，1998。

　　③ Federico Chabod，《马基雅维利与文艺复兴》(*Machiavelli and the Renaissance*)，David Moore 译，New York，1958，页104；J. G. A. Pocock，《马基雅

确实有充分的理由作如是观。早在《兵法》的献词里，马基雅维利就坚信公民生活与军事生活的一致性，嘲弄那些断定战争与公民生活根本上不同的人(《兵法》前言，页3)。马基雅维利把和平时期的暴力和暗杀归咎于职业士兵，借此暗示战争与和平之间，以及公民生活与军事生活之间的区别，根源于士兵的特定举止。这就不难理解，如何培养适当的军人举止这一问题，是《兵法》卷一的关键考虑。战争事务必须内嵌于公民生活之中，这可以通过将公民或属民变成士兵，并在和平时期将他们变回公民或属民而实现(《兵法》卷一，页19)。法布里齐奥告诉他的听众，一个"明智的共和国，应当在战争中使用自己的公民"，但在和平时期应该坚决要求士兵们重操他们平时的职业(《兵法》卷一，页19)。那么，公民-军事之间关系的问题，就在于以何种方式从公民中造就士兵，才能使他们战争一结束就回归平时的角色。手头的任务不仅是"把人们留在战场上并使他们英勇战斗"，[①] 还要使他们停止战斗。

如果可能把军事事务与公民事务分开，那么士兵败坏公民生活这一问题就不会产生。但《君主论》提醒我们，这种分离会毁掉国家。如果说《君主论》提出战争作为治国术的范式，那么，《兵法》则强调了这一政治想象的限制，因为武装的士兵是对政治和社会秩序的持续威胁。共和式的公民-士兵代表了解决这一问题的

维利时刻》，前揭，页201-203；Quentin Skinner，《现代政治思想的基础》，前揭；Maurizio Viroli，《尼科洛的微笑：马基雅维利传》(*Niccolò's Smile: A Biography of Machiavelli*)，Anthony Shugaar译，New York，2000，页218([译注]中译本参段保良译，上海：上海人民出版社，2006)。

① Christopher Lynch，《疏论》(*Interpretive Essay*)，参Machiavelli，《兵法》，Christopher Lynch译，前揭，页201。

一个答案，因为公民-士兵不仅从战争中而且从和平中获益。但在《兵法》中，马基雅维利还暗示了另一条思考线索，也许没有那么明确呈现，但革命性丝毫不减。要是武装人民的目标不仅仅是保卫现存的模式，而是建立新模式，那会怎样？除了将平民军队视为潜在的威胁之外，也可以将其设想为政治变革的催化剂。

《兵法》的共和主义式解读遭遇的困难之一在于，马基雅维利没有将自己的民兵（militia）限制在公民中间，他明确地将属民（sudditi）也招募进部队。他也没有使用"公民民兵"（citizen militia）这一说法，而宁愿使民兵保持模棱两可。① 而且，尽管公民-士兵模式也许是一个无法抗拒的解决办法，我们还是不清楚，是否有一个意大利城市-国家大到可以从自己的公民中召集到必需的1.5至2万名士兵。例如，即使以最宽泛的方式定义"公民"（有纳税能力的男性居民），16世纪的佛罗伦萨仍无法征募一支这种规模的公民-军队。而那些不仅从公民中还从属民中征集的军队，其麻烦在于，公民-军队模式不适用于没有政治权利的城市属民，或那些常常住在城墙外的乡下农民。这些属民通常穷困潦倒甚至一贫如洗，暴露在压迫及掠夺性的法律和财政制度下，无法轻易整合进爱国的公民-士兵这一旧日（nostalgic）景象。混合属民人口会导致这一不可避免的危险：属民-士兵可能将他们的武器转向自己的主人。

1506年，索德里尼把组建一支农民民兵（peasant militia）的任务交给时任佛罗伦萨秘书的马基雅维利，此时佛罗伦萨显贵们（ottimati）的担忧正在于此。那支民兵不包括佛罗伦萨公民，而且事

---

① Timothy J. Lukes，《军事化的马基雅维利：重估其军事思考》，前揭，页1101。

实上与罗马共和国公民－士兵的军事理想没什么共同之处。[①] 但创建民兵是马基雅维利最重要和最珍视的政治方案之一：[②] 该方案涉及征募、武装及训练成千上万佛罗伦萨所属领地(contado)的农民，把他们变成一支平民军事力量。尽管托斯卡纳农民并没有反抗佛罗伦萨贵族，贵族阶层还是把大量武装农民的存在理解为对自己统治的直接威胁。[③] 寡头们准确地观察到，这支由佛罗伦萨属民组成的军队，至少在短期内加强了正义旗手的行政权，并威胁到他们的影响力。[④] 对君主而言，还有什么比把自己跟人民联合起来对抗贵族更有用的威胁？从《君主论》反寡头的视角看，《兵法》可因此读作一份对"军事平民主义"的阐述；即《兵法》跟这一政治方案一致：动员人民和平民，将其作为对抗意大利贵族的力量。[⑤]

　　这种军事平民主义不单把民兵视为一种保卫或维持现存秩序的工具，更视为一种用于民众造反和动乱、充满活力的政治和社会

---

① Mikael Hörnqvist,《马基雅维利与佛罗伦萨1506年的民兵》("Perché non si usa allegare i Romani: Machiavelli and the Florentine Militia of 1506")，载于 *Renaissance Quarterly*, 55(1), 2002, 页148–191; Mikael Hörnqvist,《马基雅维利的军事方案及其〈兵法〉》，前揭，页116。

② John M. Najemy,《佛罗伦萨史：1200—1575》，前揭，页410; C. C. Bayley,《文艺复兴时期佛罗伦萨的战争和社会》，前揭，页288。

③ Mikael Hörnqvist,《马基雅维利与佛罗伦萨1506年的民兵》，前揭，页154。

④ Carlo Dionisotti,《马基雅维利》(*Machiavellerie*), Turin, 1980, 页3–59。

⑤ 我从波考克(《马基雅维利时刻》，前揭，页333)那里借用了"军事平民主义"这一术语，但在我的解读中，马基雅维利的平民主义基础更宽，社会方面包罗更加广泛，政治方面更超过了波考克所能接受的民主程度，参John P. McCormick,《马基雅维利式民主》(*Machiavellian Democracy*), Cambridge, 2011, 页8–10。

力量及潜在的催化剂。从这一视角出发，我们可以重塑军事德性这一问题。如果军事德性"需要政治德性"，[①] 如果士兵的训练要求灌输军事和政治德性，那么，武装非公民的属民就很可能产生一些惊喜。如果只有作为政体一分子的公民使用武器才靠得住，那么，属民显然就不是值得信任的士兵。因此，武装非公民的属民的共和国，就不得不面对扩大公民权的需要，否则很可能面临造反的局面。

另一方面，如果军事训练也是一种政治教育，那么英勇的德性就会被理解成一种新型军事组织的实质条件。如果说农民民兵胜过雇佣军，那么前者必须在战场上表现得像一个集合体，能够在行动中配合得天衣无缝。农民民兵必须能够像一个集体那样移动和行事，这要求协调、互信和责任感，简单地说，就是某种不仅基于身体训练，而且基于相互责任的凝聚力。这种教育的政治结果会是什么，谁都在猜。但沙博（Chabod）注意到，民兵思想与那种未在自己的防卫和再生产中考虑士兵利益的政治形式不相容。[②] 那些被灌输了这些公民德性，接受了武装及良好训练的属民－士兵，怎么会在和平时期回到自己的臣属位置，这一点难以理解。一支如此规模的平民军队，似乎更可能作为一支政治变革而非政治稳定的力量而行事。

这种政治变革会在领土或国内政治两个方面发生：领土方面，创建一支由属民组成的平民军队增加了征服的可能性。征服领土既可以获得能分配给士兵的土地，也可以通过扩大人口基数来解决征募一支大军的问题。国内政治方面，出现这样一支军队，可能

---

① J. G. A. Pocock，《马基雅维利时刻》，前揭，页201。

② Federico Chabod，《马基雅维利与文艺复兴》，前揭，页16。

导致代表武装平民的政治需求增加。因为相对贵族而言，人民首先渴望的是不被贵族（grandi）压迫（《君主论》第9章，页39；《李维史论》卷一，第5章，页18），人民很可能由于这种结果而挥舞自己的武器。正如罗马平民把自己的武器转向为了类似保民官这样的制度而斗争，[1] 文艺复兴时期意大利的属民－士兵，也会使用自己的武器来要求公民权，或建立能保护他们免于贵族压迫的制度。

马基雅维利没有明确说出这些含义，但含蓄地指出，自己建议中的政治含义既不令人惊讶，也并非史无前例。[2] 毕竟，《兵法》敬献给斯特罗齐这位富有的贵族，且对话的参与者包括四位年轻贵族：科西莫、路易吉、扎诺比和巴蒂斯塔。科西莫和扎诺比恰好也是《李维史论》的题献对象；而马基雅维利把自己的《卡斯特拉卡尼的生平》(*Life of Castruccio Castracani of Lucca*)献给路易吉和扎诺比。如果这些年轻显贵及其同侪是《兵法》的目标读者，我们就可以想见，马基雅维利会避免冒犯他们的贵族偏见。

对《兵法》的平民主义解读，既可以解释公民－士兵这一用词的缺席，也可以解释书中为何反复提及君主和属民。也许更重要的是，平民主义的解读与以实践、身体和运动来分析战争相一致。这种分析将焦点从一般转向特殊，从指挥官转向平民士兵的运动和行为。最后，马基雅维利敌视传统上服役于贵族的骑兵，强调更加平民化的步兵，这两种做法都支持平民主义解读（另参《君主论》第26章）。既招募公民也招募属民，废除城市优于乡村

---

① John P. McCormick,《马基雅维利式民主》，前揭，页92–97。

② John P. McCormick,《马基雅维利式民主》，页36–61；Yves Winter,《平民政治》("Plebeian Politics: Machiavelli and the Ciompi Uprising")，载于*Political Theory*, 40(6), 2012，页736–766。

的传统等级制度，使步兵优先于骑兵——由此，马基雅维利清楚表达了一支可能作为新政治主体出现的军队的各种原则。[①]

言 与 行

对身体和实践的关注如何重置了军事首领的角色？君主能从我们的兵法专家法布里齐奥这里学到什么？根据《君主论》第14章，君主需要专注于兵法，因为"进行指挥的人关心"的唯一技艺就是兵法。但在《兵法》中，我们发现，该技艺更关心协调和管理一支平民军队的身体表现及空间实践，甚于关心指挥问题。因此，法布里齐奥为自己感到自豪的并非指挥能力，而是知道如何"统治"自己的下属（governare i miei sudditi）（《兵法》卷一，页19）。军事领袖的角色首先是安排和统治身体，并制造幻觉和表象，用以维持平民军队的集体主体性（collective subjectivity）。

先前讨论过的卷三的战斗场景中，火力只跟成功略微相关。在法布里齐奥的描述中，双方的火炮不是迷失目标，就是几乎没造成伤害。为了提高步兵的机动自由，火炮被撤下。长枪也是如此，撤下长枪也是为了最大程度地实现战场上的灵活性和机动性。身体协调和运动管理上的优势使对方的力量自伤己身，因此双方甚至都不需要直接遭遇。战场就像一个舞台，必须经过精确编排。战争是一场演出，或者也许是一场舞蹈：

> 因为，恰如随音乐节奏舞蹈的人随之起舞而不出错一样，

[①] Louis Althusser，《马基雅维利与我们》(*Machiavelli and Us*)，Gregory Elliott译，London，1999，页89。

一支移动时服从乐曲的军队也不会自乱阵脚。(《兵法》卷二，
页 57)

但是，这一舞蹈需要"音乐"或一种节奏，而在马基雅维利的
对话中，音乐由法布里齐奥提供，他叙述的声音，同时也是讲述和
导演这一关于运动的戏剧化表演的声音。声音的韵律为机动提
供一种节奏，正如"风管""横笛"及其他乐器为古人所做的那样
(《兵法》卷二，页 57)。反复命令读者去"瞧"和"看"，暗示在叙述
声音提供的韵律之外，这里还创造了一种视觉场景，法布里齐奥编
排了动作。因此，法布里齐奥的任务就是协调一场视听展览，并制
造一场感官表演。

马基雅维利将这种表象营造与蛮力的形象并置，后者被当作
瑞士长枪兵和戟兵的象征，他们的军事成功建立在纵深及方阵的
粗糙队列上。尽管马基雅维利在别处称赞瑞士人的良好武装及自
由(《君主论》第12章，页 50)，也称赞他们是现代战争的主人(《李
维史论》卷二，第16章，页 162)，但在《兵法》中，马基雅维利弱化
了这种赞美，他认为，瑞士人虽然在使用长枪和方阵阵型上已臻于
完善，但他们的优势因基于蛮力而"在许多方面存在缺陷"(《兵
法》卷七，页 162)。不是力量使用而是表象营造构成兵法。因此，
法布里齐奥从不建议统帅使用压倒一切的兵力；相反，他总是提出
精明的骗局和迷惑敌人的计划。[1] 法布里齐奥在卷七中说，攻击城
市的最佳方式是制造"可怕的"景象；换句话说，伪造能激起恐惧

---

[1]　参《李维史论》卷三，第14章，页 252，马基雅维利在那里讲述了苏珥
皮提乌斯(Gaius Sulpitius)的例子，他在与高卢人的战争中，在自己士兵的数量
和凶猛方面欺骗并成功地吓住了敌军。

的场景。"很多时候，根本就用不上武力，仅仅出于恐惧城镇就陷落了。"（页149）不费武力地制造恐惧是一名伟大军事首领的标志。首领应当设法分散敌人的兵力，使用计谋和圈套哄骗敌人，支配所有影响力量平衡的因素，以此改善自己的战略位置。一位军事领袖还须警惕欺诈和哄骗，绝不应信任战场上的任何表象。正如斯帕克曼所论，马基雅维利的战争事务"与残暴的武力并无多大关系，而与残暴的符号化过程关系密切"。[①]

> 最重要的策略是制造关于武力的幻觉，通过使用表象而非残暴的武力达到征服的目的。（同上，页184）

另一个表示通过使用表象而征服的词是"说服"，言的力量与物的力量之间流动易变的边界——马基雅维利正是利用了这一点——表明，军事指挥官必须是一名修辞家。事实上，在卷四中，法布里齐奥强调了演说技能对一位成功的平民军队领袖的重要性。这样的领袖应当效仿古人，那时"优秀的统帅理应是演说家"。[②]在对话中，法布里齐奥既充当统帅又充当演说家，他严格地效法了这种榜样。法布里齐奥的名字暗示他是一位战争的铁匠(fabbro)，知道如何打造(fabbricare)一支军队。fabbro就是铁匠，而铁匠知道如何锻造物体并给物质即materia塑形，马基雅维利曾以

---

① Barbara Spackman，《敌对行动中的政治：马基雅维利的〈兵法〉》，前揭，尤参页180。

② 《兵法》卷四，页98；关于作为演说家的统帅，参Ezio Raimondi，《马基雅维利与战士的修辞术》，前揭；Jacob Burkhardt，《意大利文艺复兴时期的文化》（*Die Kultur der Renaissance in Italien*），Stuttgart，1988，页18。[译注]后者的中译本参何新译，北京：商务印书馆，1997。

materia 比喻新招募的兵(《兵法》卷一, 页21)。顺及, 铁匠是法布里齐奥为公民军队招募新兵推荐的首要对象之一。他告诉自己的听众, 部队里有铁匠很有用,"因为拥有一名你能从他那里取得双重服务的士兵是件好事"(《兵法》卷一, 页26)。正如自己的同名者可发挥双重作用那样, 法布里齐奥在对话中也发挥了双重用途, 既充当军事专家又充当演说家。

身体的协调和空间的编排, 需要懂得怎么讲的首领和懂得怎么听的部队来维持。对部队的演讲"驱除恐惧, 点燃斗志(accende gli animi)……赞誉, 辱骂, 成就人类激情所据以被扑灭或激发的一切事情"(《兵法》卷四, 页98)。军事史家经常责备马基雅维利未能领会火器的革命性特征。[1] 这些有关烟火的比喻(点燃和扑灭)暗示, 马基雅维利绝非对战争中燃烧的作用不感兴趣, 但他对燃烧的首要兴趣不是发生在枪管中, 而是发生在对身体情感的控制中。通过关注各种激情,《兵法》示意《君主论》的读者们, 统帅与部队的关系等同于君主与属民的关系, 这一类比稍后在卷七(页160-162)得到强化。正如马基雅维利呼吁君主要凭借属民的爱戴和恐惧来统治他们(《君主论》第17章), 军事指挥官也要凭借士兵的各种激情, 调动他们的力量。

---

[1]　Martin Hobohm,《马基雅维利对兵法的复兴》(*Machiavellis Renaissance der Kriegskunst*), 2卷本, Berlin, 1913; Azar Gat,《马基雅维利与战争研究中历史教训的古典观念的衰落》("Machiavelli and the Decline of the Classical Notion of the Lessons of History in the Study of War"), 载于 *Military Affairs*, 52(4), 1988, 页203–205; Ben Cassidy,《马基雅维利与进攻观念》("Machiavelli and the Ideology of the Offensive: Gunpowder Weapons in the Art of War"), 载于 *The Journal of Military History*, 67(2), 2003, 页381–404; 针对这一指责而为马基雅维利作的热烈辩护, 参 Allan H. Gilbert,《马基雅维利论火器》, 前揭。

结　论

至此，我们似乎已经绕了一圈。马基雅维利解释了军事首领制造预测、表象和幻觉的作用，使战争技艺再次接近《君主论》中描述的治国技艺。马基雅维利在《君主论》中给出的重要教训之一是，政治是一个容纳诸表象的空间，政治人物则是舞台上的演员。毕竟，一位成功的君主不需要具备道德品质；他只须"显得具备它们"（《君主论》第18章，页70）。换句话说，他必须是一个"伟大的伪善者和假好人"（gran simulatore e dissimulatore，《君主论》第18章，页70），一个制造表象的演员，他不仅制造公众人物的表象，而且制造权力与随之而来的统治之间的关系的表象。

事实证明，戏剧性不仅构成马基雅维利的政治学，[①] 也构成他对战争的理解。传统悠久的政治和军事理论视战争为残暴的武力以及暴力的简单部署，与此相反，马基雅维利坚持战争的表象维度。正如马基雅维利呼吁君主要把政治想象成诸表象的领域，首领也必须把战争设想为受感觉和知觉调节。因此，不仅君主必须变成战争技艺方面的专家，首领也需要成为国家技艺方面的专家，以便掌握统治一支由士兵组成的军队所必需的表演。《君主论》引导它的读者去读马基雅维利的《兵法》，以便成为兵法专家，《兵法》则把读者领向《君主论》以便学习治国技艺——这一为兵法所

---

① Wendy Brown，《文艺复兴时期的意大利：马基雅维利》，前揭，页146–150；Norman Jacobson，《傲慢与安慰》（*Pride and Solace: The Functions and Limits of Political Theory*），New York，1986，页34以下；Maurice Merleau-Ponty，《关于马基雅维利的笔记》，前揭。

要求的范式技能(paradigmatic skill)。

但在《兵法》的结构中,首领的有利位置只体现了两个角度中的一个,马基雅维利通过分析作为一种社会实践的战争并支持建立一支平民军队,补充了这一视角。马基雅维利主张的平民民兵,很可能逐渐发展成一个无法预料且难以控制的政治主体,有可能毁灭平民民兵意欲为之服务的政治秩序。因此,调节战争与政治关系的,不是君主与统帅之间的借喻关系,而是两个截然不同的视角的并置:一个是君主的视角,他受鼓动去建立一支军队,以解放意大利;另一个是君主的武装属民的视角,他们的共同实践有可能引入一种超出君主控制的政治教育。因此,很多解释者提出的关于战争与政治融合的观点需要得到改正。对君主而言,政治可能是一种战争,但对士兵们而言,战争也是一种政治。而且,尽管战争与政治在顶端是兼容的,但两者在底部并不兼容。君主可能是统帅,但士兵们并非自动就是公民。在《兵法》中,平民军队不单是君主用来获得和保持权力的工具,它还作为一种激起属民的某种德性的机制出现,这种德性能被调动起来用于文明和不文明的活动。

根据马基雅维利的军事著作定位战争-政治关系,凸显了组成战争事务的实践、程序和技术的政治面相。战争-政治的分化对现代自由国家的政治想象非常重要,马基雅维利在《兵法》中传达出这种分化的复杂性所在。这样,《兵法》就给军事事务与公民事务之间保持稳定且牢固的间隔这一可能性蒙上了一层怀疑色彩,相反,《兵法》凸显了单个士兵以及作为整体的军队根本上作为政治构想的无数种方式。作为政治构想,士兵和军队也是政治动荡和变革的前沿地带。

鸣　谢

　　本文的较早版本曾提交给在西雅图召开的美国政治科学协会年会(2011年)和麦吉尔大学的宪法研究课题组。我想要感谢以下诸位的意见和建议：Sonali Chakravarti、Joshua Chambers-Letson、Julie Cooper、Joseph Fitzpatrick、Jimmy Casas Klausen、Hagar Kotef、Jacob Levy、Catherine Lu、Robyn、Marasco、Katrin Meyer、William Roberts、Shalini Satkunanandan、Christa Scholtz、Hasana Sharp、Robert Sparling、Sharon Stanley 以及 Benjamin Wurgaft。

马基雅维利的军事方案及其《兵法》

霍恩奎斯特(Mikael Hörnqvist)　著

在马基雅维利的学术研究中,军队所占的地位尽管无可争议,却也不无矛盾。大多数论者同意,马基雅维利对军事事务的关心处于其政治思想的核心,且当时意大利的军事危机决定性地影响了他的观点。马基雅维利认为军队和军事力量是国家间关系的决定性因素,这一点得到广泛认可。学者们也同意,起草1506年新的佛罗伦萨民兵条例,是马基雅维利秘书长生涯中一次影响其思想的重要经历;而关于一支征召军队(conscript army)或公民民兵(citizen militia)的思想,是马基雅维利受古典影响的共和主义的关键因素。

尽管人们广泛认同军队在马基雅维利思想中的地位,但迄今为止,他最系统、详细地分析军事组织和战争模式的著作《兵法》(1521年),在其主要作品中始终研究得最少。如何解释这一矛盾?对《兵法》相对缺乏兴趣说得通吗?本文分析马基雅维利的军事经历及其讨论军事问题的著作,并对《兵法》作一评论。我将对比这一晚期作品与马基雅维利写于早期的、与民兵方案有关的备忘录,以及他在《君主论》和《李维史论》中关于军事事务的理论,由此追问两个问题:《兵法》如何以及在何种程度上有助于我们全面理解马基雅维利的政治和军事方案? 他的军事经历,以及他在

1506年的民兵条例中扮演的角色，以何种方式准备或预示了其主要作品中关于军事事务的观点？

必须在意大利战争及意大利军制在16世纪前后遭遇的普遍危机这一语境中，来看待马基雅维利的军事经历和理论。在火器，包括野战火炮和手持武器开始在战场上起更重要作用的时代，中世纪的军事组织和战争模式迅速变得过时。佛罗伦萨的情形尤其令人担忧，因为这座城市顽固地拒绝引入必要的军事改革，而其他意大利城市国家15世纪就已开始实施这些改革了。佛罗伦萨的邻邦都在尝试政府控制军队的新模式，为军事问题创建专门的行政机关，并提高税收以支持常备军的建立，而这时，佛罗伦萨共和国的富商们仍不愿为维持永久的军事组织提供财源，继续依赖短期雇佣军保卫城市。这一政策阻碍佛罗伦萨扩张并向托斯卡纳及中意大利推进霸权，城市没有武装，虚弱，面对外敌入侵根本无力抵抗。1494年的法兰西入侵，导致美迪奇家族遭到驱逐，共和国失去大部分重要的附属城镇及比萨的港口，自那以后，很多批评者，其中最重要的就是马基雅维利，尖锐抨击上层集团领导不力，忽视军事事务。

1499至1503年，马基雅维利以政府特使身份出使皮斯托亚和阿雷佐，在此期间，以及在他担任第二秘书厅秘书长，负责处理佛罗伦萨与其属地的关系期间，他亲身经历了这一军事危机和佛罗伦萨领地国家的崩塌。瑞士人试图模仿古代罗马的民兵，博尔贾努力把自己塑造成古代军事领主的现代版，马基雅维利受这些人以及他本人所读的古代史家和军事专著的影响，开始发展为佛罗伦萨制定新的民兵条例的想法。这一想法最早出现于他1504年5月的通信，那年晚些时候，他在第一篇《十年纪》中谈到佛罗伦萨的军事弱点，那是一篇以诗体写作的意大利编年史，内容始于1494年法兰西的入侵。马基雅维利早就知道，不可能武装一座充满派系斗争的城市,因此他接受了这一折中方案:从紧邻的周围乡村(即城郊[contado])招募一支农民民兵。他的提议中最为新奇的想法是:以业余士兵为基础,在整个地区创建一个永久的军事组织,甚至在和平时期仍持续招收和训练士兵。

1505年夏季和秋季,雇佣军在比萨前线的糟糕表现为建立民兵铺平了道路。经过正义旗手索德里尼及其兄弟沃尔泰拉枢机主教弗兰切斯科的聪明操作,这一提议在立法委员会得以顺利通过。1505年12月30日,马基雅维利被派往穆杰洛(Mugello)和卡森提诺(Casentino)地区,开始招募、装备和训练15岁到40岁的应征者。在早期阶段,他密切参与这一方案的所有层面。也许是得到马基雅维利推荐,博尔贾以前的心腹、因残忍而臭名昭著的西班牙头领科雷利亚(Don Miguel de Corella,在意大利以Don Michele或Micheletto知名),被雇为"城郊和乡镇的守卫队长",在新民兵中及整个城郊整肃纪律。1506年,马基雅维利写了《论组建民兵的理由》("Cagione dell'Ordinanza"),又名《论佛罗伦萨军队的组建》("Discourse on the organization of the Florentine state for arms"),他在文中为新民兵辩护,并概述新民兵的结构,还解释了为什么出于安全考虑,征兵要从城郊而不是城区或边远的乡镇开始。委员会于1506年12月6日正式批准组建民兵,并决定在和平时期将其委托给一个新的机构,即民兵九人委员会照管,而在战争时期则由外交政策与军事事务十人委员会照管。1507年1月10日,经选举产生了第一个九人委员会,马基雅维利担任秘书长,他同时还担任第二秘书厅秘书长和十人委员会秘书的职务,直至1512年。

马基雅维利从未在战场上指挥部队,但在担任九人委员会秘书长期间,他获得了关于军事事务的广泛而直接的经验。除了管理与那些监督军事活动的文职专员的官方通信之外,他的日常职责还包括雇用队长以及训练和装备民兵连。他在比萨城外的佛罗伦萨军营度过了1508和1509年的冬天。1509年3月7日,他在皮翁比诺(Piombino)就该港口的移交事宜进行谈判;1509年6月4日,当比萨正式签署投降书时,他是联署者之一。收复比萨可以说是马基雅维利秘书长生涯的顶点,自此之后,他似乎将注意力从民兵移开了,除了两条与这一主题略微相关的备忘录之外,几乎没有迹象表明他在从政的最后几年参与了军事活动。1512年8月29日,主要由民兵组成的佛罗伦萨军队在普拉托被西班牙部队打垮,此时马基雅维利显然没有在场。这一事件最终导致了9月份美迪奇家族的复辟,并导致了共和国以及马基雅维利的民兵的瓦解。

引入民兵是马基雅维利从政生涯中记录最详的事件之一。借助各种出版和未出版的资料,我们得以窥见该方案背后的思想并详细追踪他施行方案的过程。除了上文提到的《论组建民兵的理由》,马基雅维利还写了几篇备忘录,广泛地处理新兵招募、民兵连的组织、将领的权威、惩罚的实施、部队纪律、骑兵改革、围攻比萨可用的方法、选举新的步兵队长等问题。他的通信以及他在《李维史论》和《兵法》中的回顾性评论,为我们理解他在这一尝试中的角色提供了很好的帮助。他的同时代人也提供了其他有价值的描述,尤其是圭恰迪尼的《佛罗伦萨史》(Storie fiorentine)。

在民兵备忘录中,我们第一次发现构成马基雅维利军事思想的核心观念:一个国家有自己的武装(arme proprie)非常重要。凭借这一人文主义者的老生常谈,他坚决主张,经验表明,从自己统治的属民中培养出来的部队比外国雇佣军更可靠。在这些早期作品中,马基雅维利宣称"自己的武装"是所有成功国家的奠基石。《论组建民兵的理由》的序文断言,在所有帝国、王国、君主国、共和国以及任何运用权力的地方，基础都必须是"正义和武装"；他雄辩地指控佛罗伦萨"几乎没有正义且根本没有武装"，并谴责共和国基础软弱，面对外部威胁时不堪一击。佛罗伦萨人在过去的百年里"没有武装"也过来了，还在每种程度上保持着自己的独立，这虽是历史事实，但不应使他们相信自己可以在未来继续如此。马基雅维利声称，时代变了，为了保持自由，城市必须将自己武装起来，并通过公共法令采用新的军事结构。① 在1506年12月创立民兵的法令中，马基雅维利回到共和国的基础在于武装这一主题，在将该主题应用于佛罗伦萨时作了轻微但重要的调整。他在该法令中也说，所有共和国，就得到维持和发展而言，"其首要的根基乃是两样东西，那就是：正义和武装"。② 但与他在《论组建民兵的理由》中所写的情况相反，佛罗伦萨现在据说有"良好和神圣的法律"以及相当稳固的司法机关，所缺唯武装而已。无疑，作出这一改变是为了不冒犯他的政治上级——如果这一提议有任何机会在立法委员会获得批准的话。

但"自己的武装"及在城郊招募步兵如何能有助于佛罗伦萨的重建？为了追踪马基雅维利的这条思想线索，有必要更加仔细地观察他在最初几年如何组织和使用民兵，以及为此而通过的法令所用的语言。这些文本似乎表明，这一方案的监督和执法功能，

----

① 《论民兵组建的理由、安置地与必要事宜》(La cagione dell'Ordinanza, dove la si truovi, et quel che bisogni fare)，参Machiavelli，《作品全集》(Tutte le opere)，Mario Martelli编，Florence，1971，页37–40(38)。[译注]中译参马基雅维利，《政务与外交著作》，前揭，页905–909。

② 《步兵条例，1506年12月6日》(Provvisione prima per le fanterie, del 6 dicembre 1506)，参Machiavelli，《作品全集》，前揭，页40–47(40)。[译注]中译参马基雅维利，《政务与外交著作》，前揭，页910–918。

与建立一支战斗部队的功能相比,不是一般重要,就是更加重要。这些作品持续地关注不服从问题、不规矩行为以及民兵和全体城郊人口中的大叛乱。不管民兵的更大目标是什么,几乎没有疑问的是,民兵的组织者,至少在某种程度上,视民兵为一种将城郊属民与共和国连接得更为紧密的强大工具。理解民兵这一方面的关键是,在马基雅维利的"自己的武装"这一概念中,"自己"指的不是那些持有武器的个人,而是向他们发号施令的国家或城市。记住这一点也很重要:马基雅维利的民兵连,并非由那些为了共和国的共同防御而聚在一起的城市居民或富裕的农村有产者组成。相反,他们是没有或只有有限公民权的农民,受法令强迫而服役。应征者被置于共和国及其将领们的权威之下,装备的武器不是他们的私人财产,而属于佛罗伦萨共和国。以此方式,倘若如愿,武器以及随之而来的纪律和组织会起到一种统一元素的作用,将之前结构松散的佛罗伦萨领地国家紧密相连。

在城郊制造忠诚的属民这一运动也以另外几种方式进行。马基雅维利很重视将领的权威,以及他们惩罚那些不听招呼或不服从命令的应征者的权力。从针对轻微犯罪的罚款,到针对擅离职守和参与武装政治斗争的死刑,惩罚形式多种多样。官方通报提及针对城郊的严厉惩罚,甚至包括烧毁房屋。毫不奇怪的是,考虑到马基雅维利对该方案的参与,以及新近萨沃纳罗拉布道的影响,宗教信仰以及对上帝的恐惧也被调动起来,用于强制服从和建立忠诚关系。1506年12月的法令要求应征者手按神圣的福音书,以"最有效的对灵魂和身体两方面都有强制力"的言语宣誓,与此同时,他们还被告知各种易犯罪行的惩罚。通过使用不同的标志,能够清楚地看到城郊被组织和划分成各地方民兵连。引入新条例也意味着,带有佛罗伦萨标志——马尔佐科

(Marzocco)^① 的狮旗,将在所有乡村的上空飘扬,尤其在假期,那时各民兵连都在训练。鉴于这一证据,马基雅维利在1506年1月致十人委员会的一封信中所说,新条例是"一个改革行政区的方案"(una impresa di riformare una provincia),^② 就几乎不能被指责为夸大其词。但随之而来的对城区的武装——如《论组建民兵的理由》中所规划的(尽管从未实现)——是否意味着这一纪律改革向首都的延伸?

马基雅维利清楚地意识到,在佛罗伦萨引入新的军事秩序是一个渐进的过程。1506年最初的条例把应征者限制在城郊农民,而不包括佛罗伦萨公民,这样的民兵与古代罗马民兵几乎没有共同之处。然而,马基雅维利及其最亲密的伙伴们的意图在于,将条例延伸到城区和乡镇的附属城镇。他在《论组建民兵的理由》中为一开始不武装乡镇的附属城镇给出了理由,该理由似乎坦率且充分。城郊居民之可靠,是因为他们除了佛罗伦萨便无处寻求保护,因此"不认任何其他保护人",而乡镇(distretto)的附属城镇,比如阿雷佐、圣西波尔克罗、科尔托纳、沃尔泰拉、皮斯托亚、科莱、瓦尔德萨和圣吉米尼亚诺,常常公然与佛罗伦萨为敌,只求恢复自己的独立。如果佛罗伦萨为这些城镇提供武器,它们最有可能用来反抗佛罗伦萨,而非保卫共和国对抗外国政权。因此,必须等到城郊已完全军事化组织起来之后,才能武装乡镇。至于为什么武装佛罗伦萨本身也应推迟,马基雅维利变得有点闪烁其词。他提

---

① [译注]马尔佐科这一名字据说源自战神(Martius)一词,是佛罗伦萨共和国的标志,形状是一头雄狮。最著名的马尔佐科雕像出自多纳特罗(Donatello, 1386—1466)之手,原作今已不存。

② Machiavelli,《出使与特派》(*Legazioni e commissarie*), Sergio Bertelli编,三卷本,Milan, 1964,卷二,页927。

出,因为城市的角色是下命令和提供骑兵,又因为学习下命令比学习服从更难,因此一开始在城郊强制服从,比一开始在城市任命将领更可取。这很难说是一个令人满意的解释,但是,这一看似无力得不同寻常的论据,多半应视为对一个敏感话题的巧妙处理。据圭恰迪尼的说法,接受民兵的首要障碍之一,是普遍存在于佛罗伦萨领导层的恐惧:他们生恐索德里尼及其支持者们会用民兵来攫取专制权力。[①] 将城市的武装推迟到一个遥远且未明言的未来,是有助于民兵成为可能的战略性妙举之一。

1512年,民兵在普拉托耻辱地失败,马基雅维利随即被免职,这些丝毫没有抑制马基雅维利对军事问题的兴趣;他晚年被任命为佛罗伦萨城防工事的巡视员,对军事问题的兴趣始终不减。他的各主要作品突出展示了这一兴趣。尽管散见于其外交报告和备忘录的文字清楚表明,马基雅维利在1512年之前就已开始发展一种将政治考虑与军事考虑联合起来的综合理论,但为了获得更系统的论述,我们必须转向其后秘书长(post-chancery)生涯的理论著作。

《君主论》关于军事事务的论点,大致可概括为三个据认为与上述民兵文件有关的要点:国家的基础在于武装;"自己的武装"这一概念;引入新的军事秩序是一个渐进过程。《君主论》宣称,"好的武装"结合好的法律和好的习俗,是所有强大国家的基础,这呼应了《论组建民兵的理由》中的观点。根据第12章,好的武装甚至比好的法律更加基本,因为"没有好的武装的地方就不可能有好的法律,而有好的武装的地方就一定有好的法律"。《君主论》的明确目标,是在意大利中部建立一个军事上强大的新君主国,马基

---

　① Francesco Guicciardini,《佛罗伦萨史》(*Storie fiorentine*), Alessandro Montevecchi编, Milan, 1998,第26章,页417–428。

雅维利在那一章征引著名的萨沃纳罗拉，暗示佛罗伦萨缺乏武装。这位多明我会修士在1494至1498年间通过圣马可讲坛和大教堂，影响了佛罗伦萨的政治。得势之初，萨沃纳罗拉以先知身份宣布神启，他的政治和宗教改革获得了普遍支持。但马基雅维利在第6章评论说，当佛罗伦萨人开始怀疑他时，这位修士缺乏必要的手段"使那些曾经信仰他的人们坚定信仰"，也无法"使那些不信仰的人们信仰"。在一个著名段落中，马基雅维利说，跟所有"非武装的先知"一样，萨沃纳罗拉"同他的新制度一同毁灭了"。假如萨沃纳罗拉能够以武装力量支持自己的创新和神启，他就能保持"强大、安全、尊荣和成功"。马基雅维利在《李维史论》(卷三，第30章)中又谈到这一事件，他从中得出的教训是：宗教以及一般意义上的修辞操控，能使权力里里外外都带上一种使事物正当化的、动员性的姿态，但不能代替武装成为权力本身的可行和持久的基础。

在《君主论》第12和第13章，马基雅维利旗帜鲜明地宣告他对"自己的武装"胜于雇佣部队的信仰，并攻击意大利的雇佣军体系。他将武装分为三类，"自己的武装"、援军和雇佣军，视后两者为完全无用而摒弃之。在大多数情况下，援军和雇佣军完全有害，因为这两种武装不忠、贪婪、野心勃勃，并且缺乏团结、纪律以及对上帝的敬畏。即使援军和雇佣军有时证明在军事上有效，它们仍然危险，因为自利以及对权力的渴望使之成为对雇主国的一个威胁。相反，本国军队则更忠诚、更可靠，而且作战更有决心，因此是各共和国的首选，也是君主们的首选。"自己的武装"是德性的标准，因此是一种与机运斗争并掌控机运的手段。一个缺乏自己的武装的君主国不可能安全，因为"它完全依靠机运"，并且不具备用以"在不利的情况下"防卫自己的德性。①

在《君主论》中，以"自己的武装"建立牢固的基础本身并非终点，而是某一过程的起点。马基雅维利不厌其烦地描述了博尔贾努力从对别人武装的依赖中解放出来，这一点在其叙述中极为明显。博尔贾以无情的诈骗解决了他自己的军阀奥尔西尼(Orsini)、维泰利(Vitelli)、费尔莫(Oliverotto da Fermo)及其他人，之后，也许还带着法兰西国王的祝福，博尔贾开始拉开自己与法兰西人的距离，寻求新的联盟并在罗马涅加强自己的权力根基。马基雅维利认为，当博尔贾的父亲教宗亚历山大六世(Alexander VI)于1503年意外去世之时，这位公爵在为自己未来的权力打下坚实基础的道路上已经行了很远。尽管他未能完全实现自己的军事和政治方案，但他毫不妥协地追求一个基于自己的武装的坚实基础，使他在马基雅维利眼中成为新君主们应该仿效的楷模。

在《李维史论》中，马基雅维利重复了自己的这一信念：一支好的民兵是任何强大国家的基础，没有军队的支持，什么好东西都不能够持久。他的主要例子是罗马富有传奇意味的建国，罗慕路斯杀死兄弟，使自己成为这座城市唯一的统治者，把权力授予元老院，只给自己保留召集元老院会议和发号施令的权利(《李维史论》卷一，第9章)。据马基雅维利所言，这一罗马的例子告诫人们，应该将行使军事指挥权和控制军队视为君主独有的特权。在描写罗马前91至前89年同盟战争(Social War)的胜利时(《李维史论》卷二，第4章)，马基雅维利进一步宣讲不应信任别人的武装这一教训。有一段时间，罗马人允许诸意大利同盟与他们生活在平等的法律之下并参与他们的征服，但仍为自己保留了"大权在握的职位

① Machiavelli，《作品全集》，前揭，页278。

和发号施令的权利"。后来，诸意大利同盟反叛罗马日益增长的权力，这一进取模式中所蕴含的智慧方变得清晰起来。罗马新近征服的非意大利属民服从罗马将领，把罗马而非罗马的诸同盟视为保护人和领主。因此，罗马人现在能以罗马的武器装备他们，利用他们造成钳形攻势以镇压暴动。这个例子进一步凸显了马基雅维利的"自己的武装"这一观念易扩张的、固有的帝国主义本性及其与主权、征服和领土控制之间的联系。

　　如果说，《李维史论》中的古代罗马共和国是"自己的武装"的德性典型，那么，当代佛罗伦萨的例子正好表明了忽视这一建基原则的代价。马基雅维利指出，佛罗伦萨起源于罗马治下一个不自由的殖民地，为了走出其强大建立者的阴影，曾奋斗了很长一段时间。这座城市最终开始塑造自己的制度，但它以一种独特的方式完成，结果成了集新旧元素于一身的杂乱的混合物。因此，佛罗伦萨从未成为一个真正的主权国家或名副其实的共和国（《李维史论》卷一，第1章；卷一，第49章）。索德里尼是佛罗伦萨的终身正义旗手，马基雅维利的上级和保护人，这位前秘书把索德里尼当作一位潜在的奠基者，这解释了为何索德里尼没能为佛罗伦萨奠定它如此亟需的基础。萨沃纳罗拉雄心勃勃的方案被击败，是因为这位修士缺乏武装，而索德里尼垮台，则是因为他不愿将军队置于自己的掌握之中。

　　尽管有人劝索德里尼用武力去对抗旧的美迪奇政权的支持者，用马基雅维利的话说就是去"杀死布鲁图斯诸子"，但索德里尼本人对和平方式与文明制度的信念阻止了他听取这一建议。相反，索德里尼试图"凭耐心与善良"战胜自己的对手，结果后者终于使他丧失了权力（《李维史论》卷三，第3章）。索德里尼的失败表明，在马基雅维利的思想中，如果要武装佛罗伦萨并引入民兵条例,以给共和国奠定强大的基础,需要何种手段。城郊的整顿是这个过程的重要一步,但这一步本身还不够;这一过程还要求毫不妥协地执行法律以及残酷镇压政权的反对者,包括美迪奇家族的支持者以及不肯让步的显贵们,后者在《李维史论》中被称为自由之敌。

在《李维史论》中,通过民兵,马基雅维利逐渐将引入好的武装和好的法律这一渐进方法,发展成一个羽翼丰满的理论。引入"新的法律和制度"无非两途,要么毕其功于一役(a un tratto),要么日积月累(a poco a poco)(《李维史论》卷一,第2章;卷一,第18章)。建立罗马共和国并随后杀死布鲁图斯诸子,可以看作第一种战略的例子,而罗马宪政的长期发展则是第二种方式的缩影。马基雅维利将建立保民官制度、完成混合政体之后的罗马描述为"完美的共和国"(perfetta republica),尽管如此,罗马在必要时还是不断改变自己的法律和制度。逐步发展在罗马的帝国战略中也很明显,马基雅维利欲使佛罗伦萨在与附属城镇和邻邦打交道时仿效之。1506年的民兵方案很适合这一理论,因为该方案的终极目标不仅仅是为佛罗伦萨提供武装,也是大战略的第一步,这一宏大战略会给这座城市带来法治,并且也许在不久的将来给共和国带来帝国般的伟大。

民兵方案旨在通过引入"自己的武装"制造服从、忠诚和爱国的属民,而《李维史论》可以说为这一计划提供了理论基础。按马基雅维利受古典影响的共和主义,并非独立个人或自由公民聚在一起就是共和国。相反,好的且有公德的公民是从顺服的属民中创造出来的,后者已学会尊重法律、为国服务,并置公利于私利之上。公民们意识到,自己除了那些由国家授予的权利之外便不再有任何权利,这样,在他们中才可以引入武装,创造一支由自由公民组成的本国民兵。只有在这样一个共和国中，我们才能期待，有纪律的公民不会把自己的武器用于自相残杀或争夺共和国内的权力，而是在国界外寻求荣耀，将武器用于共和国的扩张和领土增长。现在武器掌握在公民手中，但更加重要的是，事实上他们服从于共和国及其领袖的命令和指导。这样的武装可用于保卫共和式的自由和获取帝国般的伟大。没有它们就没有主权。这是马基雅维利的"自己的武装"的更宏大的含义。

《兵法》很可能写于1519年，出版于1521年，是马基雅维利生前出版的唯一一部主要作品，它如何促成了马基雅维利的"自己的武装"理论和军事改革呢？《兵法》是否代表了马基雅维利军事思想的进一步发展？《兵法》题献给斯特罗齐——在那段时间他帮助马基雅维利与美迪奇家族达成和解——是马基雅维利以人文主义对话形式写作的唯一尝试。对话发生于1516年的鲁切拉伊家族庭园，即奥里切拉里花园，那里是美迪奇家族于1512年复辟之后，那些有共和倾向的人文主义者和年轻显贵们聚在一起讨论文学、哲学、古代史和政治的地方。对话的主讲人是著名的军事统帅和雇佣军首领法布里奇奥，我们从卷一开头得知，他之前在伦巴第为西班牙国王斐迪南不久前发动的战争效力，现在，他南归途经佛罗伦萨，受邀到鲁切拉伊家族庭园讨论战争。法布里齐奥受到主人科西莫以及扎诺比、巴蒂斯塔和路易吉的欢迎，这些人都是对话中的辅助角色。马基雅维利说自己当时也在场，但没有参与讨论。因此，这篇对话声称是对发生在奥里切拉里花园的一次真实聚会的实际描述，但是，我们会看到，这一叙述框架是迷惑人的。

尽管场景设置和演员阵容似乎听起来大有看头，但《兵法》是一次笨拙的尝试，试图将柏拉图和西塞罗所启发的人文主义对话形式，与尤其以韦格蒂乌斯的论著为代表的古代军事论著的主题结合起来。由于法布里齐奥的支配和训导姿态,《兵法》缺乏其他文艺复兴时期对话的戏剧性和多义魅力,比如布鲁尼的《与佩特伦·希斯特伦的对话》(*Dialogi ad Petrum Histrum*)、布拉乔利尼的《论贪婪》、瓦拉的《论享乐》,以及圭恰迪尼的《关于佛罗伦萨军团的对话》(*Dialogo del reggimento di Firenze*)。在单方面依靠主讲人的发言这一点上,《兵法》更接近于模仿帕尔米耶里(Matteo Palmieri)的《公民生活》(*Vita civile*),《公民生活》中,一位智慧的长者教导两位年轻的佛罗伦萨统治阶级成员,向他们传授何为构成共和公民义务的伦理原则。

《兵法》的明显目标是为古代罗马军事模式的复兴提供蓝图,并规定战争和一支正确组织的军队在国家政治和公民文化中的适当位置。除了一篇简短的献词,全书分为七卷,极其技术化地处理了古今军事生活很多方面的细节。卷一始于法布里齐奥与科西莫之间一次有趣的交锋,主题关乎模仿古人的可能性(以及为何法布里齐奥本人没有实行自己赞美的模式)和佛罗伦萨民兵的表现——我们还会回到这一话题。在卷一和卷二,法布里齐奥提出了自己关于如何征募、酬劳、武装、训练及整顿部队的观点。卷二还有一个有意思的注释,涉及军乐对士气的影响。卷三和卷四讨论战斗秩序,包括行军和作战的阵型、各种战术以及步兵和骑兵的协调。卷五更多地谈论行军秩序、物资供应、通信和情报。法布里齐奥在卷六谈到扎营和撤营的相关问题,还详述了罗马军营的组织,并论到间谍的使用和纪律的重要性。卷七处理筑垒、围城以及火炮的优势和缺点,结尾哀叹意大利君主们的失败,指出他们应对意大利的积弱承担罪责。

这些冗长的谈话之间,散落着对著名的马基雅维利式主题的详尽阐述。《兵法》跟随由那些民兵著作所确立,并由《君主论》

和《李维史论》所继承的论证路线，同意国家的基础必须在于武装这一学说。当法布里齐奥在卷一如此宣称时，我们并不觉得陌生："共和国或王国的建立者无一不认为，国家必须依靠本国居民的武装来保卫"，[①] 如果没有军事力量的支撑和防卫，一切人类努力和制度都将白费。在《君主论》第25章，马基雅维利将用于抵挡外敌入侵的军事防御比作堤坝和水渠，修筑后者是为了控制泛滥的洪水；在《兵法》献词中，马基雅维利又将军事防御比作王宫的屋顶，没有屋顶，所有室内的豪华装饰都将被暴雨冲毁（同上，页301）。而且，我们再次得知，军队的力量在其步兵。典范就是古代罗马共和国及其公民军队，现代瑞士人在效仿这一典范时取得了相对成功。对雇佣军言过其实且常常相当谬误的批评，以及赞同"自己的军队"的论点，马基雅维利显然乐意将其放在法布里齐奥口中，后者是一名雇佣兵，他的职业军事生涯与他赞美的公民军队典范自相矛盾。

《兵法》的技术性很大程度上解释了为何这一作品受到相对较少的批评和关注。以下事实可能是另一个原因：与《君主论》和《李维史论》相比，《兵法》在政治和军事事务方面，尤其在推行扩张主义外交政策的必要手段方面，采取了更加传统的观点。在《君主论》中，马基雅维利鼓吹精确而自利地使用欺诈和残忍，力劝自己的身为君主的读者专门致力于战争的方法与实践；而在《兵法》中，他让法布里齐奥谴责将战争当作专职，战争"技艺"与业余的公民–士兵相对，因为专职会迫使战士每时每刻都"贪婪、欺诈和暴烈"（同上，页305）。在《李维史论》中，他高度赞扬古罗马共和国的那些伟大的征服者，像曼利乌斯（Manlius Torquatus）和卡米路

---

① Machiavelli,《作品全集》，前揭，页312。

斯(Furius Camillus)，他们的勇敢、无情和欺骗能力帮助罗马共和国
崛起成为伟大的帝国。相反，在《兵法》中，他却赞扬早期共和国
的军事首领，他们获得荣耀不是因为精于使用武力和欺诈，而是因
为行事近于"能人兼好人"(valenti e buoni，同上，页305)。我们发
现，对马基雅维利式军事领主的这一审查，与这部作品普遍贬低诡
计多端的个人在军事事务中的作用有关。《兵法》将德性这一品质
归于秩序、制度、集合体、行动和马匹，而很少归于个人。书中强
调传统上可接受的手段以及战争的集体性和制度性方面，这就有
意或无意地大大减弱了马基雅维利早期论点的锋芒。

与其假设马基雅维利在《兵法》中放弃了自己的早期立场，倒
不如认为以下猜测可能更加合理：马基雅维利突然恪守传统，意在
缓和围绕自己名字的争议。人们很难不怀有这种印象：这位前秘
书写作此书时，一只眼睛瞄着美迪奇家族，将自己理论中可能冒
犯到他们感情的片段清除掉，急于守住或至少不危及他未来的任
命或职位，尽管这并不必然排除《兵法》中也包含颠覆性的潜台词
(同上，页306)。写作《佛罗伦萨史》这一任命正等着他，而且以下
假设并非不着边际：他也设想能在美迪奇家族于1515年重建的新
民兵中有一席之地。我们或许可以把他的策略理解为对环境的审
慎适应，但该策略也促使《兵法》成了一项比马基雅维利较早的作
品更加传统而更少大胆的计划。

这一假说表明，马基雅维利写作《兵法》的主要目标之一，是
以军事专家的身份推销自己，与他在《君主论》中把自己展示为政
治事务方面的权威及美迪奇家族的潜在顾问并没有什么不同。我
们也需要在这一背景下理解《兵法》为何提及佛罗伦萨民兵。在
卷一中，法布里齐奥刚开始展示自己的军事改革计划，科西莫就打
断他，指出该计划与佛罗伦萨1506年的民兵条例是多么相似。这

一评论引得法布里齐奥与科西莫之间就马基雅维利的民兵的利弊问题(pros and cons)展开了一次有趣的交锋：

> 科西莫　因而你会想要组建一支类似于在我们国家里的民兵?
>
> 法布里齐奥　你说得对。诚然，我不知道你们是否已经按照我会武装、率领、训练和指挥他们的那种模式安排了他们。
>
> 科西莫　那么你赞赏军兵?
>
> 法布里齐奥　为什么你希望我谴责它?
>
> 科西莫　因为许多明智的人总是谴责它。
>
> 法布里齐奥　你这就自相矛盾了，一个明智的人谴责民兵? 他怎么会被认为是明智的，却又被证明是错误的。
>
> 科西莫　民兵的蹩脚表现总会使我们有这么一种看法。
>
> 法布里齐奥　要知道，这不是你们的过失，更不是民兵的过失；在这次讨论结束以前，你会认识到这一点。[①]

当科西莫使法布里齐奥直面武装人民这一思想通常都会受到的批评时，法布里齐奥附和马基雅维利1506年的《论组建民兵的理由》，反驳说，只要以合法和有序的方式去做，武装自己的公民和属民绝不会造成伤害。打退科西莫的进攻之后，法布里齐奥接着开始反攻，他批评"你的这些明智之人"(questi vostri uomini savi)——马基雅维利对佛罗伦萨领导阶层中那些民兵反对者的讽刺性说法——不应当谴责民兵，而应当致力于纠正民兵的弱点。

---

① Machiavelli，《作品全集》，前揭，页310–311。

该怎么做,法布里齐奥承诺会在讨论过程中加以说明。①

在一份简短的、关于洛伦佐·德·美迪奇(Lorenzo de' Medici)计划于1514—1515年组建一支新民兵的备忘录里,马基雅维利回顾了1506年的民兵条例,将其缺点归于士兵太少且未全副武装这一事实。② 在《兵法》中,马基雅维利让法布里齐奥说,后者会以一种不同以往的方式"武装、率领、训练和指挥"应征者。这是对第一次民兵方案之实现方式的公开批评,不应令人惊讶,因为那时马基雅维利作为九人委员会的秘书长,只能有限地控制该方案的贯彻执行。鉴于法布里齐奥与科西莫之间的交锋可以当作《兵法》中展示的军事改革建议的一个序言,我们有充分的理由假定,法布里齐奥提倡的方法,效仿了马基雅维利本会对1506年事件采取的方法——如果他对那一事件有最终决定权的话。

《兵法》的大多数读者注意到,这一虚构的法布里奇奥与同名的历史人物之间几乎没有共同之处,他们倾向于将前者视为一名稍加伪装的代言人,传达了马基雅维利的各种观点。如果这点正确,对话中法布里齐奥的思想就使我们更坚定地认为,马基雅维利与法布里奇奥的知识和政治方案有关。这一文本中,特别有趣的是,法布里齐奥为没有将自己的理论付诸实践给出了理由。他解释说,伟大的事业和图谋要求精心的准备,以便机遇一旦到来就能抓住,然而,精心的准备可能谨慎而悄悄进行,因此这么做的人不能被指责有任何疏忽,除非当机遇到来时他"不是因为没有准备得

---

① Machiavelli,《作品全集》,前揭,页311。

② 《关于重建国民军的方式的手稿》(Scritto sul modo di ricostituire l'Ordinanza),收于Machiavelli,《佛罗伦萨史及其他历史和政治作品》(*Istorie fiorentine e altre opere storiche e politiche*),Alessandro Montevecchi 编,Turin,1986,页129–133(131)。

足够好，就是因为从未考虑这件事"而没能采取行动。法布里齐奥自己承认，他从未遇到"任何能显示我作的准备，从而能使军队回归其古代法则的机会"。[①] 在卷七中，到了对话结尾，法布里齐奥让其年轻的对话者们自己去评判，他在自己提出的改革方面是否作了充分的思考，他相信他们会承认他的专长，并意识到他在考虑这些事情上花了多少时间(同上，页387)。

　　法布里齐奥的评论表明，他不仅将自己视为一般意义上的古代兵法和军事事务方面的专家，他还将自己视为意大利新的、但受古典启发的军事机构的潜在奠基者。在马基雅维利的全部作品中，武装都被视为所有国家的基础要素，因此，我们可以推测，这一军事改革也暗示着一个新的政治秩序的建立。然而，法布里齐奥的问题在于，他不能为自己或以自己的名义行动，而只能通过其他人，通过他的那些雇主。在这点上，法布里齐奥与创造他的作者之间有一个精确的相似点，凸显出后者在操作过程中所面临的特定束缚。

　　如果说，《兵法》成功地将马基雅维利的化名者(alias Machiavelli)法布里齐奥提升成了一名军事专家，正如后来伏尔泰和克劳塞维茨一类人给予它的赞美一样，那么，《兵法》最终还是没能弥合理论与实践、方法与目的之间的鸿沟。民兵方案、《君主论》和《李维史论》都借助一种策略性的、步步推进的方法，把不起眼的开端与未来要成的大事关联起来，推动论证向前发展，但在《兵法》中，马基雅维利甚至压根儿没有尝试这么做。这里没有过程，没有逐渐的引入，没有中间阶段，没有对乡村的整顿，没有外交与武力的联合使用，没有要战胜的敌人。法布里齐奥向自己年轻的

① Machiavelli，《作品全集》，前揭，页304–305。

对话者们传达的方法,最初由佛罗伦萨民兵采用,在对话过程中经法布里齐奥本人传授的教训而达到完善,最后他向他们承诺:率先采纳这一方案的意大利国家"将成为整个地区的霸主"(signore di questa provincia)。

为了彻底阐明自己的观点,法布里齐奥举了古代马其顿人的例子:当其他希腊国家懈怠无为且"沉溺于谐剧表演"时,他们积极准备并建立军事机构,从而成为"世界的统治者"(principe di tutto il mondo)。他暗示,如果佛罗伦萨采取他的建议,这些权力和荣耀都在等着它。但法布里齐奥老了,也厌倦了,恢复古人的力量和荣耀这一任务落到了年轻人身上。

结束自己的长篇论述时,法布里齐奥躬身而退,抱怨"自然"使他知道自己所说的一切,却没有赋予他将这一切付诸实践的机会或权力(同上,页389)。当法布里齐奥退场时,我们获得了这样一种印象:我们已经听到,马基雅维利以比以往任何时候都更加公开的方式、更少保留的措辞,承认了自己的政治和军事方案最终所致力的帝国式目标。

扩展阅读

Burd, L. Arthur,《马基雅维利〈兵法〉的资料来源》("Le fonte letterarie di Machiavelli nell'*Arte della guerra*"), 载于 *Atti della reale Accademia dei lincei* (Classe di scienze morali, storiche e filologiche, ser. 5), 4.1, 1897, 页187–261。

Fachard, Denis,《〈兵法〉的政治含义》(Implicazioni politiche nell'*Arte della guerra*),载于 *Machiavelli politico storico letterato*, Jean-Jacques Marchand编, Rome, 1996, 页149–173。

Gilbert, Felix,《贝尔纳多·鲁切拉伊与奥里切拉里花园》("Bernardo Rucellai and the Orti Oricellari: A Study of the Origin of Modern Political Thought"), 载于 *Journal of the Warburg and Courtauld Institutes*, 12, 1949, 页

101–131。

同上,《马基雅维利: 兵法的复兴》(Machiavelli: The Renaissance of the Art of War), 载于 *Makers of Modern Strategy*, Peter Paret编, Princeton, 1986, 页11–31。

Hörnqvist, Mikael,《马基雅维利与帝国》(*Machiavelli and Empire*), Cambridge University Press, 2004。

同上,《马基雅维利和1506年佛罗伦萨民兵》("Perché non si usa allegare i Romani: Machiavelli and the Florentine Militia of 1506"), 载 于 *Renaissance Quarterly*, 55, 2002, 页148–191。

Lynch, Christopher编、注, 马基雅维利的《兵法》(*Art of War*), Chicago, 2003。

Mallett, Michael,《雇佣兵与他们的主人》(*Mercenaries and Their Masters: Warfare in Renaissance Italy*), Totowa, NJ, 1974。

同上,《马基雅维利的共和国的军事理论和实践》(The Theory and Practice of Warfare in Machiavelli's Republic), 载于 *Machiavelli and Republicanism*, Gisela Bock, Quentin Skinner和Maurizio Viroli编, Cambridge, 1990, 页173–180。

Najemy, John M,《马基雅维利、民兵以及圭恰迪尼对僭政的指控》("Occupare la tirannide": Machiavelli, the Militia, and Guicciardini's Accusation of Tyranny), 载于 *Della tirannia: Machiavelli con Bartolo*, Jérémie Barthas编, Florence, 2007, 页75–108。

Pieri, Piero,《文艺复兴和意大利军事危机》(*Il Rinascimento e la crisi militari italiana*), Turin, 1952。

Vegetius,《兵法简述》(*Epitome of Military Science*), N. P. Milner译, Liverpool, 1993。

Verrier, Frédérique,《〈兵法〉中的马基雅维利和法布里齐奥》(Machiavelli e Fabrizio Colonna nel'*Artedella querra*: Il polemologio sdoppiato), 载于 *Machiavelli: Politico storico letterato*, Jean–Jacques Marchand编, Rome, 1996, 页175–187。

Wood, Neal译, 马基雅维利的《兵法》, Ellis Farneworth, 1965年; 修订版, New York, 1990, 页9–79, "引论" (introduction)。

奠 基 者

皮特金(Hanna F. Pitkin) 撰

马基雅维利将自己的最高赞美留给与"狐狸型"不同的另一种男人。我称之为"奠基者"(Founder)类型的男人,首字母大写,是为了将这一形象与那些建立过现实制度或国家的历史人物区分开。在马基雅维利的刻画中,一位奠基者就是一位拥有超常或神秘力量的男性,他给人们带来某种新的、好的、足够强大的东西,这东西在他死后仍沿着他设定的进程延续。重点绝不在于使其他人做你希望的事,而是改变他们,把他们引入新的行为和关系模式。这种对人类事务的改道(redirection),是一个人能够从事的最具挑战性的任务,因为没有什么"比着手率先采取新的制度更困难,比此事的成败更加不确定,执行起来更加危险"。[①]

除了革新的困难和危险之外,还须加上使革新延续下去的问题。一位奠基者不仅"生前审慎治国",而且必须"如此规划"他统治的制度,"以使其在他死后仍能保持"(《李维史论》卷一,第11章)。因此,比如说,一位不得不"令自己的军队素质优良和组织妥善的统帅,毫无疑问"比一位仅仅指挥由他人组建的军队的统帅"值得多得多的赞赏"(《兵法》,卷七)。然而,奠基者的成就与他

---

① 《君主论》,第6章。另参《兵法》,卷七。

引入的东西的影响范围成正比：

> 所有受到赞美的人当中，最值得赞美的是宗教领袖。其
> 次是缔造共和国或王国的那些人。

接下来是那些"扩大了"自己"领土"的伟大军事首领，再接下
来是"文人"。人们通常不会根据这一等级来赞美，但马基雅维利据
此评判那些是否"配得上"名望的人（《李维史论》卷一，第10章）。

此外，奠基意味着创造某种持续、（但最重要的是）伟大的东
西，一种德性的扩张，并直接导向"世间的荣耀(gloria)"（《李维史
论》卷一，第10章）。在《君主论》中，马基雅维利区分了纯粹获取
领土与获得跟奠基相称的荣耀；在《李维史论》中，他谈到那种会
诱人"变成僭主"的"虚假荣耀"，这种统治形式不会带给人们持久
的秩序，也不会使他们变得更好（《君主论》第8章；《李维史论》卷
一，第10章）。奠基者配得上荣耀，相反，

> 破坏宗教，虚耗王国与共和国以及敌视德性(inimici delle
> virtù)、文学和其他为人类带来实利和荣誉的各门技艺的人，则
> 邪恶而可憎。①

革新一个已经败坏的国家或宗教，恢复正确的秩序和德性，似
乎也是某种奠基。有时，马基雅维利将两者等同；有时，他暗示改
革甚至比在未被败坏的人们中间从头奠基更加困难（《李维史论》

---

① 《李维史论》卷一，第10章。注意马基雅维利在这里非同寻常地用了
virtù的复数形式；马基雅维利，《全集》(Opere)，卷一，页156。

卷一, 第10章; 卷一, 第11章)。不可能有 "更好的机会 [比整治败坏还能] 让人获得荣耀"。[①]

奠基者或改革者用自己超常的德性, 使其他人产生德性, 将自己的意志和品质延伸到未来 (《李维史论》卷一, 第11章)。在这一点上, 马基雅维利还用了 principio 一词, 该词可以译成 "开始"、"基本原则" 或 "首要原因"。一种制度的奠基者就是 "这种制度的 principio", 因此, 这种制度获得 "神奇" (maravigliosa) 机运的程度取决于奠基者的德性。[②] 一种可行的翻译是, 奠基者是制度的 "首要原因", 但除此之外, principio 至少暗示奠基者就是起源, 是他建立的秩序的基本原则 (希腊人也许会说 arche)。因此, 奠基者活在自己的创造物中, 获得一种世俗的不朽。事实上, 马基雅维利毫不犹豫地向一位美迪奇家族的教宗利奥十世建言: 在革新佛罗伦萨政府的机遇中, "上帝" 已经给了你 "权力和资源, 以使你自己不朽, 并以这种方式远远超过你父亲和你祖父的荣耀" (《论重组佛罗伦萨政府》)。

此外, 奠基者是一位不动的推动者 (unmoved mover), 是改变的源头, 而非先前改变的产物, 是历史因果链中的一个断点。他在人们中间几乎像神一样突出。他是纯粹的源头, 而非产物, 他 "颁布法律而非从别人那里接受法律"。[③] 事实上, 马基雅维利在这里

---

① 《李维史论》卷一, 第10章; 另参马基雅维利, 《论重组佛罗伦萨政府》 (*A Discourse on Remodelling the Government of Florence*)。

② 《李维史论》卷一, 第1章; 马基雅维利, 《全集》卷一, 页127。另参《李维史论》卷二, 前言。

③ 《兵法》卷二。上下文清楚地表明, 马基雅维利不是在谈论某种类似主权的东西, 那是每个统治者都有的; 而是在谈论一种特殊品质, 这种品质将一些君主与其他君主区分开来。

有时会运用手工艺的比喻和对物理对象的加工。奠基者将形式加于质料之上，就像雕刻家把黏土塑成形状。① 然而，他更经常将奠基者刻画为加工活人，而这位奠基者则以某种方式迥异于那些人。奠基者是权威的本质，是一位auctor——在该词源初的罗马意义上，就是那个开创和引入其他人的自由行动的人，这样，即使没有他的强制性在场，人们也乐意实施他的计划。

此外，一般而言，与罗马人一样，奠基者是出类拔萃的祖先，是生殖力旺盛的父亲的象征，他孔武有力，能在其他人中创造持续的男子气概，甚至在战胜死亡的意义上。在这一点上，马基雅维利反复运用出生和父亲的比喻。他称罗马的建立为出生(nasciamento)；革新一个败坏的社会，意味着伴随"很多危险和大量的血""再次出生"。② 然而，尽管有浴血而生这一意象，却没有出现母亲；似乎这纯粹是一个男性生殖的问题，只有父亲。

这一奇特的事实就本身而言似乎并不重要，但它是一系列与奠基者形象联系在一起的悖论之一。这一形象成问题，而狐狸的形象则不存在这种问题。狐狸式的典范也可以是一种真实的性格类型，一种生活方式；奠基者则是马基雅维利的想象，是他根据对古罗马的阅读而设计出来的一个幻象(fantasy)。尽管受到佛罗伦萨实际的政治问题的刺激，这一幻象却从未被赋予生命，也从未想过要被赋予生命。所以，对解释者来说，奠基者形象的困难是逻辑问题，与狐狸本身面对的心理的、实践的生命问题正好相反。

简言之，围绕奠基者的解释困难在于：这一形象同时体现出

---

① 比如，《君主论》第26章；《论重组佛罗伦萨政府》；《李维史论》卷三，第8章；《兵法》卷七。

② 马基雅维利，《全集》卷一，页125；《李维史论》卷一，第17章。

一种几乎道貌岸然的虔诚和一种凶恶的残忍，混合了尊崇和骚乱
(mayhem)。奠基者的世界是抽象的、(如已经暗示的)空洞的，有时
在技术性欺骗(technical artifice)的意义上否认人际关系的困难，有
时在教化性劝勉(edifying exhortation)的意义上否认激情和动物性
需求；马基雅维利还坚持认为，奠基者必须无情且着实令人畏惧。
尽管奠基者是父权的象征，他却必须杀死自己的儿子们。事实上，
奠基者与上一代及下一代人的关系都极成问题。只有考虑了女人
的问题之后，解决这些悖论才有迹可循；本章仅仅通过文本探索这
些悖论，首先，处理自主(autonomy)和家庭谋杀；接下来，处理马基
雅维利的《兵法》——作为奠基者的世界的象征；然后，处理马基
雅维利在权威人物的残忍与仁慈之间作选择时的深思熟虑。

一

　　人们对奠基者的主要了解，源自马基雅维利对那些典范奠基
者的具体论述，比如摩西、居鲁士、罗慕路斯、忒修斯、埃涅阿斯、
吕库古和梭伦；以及亚历山大大帝，诸城市的奠基者及一个帝国的
缔造者；努马，罗马宗教的奠基者；还有建立罗马共和国的布鲁图
斯。谨慎起见，从对其他伟大人物和英雄的讨论中可以提取出更
多信息，比如斯基皮奥(Scipio Africanus)、叙拉古国王希耶罗(Hiero
of Syracuse)，甚至博尔贾和卡斯特拉卡尼(Castruccio Castracani)。
关于最后一个人物，马基雅维利写过一部小说化的传记，由此，人
们得以精确地辨别出，在马基雅维利对英雄行为的想象中，神话在
何处侵入或提升了现实。

　　通览马基雅维利就这些奠基者和英雄所谈的所有复杂内容，
其中有一个基本主题：奠基者出色的个人自主。他特立独行，卓然

不群。《君主论》中列举了四位"最出类拔萃"的伟大奠基者，摩西、居鲁士、罗慕路斯和忒修斯，得出的第一个结论是：他们是靠自己力量成功的人。在人类能够达到的最高程度上，他们是自己成功的原动力，丝毫不依靠偶然，只是依靠行动的时机，且几乎一切都取决于他们自己的才能和力量：

> 除了获有机会之外，他们并没有依靠什么机运，机会给他们提供质料，让他们将其塑造成他们选择的任何形式；如果没有机会，他们精神上的能力（virtù）就会浪费掉，而如果没有那样的能力，有机会也没有用。（《君主论》，第6章）

人们可以通过机运与德性的各种不同组合取得成功，但"那个最不依赖机运的人能最长久地维持自己"。而且，可以说，这些人将自身外部因素的影响降到最低；他们能达到任何人所能达到的最高程度的个人自主。马基雅维利暗示，摩西是一个特殊例子，因为摩西不是靠自己的力量成功，而是把一切都归功于上帝。摩西"不应予以讨论，因为他只是上帝托付给他的事务的执行者"；因此，摩西实际上无权因自己的行动受到称赞，尽管也许他有"那些优美的品质使他有资格同上帝谈话"。不管马基雅维利的这个说法是否真诚，他继续说，在任何情况下都可以忽略摩西，因为其他三位奠基者足以达到马基雅维利的目的：他们"都令人惊讶"，他们的"行迹"和"做法"似乎跟摩西一样，但后者"有那样伟大的一位老师"。在任何情况下，另外三个人都是靠自己的力量成功，只要给他们使用自己德性的机会。

而且，构成这种机会的，不是人们传统上认为的好运，所谓富裕或好时代之类，而是非同寻常的艰辛和障碍。因此，展示自己的

德性对摩西的伟大奠基行为而言是必要的，

> 在埃及的以色列民族，受到埃及人的奴役与压迫，为了摆脱奴役状态，他们愿意追随他……居鲁士则必须觉察波斯人对米底亚人（Medes）的统治的不满，同时米底亚人由于长时间处于和平状态而变成柔顺软弱的人。如果忒修斯不曾遇到涣散的雅典人，他就不可能发挥他的才能（virtù）。（《君主论》，第6章）

在《君主论》结尾，马基雅维利又回到这一主题，向那位君主展示隐藏在意大利可悲情境下的机会：

> 比希伯来人受奴役更甚，比波斯人更受压迫，比雅典人更加流离分散。（《君主论》，第26章）

伟人在磨难中成长，机运要垂青于他的时候，就"给他树立敌人，并使他们从事反对他的战争，以便使他有理由战胜他们，并凭借他的敌人给他的梯子步步高升"。[1]

而且，如果一个人注定最为伟大，磨难作为他的机会，在他生命一开始就应当出现。在关于卡斯特拉卡尼的文章的开篇，马基雅维利评论道，这是多么"奇妙"：

> 所有——或者说大部分——在这个世界上建立丰功伟绩

---

[1] 《李维史论》卷一，第20章；但注意这段话考虑的是君主，并不必然是一位伟大的奠基者。另参《李维史论》卷二第29章论罗马的内容。

的人，以及那些在他们的时代出类拔萃的人，他们的血统和出身无不低下而卑微，或者至少受到机运女神不可估量的磨难。（《卡斯特鲁乔·卡斯特拉卡尼传》，以下简称《卡斯特鲁乔传》）

人们想起摩西被丢在芦荻丛中，罗慕路斯由狼养育，但未听说居鲁士有这样的出身；叙拉古国王希耶罗由蜜蜂养大；忒修斯被自己的父亲遗弃；埃涅阿斯的出身也很卑微。似乎在理想情况下，一个人要成为奠基者，就必须是个弃儿。当然，那些传说不是马基雅维利的发明，但他强调了那些传说。在《君主论》中，在列举构成那四位伟大奠基者的机遇的各种艰辛时，马基雅维利说，罗慕路斯"必须"不再留在阿尔巴，且必须"在他出生的时候就被遗弃，如果他要成为罗马的国王和自己祖国的奠基者的话"（《君主论》第6章）。这将是使罗慕路斯"成功"的"机遇"，正如摩西的成功源于希伯来人受到的奴役，忒修斯的成功源于雅典人的涣散。尽管如此，我们还是很难把弃儿身份与其他"机遇"等同起来，因为很难想像一个婴儿"抓住"这样的"机遇"去锻炼自己伟大的德性。人们也许会认为，马基雅维利的意思是，卑微或低下的出生使一个人在后来发展了自己的德性之后，能够声称他拥有特殊的伟大。《卡斯特鲁乔传》中的那段话继续道：

> 他们所有人，要么曾被托付给野兽，要么父亲地位低下，羞于启齿，以至于他们把自己说成是朱庇特或另外某个神的儿子。（《卡斯特鲁乔传》）

一个拥有足够技能和成就的人，可以将卑微的出身转化为神话式的出身,并因此促进自己的声望和力量。马基雅维利可能打算将基督包括在这个名单里,尽管他在这里小心地避免举具体的例子,并解释说"因为他们中的很多人众所周知",列举名字会"无聊""令读者难以接受"且"没有必要"。但是,马基雅维利马上继续说另外一面:对于一个注定伟大的人,机运女神在其婴儿期就给他磨难,这样,他逐渐获得的荣耀就不是源自他的德性或智慧,而是源自她的力量,应当归功于她而不是他:

> 我坚信这是机运女神带来的结果,机运女神想证明给世界看,是她——而非智慧女神——造就了人类的伟大,当智慧女神无能为力的时候,机运女神便开始显现自己的力量,所以任何事情都可以归结于她。(《卡斯特鲁乔传》)

但那将意味着,甚至一个人的德性也不是他自己的。那么,难道伟大的人把"一切"都归给机运,或者"除了机遇什么都没有"?为何存在这种模棱两可?

不管答案是什么,清楚的是,奠基者绝不应依赖他人。马基雅维利屡屡强调,一个社会的组织者,革新者或改革者,伟大的领袖,必须单独行动,不把任何东西归于其他人,也不需要其他人。

> 如果一个人要重新规划一个共和国或通过完全废除其旧法律来重塑共和国,他必须单独行动……除非由一个人单独规划,就几乎没有或从未有过任何一个共和国或王国,从一开始就规划妥善或旧法律彻底改造成功的例子。[①]

① 《李维史论》卷一,第9章。另参卷一,第10、第17章;卷三,第15章。

至于真相，马基雅维利明确强调，伟大的奠基者必须无情地行动；为了保持其角色必需的独特性，他们也必须杀人。摩西、吕库古和梭伦之所以能够"制定以公共利益为目标的法律"，只是"因为他们独揽大权"（《李维史论》卷一，第9章）。尤其是摩西，任何一个"用脑筋读过圣经的人"都知道，为了"落实他的法律和推动他的政令，他被迫杀死无数的人"（《李维史论》卷三，第30章）。类似地，想要改革斯巴达的克勒欧美内斯国王（King Cleomenes），从他的前任阿吉斯（Agis）的失败中得知，"除非独揽大权，否则不可能为祖国做这一桩善事"，因此，他"杀死了全体掌政官（Ephors）和其他所有可能反对他的人"（《李维史论》卷一，第9章）。然而，更惊人和更主要的，是马基雅维利关于罗马的两位奠基者——罗慕路斯和布鲁图斯——的讨论。在基督教神学中，至少从奥古斯丁开始，罗慕路斯建立罗马、杀死自己孪生兄弟的故事，已经被视为所有世俗政权的罪恶本质的象征：该隐杀死亚伯并建立一座城市，类似地，罗马也起源于兄弟相杀。相应地，马基雅维利评论道：

> 很多人可能会认为这是一个坏的例子：一个国家的奠基者，比如说罗慕路斯，首先杀死他的兄弟，然后又同意杀死他亲自选定共享王权的萨宾人提图斯·塔提乌斯（Titus Tatius）。（《李维史论》卷一，第9章）

然而，马基雅维利认为罗慕路斯做得好，做了对一位奠基者而言必要的事。他这么做是"为了共同的利益而不是因为自己的野心"，他杀死兄弟的行为"应当得到原谅而非责备"："行动可以指责他，但结果应当原谅他。"（《李维史论》卷一，第9章）

二

然而，是布鲁图斯的故事定义了必需之无情的终极考验：一位
奠基者必须杀死他自己的儿子们。李维告诉我们，布鲁图斯领导
推翻塔昆王朝(Tarquin kings)并建立共和国之后，被选为新的执政
官之一。但他的两个儿子与塔昆家族有血缘关系，被说服参加了
推翻共和国、复辟君主制的阴谋。他们被揭发并被判处死刑，这意
味着，身为执政官的布鲁图斯不得不主持对他们的处决。李维讲
述了布鲁图斯如何看着自己的儿子们被剥去衣服、鞭打并砍头：

> 所以，在所有人中最应被免于观看他们的遭遇的这个人，
> 命运却注定强迫他观看……在整个可怜的场景中，所有的眼
> 睛都聚集在这位父亲的脸上，一位父亲的痛苦在这张脸上一
> 览无余。①

马基雅维利称这个故事"惊人"，并以此引出一条基本的政治
教训，但这条教训远远超出这个故事看起来会有的真实含义(《李
维史论》卷三，第3章)。马基雅维利说，一个刚刚获得"自由"的国
家必然遇到困难，因为这个国家"造就的是敌意的集结而不是友情
的集结"：那些在先前的政体中获益的人，渴望回到原先的政体；而
那些在自由政府之下获得尊敬的人，则感到他们只是得到了自己应
该得到的东西，因而缺乏感激(《李维史论》卷一，第16章)。那么，

---

① 李维，《早期罗马史》(*The Early History of Rome*)，Aubrey de Sélincourt
译，Baltimore：企鹅丛书，1969，页94。李维，《历史》(*History*)，2.5.3—9。

　　如果一个国家希望终止这些麻烦……没有比杀害布鲁图斯诸子更有力、更有效、更稳当且更必要的补救方法。(《李维史论》卷一,第16章)

　　他说,这意味着,任何一个着手建立或革新的人,如果"无法妥善处理与新制度为敌的那些人"以求自保,"政权必定夭折",而杀戮对这种自保而言是必要的(《李维史论》卷一,第16章)。"因为实施专制却不杀死布鲁图斯,以及创造自由政体却不杀布鲁图斯诸子,两者同样维持不了多久"(《李维史论》卷三,第3章)。

　　因此,马基雅维利引出的教训似乎比原本的故事强烈得多。他没有说:做好执行针对任何谋反者的法律的准备,即便是针对你自己的儿子。他实际上是这么说的:在那些对于回到先前的政体有着强烈动机的人有机会谋反之前,杀死他们,即使那些人中有你自己的儿子。不管怎样,真正的奠基者不仅必须是一个弃儿,不依赖于过去且自己决定自己的出身,他还必须对未来无情,为了他的创建事业,他愿意牺牲最近最亲的人,为了他的创建之荣耀所允诺的更大、更个人的不朽,他愿意牺牲自己的后代所能确保的血统的不朽。

　　也许,马基雅维利关于杀死布鲁图斯诸子和罗慕路斯的兄弟的训谕,应当仅仅理解成狐狸的犬儒式的硬心肠,或者暴露严酷现实的欲望的表现? 很多批评者如此理解;有人甚至将这一训谕视为马基雅维利一般性的邪恶理论的象征。比如施特劳斯(Leo Strauss)将马基雅维利视为"邪恶教师",并将布鲁图斯杀死诸子以及罗慕路斯杀死兄弟而不是其他近亲理解为历史偶然:问题在于谋杀最近、最亲之人的意愿。他评论道,"马基雅维利没有将自己就兄弟相杀所传授的学说,同样也应用到弑父那里去,只是因为他没有找到合适的例证而已",或者说,就杀死诸子所传授的学说大概亦是如此。①

但马基雅维利并非一般地建议谋杀儿子或兄弟,他也不是为了任何目的而如此建议。显然,奠基者的语境十分特殊,涉及献身于与狐狸的犬儒主义完全不一致的价值观。而且,弑父问题证明有启发意义。因为事实上,马基雅维利并非完全缺乏弑父的例子。马基雅维利确实讨论过两个弑父的例子,一个是真实的弑父,另一个是比喻性的,费尔莫的奥利韦罗托(Liverotto of Fermo)与乔万帕戈洛(Giovampagolo Baglioni),他对两者持完全谴责的态度。奥利韦罗托杀死自己养父和舅父的行为,被马基雅维利明确地称为"弑父",他用了scelleratezza一词,可以分别译成"邪恶""罪孽"或"恶行"。②在《君主论》同一章的上文中,他将这个词与西西里人阿加托克雷(Agathocles the Sicilian)联系在一起,他是邪恶且无人性的极端典范,这样的人就算成功也算不上有德性(《君主论》,第8章)。对乔万帕戈洛——"这个人不介意乱伦和公开弑父"——马基雅维利用了facinoroso一词,可以分别译成"恶毒的"或"犯罪的"。③不过,这两个弑父的例子受到谴责,也许不是因为这两个人

---

① 施特劳斯,《思索马基雅维利》(*Thoughts on Machiavelli*),Chicago:University of Chicago Press,1995,页9、258。[译注]中译本参申彤译,《关于马基雅维里的思考》,前揭。

② 《君主论》第8章;马基雅维利,《全集》,卷一,页43;《马基雅维利的〈君主论〉》(*Machiavelli's the Prince*),Mark Musa编译,New York,1964,页71;马基雅维利,《君主论》(*Prince*),Ricci译,页33。

③ 马基雅维利,《全集》卷一,页195;《李维史论》卷一,第27章;马基雅维利,《李维史论》(*The Discourses*),Bernard Crick编,Harmondsworth:企鹅丛书,1974,页178。

的行为,而是因为他们将这些行为用于琐碎、自私的目的。① 当然,
他们不是奠基者。毕竟,施特劳斯只是说马基雅维利缺乏合适的
弑父之例。

但马基雅维利为了引起震动所做的一切犬儒式的努力,为了
好的、辉煌的政治目的而对邪恶手段的一切呼吁,都从未赞美弑
父。他谴责一位统治者软弱到不去惩罚"一桩弑父罪行"(《李维
史论》卷二,第23章)。理想的奠基者,身为一名弃儿,没有可以
杀的父亲,除非把他声称拥有神话起源解释为弑父的象征。但是,
考察马基雅维利思想中的诸奠基者和其他伟大的英雄人物,我们
会发现,他们都没有弑父倾向,事实上他们反倒拥有非同寻常的
虔敬。奠基者拯救并保护自己的父亲,而非杀害。比如曼利乌斯
(Titus Manlius),他的德性在于他有巨大的能力为了好的目的去利
用无情和凶暴,他也像布鲁图斯那样以祖国的名义处死自己的儿
子,保护了自己的父亲。"一个十分强悍的人",这种人的"强悍的
精神使他得以命令强悍的事物",虽然如此,曼利乌斯"将自己奉
献给父亲和祖国,而且十分尊敬自己的上级"。② 对权威的同一种
虔敬后来也体现在他愿意服从杀死自己的儿子这个决定。另一个
是斯基皮奥的例子:

> ……如上天所派遣,一个神一般的人,
> 从来没有,也不会有谁与他相肖。

---

① 在乔万帕戈洛的例子中,很清楚,马基雅维利是在谴责他"懦弱",没
能杀死他的(精神)父亲们——教宗和枢机主教们(《李维史论》卷一,第27章)。

② 《李维史论》卷三,第22章。另参卷一,第11章;卷二,第16章;卷三,
第22、第34章。

依然年少的他，在提契诺河边，

用自己的胸膛把他的父亲来掩护——

这正是对他幸福命运的最初预言。①

　　相反，普通人不仅缺乏在年轻时保护自己父亲的力量，如果他们的父亲被杀，他们也缺乏足够的虔敬，因而不十分在意(《君主论》，第17章)。显然，虔敬以及拯救自己父亲的能力，在某种程度上可作为奠基者的超常个人自主的象征。清楚的是，他们与弑父之人全然对立，尽管他们同样与依赖父亲的保护相悖。

　　从马基雅维利对卡斯特鲁乔传记的虚构中，我们可以得出类似的观点，马基雅维利明确将这个人物比作斯基皮奥。② 卡斯特鲁乔是一个被继父母养大的弃儿。与历史事实相反，在马基雅维利笔下，他从未结婚，并给他一篇出色的临终演说来解释原因。这篇演说题献给卡斯特鲁乔继父母的亲生儿子，一个比卡斯特鲁乔年轻得多的男孩。马基雅维利写到，这位继父去世时，将他年轻的亲生儿子托付给卡斯特鲁乔，希望后者“要像他自己曾得到真心照看那样将这个孩子抚养长大”，恳求卡斯特鲁乔把至今还未报答继父的感激之情转移到这个男孩身上(《卡斯特鲁乔传》)。

　　马基雅维利又写道，在卡斯特鲁乔弥留之际，他告诉那个男孩，他自己出于对继父的感激而没有结婚，这样一来，卡斯特鲁乔对之负有责任的这个亲生儿子“不仅能够拥有你父亲留给你的，而且能够拥有机运女神和我的才能(virtù)所获得的”(《卡斯特鲁乔

---

　　①　马基雅维利，《关于忘恩负义或嫉妒的三行体诗》(*Tercets on Ingratitude or Envy*)，行77–81。

　　②　《卡斯特鲁乔传》。另参《兵法》卷四。

传》)。这里，甚至一个弃儿都向自己的继父展示了孝心，而且做得如此明确：放弃了性竞争(sexual competition)和实际的父权。与此同时，马基雅维利也显示卡斯特鲁乔与女人有大量不正当的性关系。马基雅维利笔下的卡斯特鲁乔出于孝心，放弃的不是性行为，而是生育，似乎放弃通过将名字授予合法的儿子和后代而来的那种"不朽"，对于使他配得上那种源自尘世荣耀的、更加个人的不朽是必要的。

相应地，马基雅维利经常说，那些靠自己强大的父亲帮助而成就伟大的人，反而因此变弱了。除非做出超常的努力以战胜这种早年的依赖，否则，他们永远无法获得靠一己之力成功的人的那种德性。在父亲的力量之下寻求荫庇的人，不能照顾好自己，因此也就会失去父亲为他确保的东西。博尔贾就是一个恰当的例子：他"通过他父亲的机运女神获得自己的位置，也因为这同一个女神而失去自己的位置"，尽管他的智慧和德性十分出色，几乎就要成功地保有他父亲为他获得的东西(《君主论》，第7章)。在《李维史论》中，考察了一连串罗马皇帝之后，马基雅维利总结道，

> 靠世袭继承帝国的皇帝，除了一位……全都是昏君；靠收养继承的皇帝都是明君……一旦帝位又落入世袭，帝国也跟着回到混乱。(《李维史论》卷一，第10章)

奠基者绝不能需要或依赖自己的父亲，这一点非常清楚。而弑父正好表明几乎不依赖父亲。那么，马基雅维利为何不对此表示赞赏？当然，像布鲁图斯那样的革命型奠基者，至少在精神上是弑父者，他们推翻先前建立的权威，或者简直就是谋杀。为何在这一点上，谨慎战胜了马基雅维利想要使人震惊的一般欲望，战

胜了他对奠基者之无情的特殊强调？也许奠基者形象与弑父不相容，因为弑父意味着父权制和父亲的存在；可为什么要强调杀子？自主似乎再次接近问题的核心，但自主的意义与狐狸的世界不同。自主不再意味着不信任；事实上，马基雅维利笔下的伟大奠基者身上有无限的信任。但那种信任的代价是某种类似唯我论的东西：奠基者是那个唯一的人，是所有客体中那个唯一自由的主体。因此，在一种意义上，他面临的唯一问题是技术性的；但在另一种意义上，他的工具是恐惧和鼓舞，而非一般用于客体的范畴。自主变成了独一性（singularity），变成了不动的推动者。

三

这些令人困惑的问题在《兵法》中变得极为清楚。如果说戏剧《曼陀罗》(Mandragola)展示了狐狸的世界，那么《兵法》则带着其自身所有的悖论展示了奠基者的世界。这本书并非关乎一位伟大的奠基者，而确实展示了一位致力于再次引入古罗马德性的奇特的、家长式的权威。尽管《兵法》的主题是死亡的技术，但《兵法》的语调自始至终都是劝勉性的、教育性的，展示了一个没有实际冲突、没有犬儒主义、没有幽默的和谐而谦恭的世界。

《兵法》是马基雅维利选择在生前发表的唯一一部散文作品。《兵法》出版于1521年，已知的围绕其创作语境的内容，暗示了父权和祖宗虔信（patriarchal piety）的问题。[①] 到那时为止，马基雅维

---

① 马基雅维利，《兵法》(The Art of War)，Wood编译，前揭，页18-19；Albertini，《佛罗伦萨的国家意识》(Florentinische Staatsbewusstsein)，页31-78；Felix Gilbert，《马基雅维利〈李维史论〉的成分和结构》("The Composition and

利已经被放逐于政治之外大概九年,融入那个年轻的贵族人文主义者圈子也有几年了,他们在鲁切拉伊家的庭园会面,讨论哲学和政治。那个讨论圈子最初由两代之前的贝尔纳多·鲁切拉伊组建,这是一位保守贵族,反对共和国和索德里尼,在索德里尼被选为终身正义旗手之后退出公共生活。贝尔纳多的儿子们继承了父亲的政治观,属于想要推翻索德里尼的积极分子。然而,贝尔纳多于1512年去世之后,他的孙子科西莫复兴了这一讨论圈子,且明显带有更加共和的倾向,马基雅维利大概于1516年加入这一重组后的群体。圈子成员中有三个贵族,他们是科西莫的人文主义朋友:扎诺比、巴蒂斯塔和路易吉。马基雅维利写作《李维史论》时曾得到他们的鼓励,他也许曾将作品的一些部分读给这群人听,并将作品献给科西莫和扎诺比。他将卡斯特拉卡尼的传记献给扎诺比和路易吉。《兵法》献给另一位新近帮过马基雅维利的贵族,科西莫和他的三个朋友则作为角色出现在这部作品中,作品的背景设置在1516年的鲁切拉伊庭园。科西莫死于1519年,此书始于对他的追悼,接下来赞赏了由科西莫的祖父贝尔纳多种在庭园里的树木,这是仍然庇护着贝尔纳多的后代的"古代的植物和荫凉"(《兵法》卷一)。此书出版一年之后,这三位年轻贵族参加了一场反对美迪奇家族的失败阴谋,不过没有证据表明马基雅维利本人亦牵涉其中。①

此外,从奠基和权威的角度看,关于此书创作的生平背景(biographical context)也很复杂。该背景包含一个年老的、被放逐的马基雅维利和一群年轻的朋友,他们在阶级地位和财富方面超

Structure of Machiavelli's *Discorsi*"),载于 *Journal of the History of Idea*, 14, 1953,页 135–156。

① Albertini,《佛罗伦萨的国家意识》,前揭,页79。

过他, 但缺乏他的政治经验, 因此, 他既是他们的老师, 也是他们的下属。他们会面的地方由一位与共和国和索德里尼敌对的 "祖先" "建立"; 他们在那里讨论人文主义文学、古代价值及其复兴, 甚至有可能(尽管也很有可能不会)讨论针对已建立的佛罗伦萨政权的共和式阴谋。再者, 马基雅维利在这一时期十分关心家庭事务。他的信件揭示了他的深切忧虑: 他的政治放逐和失业, 使他无力帮助自己的孩子们和一个他最喜欢的侄子, 他视后者为己出, 尽力抚养。[①] 因此, 存在这种可能: 在一种个人的意义上, 此书的背景也涉及代际关系、权威和依赖、父亲的权力和无能, 所有这一切都与政治生活的奇想(vagaries)及佛罗伦萨的命运有关。

形式上, 此书是一部对话; 内容上, 此书是一份关于军事组织和战术的指南。主要对话者是马基雅维利时代的另一个真实人物, 一位年长的雇佣军统帅, 法布里齐奥, 他既为西班牙也为法兰西在意大利作战, 他与几位年轻贵族在庭园中讨论。[②] 现实中的他刚于不久前去世; 书中的他正好路过佛罗伦萨, 并决定去拜访科西莫。

此书始于对这一普遍意见的挑战: 军事生活与平民生活是两个相反的极端, 后者意味着文明、艺术和虔敬, 而前者意味着野蛮、毁灭和死亡。作为这一普遍意见的结果, 如今好人们 "仇视军队, 对从军者避之唯恐不及"。此书宣称的目的是, 展示一支正确组建的军队能补充和保护文明, 从而在好人中间 "保存某些形态的早期德性(virtù)"(《兵法》献词)。

种下这满园荫凉的那位祖父, 贝尔纳多, 这么做时是在虔敬地

---

① 1515年8月至1520年4月的书信。
② 马基雅维利,《兵法》, Wood编译, 前揭, 页19注释10。

模仿罗马人，他也应当虔敬地受到尊重。还有很多像他那样的人文主义者，也在哲学和艺术方面尊重和模仿古人。法布里齐奥心怀虔敬，小心地说，他们缺乏的是对罗马式男子气的模仿，而非对罗马式感觉的模仿：

> （请大家原谅，）他们如果这么做会好得多：在强劲严苛而非精美温柔的事物里，在头顶烈日而非藏身树荫成就的功业中，争取与古人相像。（《兵法》卷一）

因为，如果缺乏军事德性和力量，所有高度文明的精美成就都不堪一击，就像"一座庄严宏伟的王宫的厅堂，在缺乏屋顶的情况下，没有什么可以护卫它们抵挡雨淋，即使它们被饰以宝石和黄金"（《兵法》献词）。因此，培养军事方面的凶猛不是一种放纵，而是对文明和"各种技艺"的保护。在"强劲严苛的事物"中复兴古代德性的人，种下的（比喻性的）才是真正能遮阴的树，"生活在这些树荫下的人"比在其他任何庭园都"过得更加兴旺和幸福"（《兵法》，卷一）。即便这支军队是一支公民民兵，它也不会威胁共和国的政治自由。一个共和国所能做的好事，莫过于武装自己的人民；相反，僭主上台的第一步就是解除人民的武装，"以便更容易命令他们"（《兵法》，卷一）。因此，一位共和派的人文主义者，应当欢迎正确形态的尚武主义及在"强劲严苛的事物"中复兴古代德性。

除了笼统地拥护公民民兵之外，法布里齐奥身为雇佣军，还明确捍卫佛罗伦萨共和国的民兵，尽管后者在普拉托遭遇的可耻失败导致了共和国的覆亡。他说，我们绝不应因为"一次失败"就谴责民兵，"而是应当相信，它会失败，也能得胜"（《兵法》，卷一）。

在下文中,法布里齐奥在自己的观众面前想像并演示了一场完全
虚构的战斗,他们的军队在战斗中轻易就击败了敌人(《兵法》,卷
三)。因此,法布里齐奥不仅捍卫马基雅维利心爱的方案,而且通
过暗示马基雅维利本人,反驳了马基雅维利的民兵使佛罗伦萨失
去自由这一说法;除此之外,这位权威的军事人物实际上还使马基
雅维利得以在他的想象中再打一次普拉托之战,并且获得了比事
实更令人满意的结果。

马基雅维利是否觉得,应当对自己发明并协助征召的佛罗伦
萨民兵的失败,以及由此导致的共和国的覆亡负责?那四千名死
于普拉托的佛罗伦萨人,是否重重地压在他的心头——他们死于
"一场屠杀,这场屠杀甚至在一个习惯了残忍和无情的时期也非
常出名"?① 我们不得而知。但《兵法》一头一尾被框在这一问题
中:蕴含在行动——尤其是军事行动——与未能行动中的相对内
疚。在此书的献辞中,马基雅维利还以自己的身份(persona)说话,
他说,

> 虽然谈论并非本行之事乃大胆之举,但我并不认为,以言
> 辞据有一种许多人更冒昧地以行动据有的身份是个错误,因
> 为,我在写作时可能犯的错误能够得到改正而不损害任何人;
> 可是他们在行动时犯的那些错误,除非政府毁败,否则就无法
> 得知。(《兵法》献词)

在这部对话中,当法布里齐奥刚开始力促复兴罗马军事德性
时,一位年轻的对话者尊敬地问他:

---

① Felix Gilbert,《马基雅维利:兵法的复兴》,前揭,页11。

出于什么原因,你一方面谴责行为不像古人的那些人,另一方面,在你擅长并被评为在其中出类拔萃的战争领域,却不见你用过任何古代手段,或者多少有如它们的手段呢?(《兵法》,卷一)

法布里齐奥马上回应,"意欲做事者必须全力以赴作准备",将这些准备应用于实际行动则取决于正确的"机遇"。与伟大的奠基者一样,法布里齐奥也依赖于机运使他的机会到来。但由于那种能显示他作的准备,从而将士兵"带回其古代法则"的"机遇从未出现",因此,他不能因为没能这么做而受到任何人的"非难"(《兵法》,卷一)。在对话结尾,他又回到同一个主题,再次强调"自然"和"机运"剥夺了他将自己的思想"付诸实践的可能"。这一次,他补充说,他已经太老了,必须寄希望于"你们这些有天分的年轻人",他们也许能够"在适当的时候"行动,"如果我说过的事情令你们开心"(《兵法》,卷七)。我们会想起《李维史论》中的段落,马基雅维利在那里说过,机运剥夺了他亲自将自己的学说付诸实践的机会,于是他著书立说,

好让有可能读到我这些感想的青年可以拒绝当下,并随时准备在机运女神可能给予他们机遇的任何时刻起而仿效过去。(《李维史论》卷二,"序")

奠基者的世界尊重实际行动;只有缺乏机遇可作为未能行动的借口。

在其他方面,《兵法》在它所介入的事情上也明确推崇行动。

此书把意大利的软弱归于领导者们缺乏德性,他们不愿承担行动的麻烦,他们不知该做什么(《兵法》,卷二)。与早期论军事战略的作品不同,此书除模仿之外,还强调采取行动的重要性,对战争而言,采取行动是战斗的核心(同上,页6-17、22)。《兵法》一直强调积极的自助、技能和纪律,以补自然之不足。因此,基于纪律和训练的勇气比自然的勇气更好,通过巧妙的安排可保安全的营地比自然的优越位置更好(《兵法》,卷一,卷二,卷六,卷七)。

此书明显主张共和制和参与制。尽管对一支高效的军队而言,指挥权集中在一个人身上是必要的,因为军队必须采取"突然决定",但是,即使一位统帅也应当咨询顾问,由此获得他自己以外的观点的益处。甚至一位君主,也只有在自己的军中作为军事领袖时,才应当拥有"绝对指挥权";在统治自己的王国时,"未经咨询"他什么也不应当做(《兵法》,卷一,卷四)。但最重要的是,共和国产生人之伟大,因为杰出之人的竞争会威胁到君主,但只可能有益于共和国。因此,"人杰来自共和国多于来自王国,因为共和国一般尊重智慧和勇敢(virtù);而王国对此感到恐惧"(《兵法》,卷二)。而且,人的卓越因多元性(plurality)和国家间的竞争而得到提升。比如,罗马人到来之前,古代撒姆尼乌姆人(Samnites)和托斯卡纳人(Tuscans)中的情形就是如此。但"当罗马帝国后来成长壮大,消灭了欧罗巴所有的共和国和君主国……英勇(virtuosi)之士在欧罗巴变得跟在亚细亚一样少"(《兵法》,卷二)。所有德性都被限制在罗马,而罗马本身由于缺乏竞争性的紧张,很快变得败坏,直到帝国内部不再有任何卓越。"摧毁其他人的英勇(virtù)"之后,罗马便"无法保持自己的英勇"(同上)。

因此,虽然这位虔敬的、家长式的统帅实际上服务于佛罗伦萨的敌人法兰西和西班牙,但是,当他正在表面上为虔敬地模仿古罗马人的德性提出充分理由时，马基雅维利却允许他在意大利这样主张：古罗马人实际上摧毁了当代佛罗伦萨人的祖先古托斯卡纳人的德性，因而最终对欧罗巴所有德性的毁灭负有责任。在这里，什么构成真正的虔敬或模仿，又是什么能增加真正的德性？

此书的特殊结构中，还藏着一个更大的谜。如我们所见，此书的实质信息是崇尚行动、军事和好战，并主张共和。但呈现这些主题的形式和风格传达出一个非常不同的信息：这些主题在相当程度上被仪式化和程式化，以至于全书展现为一首免于任何冲突的浪漫的田园诗，且这些主题不断地暗示等级制度、权威、纪律和克己（self-denial）。人们可能会说，《兵法》的形式与《兵法》显示出来的内容完全不一致。书中告诉我们，我们应当模仿古代战争，而非古代的艺术形式；但也正是这本书本身，以最佳的人文主义传统，构成了对古代文学形式的一种模仿，更加惊人的是，它比马基雅维利的任何其他主要作品都更是如此。文本赞美源自多元和冲突、咨询和竞争的诸美德（virtues），除了军事指挥本身之中的美德。作为首要发言者和老师的这位统帅，不采纳任何建议，没有遇到任何反对，也不从与他谈话的年轻人那里学习任何东西。他不是用权威性的纪律去命令和控制他们；他异常自谦和礼貌。但他们自始至终都带着相同的礼貌顺从他，甚至很少发问，而且从未质疑他所说的内容。[1]

此书尽管有对话形式，但绝非一场真正的对话，而是一份文雅的独白，一支充满敬意和礼仪的宫廷舞蹈。这支舞蹈的动作由军事比喻组成：当法布里齐奥的一位对话者退到"一边"时，另

---

[1] 唯一的部分例外是法布里齐奥在自己虚构的战斗中轻易就取得了胜利；卷三；比较马基雅维利，《兵法》，Wood编译，前揭，页94。

一位年轻人就开始"履行自己的职责";他们这么做是在"模仿优秀的统帅"(《兵法》,卷六)。书中说当前的对话者持有一项"命令",甚至一项"独裁权",他在其中"试探命运",就像统帅们在战斗中所为;讨论是一系列"斗争,在其中他既可以被征服,也可以成为征服者"(《兵法》,卷四)。但在这场"军事"练习中完全没有征服或斗争的迹象。就像一位年轻人礼貌地对法布里齐奥说的话那样,

> 到目前为止,我一直尊奉(governare)意旨,我打算让自己将来依然如此。(《兵法》,卷六)

也许可以更大胆地说,从开篇追悼科西莫,并提及科西莫的祖父对古人充满敬意的模仿起,书中就弥漫着一种虔敬以及服从权威、秩序和纪律的气氛。这里没有犬儒式的狐狸向规则放冷枪。狐狸式的诡计和欺骗并未完全退场,因为它们构成统帅用来对付敌人的一部分武器,但在敌友之分毋庸置疑的情况下,它们受到严格控制。在对话发生的庭园里,一切都是教育性的、劝勉性的;不允许任何犬儒做派或诡计。

无疑,所有这一切在这样一本书里是合适的,因为该书首要的目的是向人文主义者证明,好士兵未必是凶残狂暴、不受控制的野蛮人。但是,这与马基雅维利的其他作品有云泥之别;见于其他作品的顽强的犬儒做派,承诺要揭露伪善和习俗,《兵法》中都没有。《兵法》也没有包含任何马基雅维利式的幽默、讽刺性的机趣以及他对传统价值观幸灾乐祸的颠倒;实际上,《兵法》不包含任何幽默。《兵法》的风格如此努力地追求稳重,以至于常常趋于自命不凡。或者,换种方式说,这本关于战争的书有一种浪漫的无知。

《兵法》是一首关于军事生活的田园诗,如一位批评者恰当的说法,《兵法》的特征在于与现实保持一种"柏拉图式的遥远距离"。①

一旦注意到对话形式和风格中的这一特征,该特征在论辩的实质内容中也变得更加明显。《兵法》不仅在自己仿制的对话形式中,也在自己的内容中,描述了一个没有内部冲突或异议的世界。那个在《李维史论》中将人民与贵族之间的"纷争"夸为"使罗马保持自由"的东西的马基雅维利,从这部作品中消失了(《李维史论》卷一,第4章)。这种差异的一个突出例证,可见于法布里齐奥的这一建议:使所有士兵都参与对他们中的任何犯罪者的惩罚。法布里齐奥将这一政策与古罗马的"指控"制度联系起来,马基雅维利在《李维史论》中也将这一制度夸为一种表达冲突的健康方式,有利于自由。② 但在《李维史论》中——罗马实际上也是这样——指控制度包括:公民不仅要参与一名被判刑的罪犯的惩罚,还要参与对他的控告和审判。《兵法》中的士兵根本不能行使任何独立的主动权或判断力;他们只是被迫成为自己指挥官的同谋,执行他的判断力,因而与他绑得更紧。事实上这里模仿的是"早期德性的各种形式",而有害于这些形式的实质。《兵法》上演了一场关于完美军事纪律的幻象;《兵法》可以视为对《李维史论》那一惊人之句的阐发:

> 在一支纪律严明的军队中,除非有规定,否则**没有人会做出任何行动**。(《李维史论》卷三,第36章,重点由笔者所加)

---

① Felix Gilbert,《马基雅维利:兵法的复兴》,前揭,页19。

② 《兵法》卷六;《李维史论》卷一第7、第58章,卷三第8章。

而且，此书异常乐观。法布里齐奥自己教导说，他意欲复兴的古代习俗"可以很容易地适应我们的时代"，"与今日的生活和谐无间"，因此，没有一位"城市的领导者会觉得引入古代习俗很难"（《兵法》，卷一）。就这一满怀希望的前景而言，《兵法》只能与《君主论》最后一章的劝勉相匹配，在那里，《君主论》犬儒式的、狐狸式的观点完全消失在对那位潜在奠基者的劝勉性呼吁中。

《兵法》除了无内部冲突、受规则束缚以及乐观之外，还弥漫着一种几乎过度的技术理性主义。正是由于这个特征，吉尔伯特称此书为"马基雅维利军事思想的一份技术性阐述"，并断言在马基雅维利的思想中，"在战争中取胜"取决于"对一个知识性问题的解决"；马基雅维利本人"对理性至上的信念"使他自己有可能"在科学的基础上"讨论军事问题。[①] 伍德（Neal Wood）的看法类似，他认为，马基雅维利描绘的那支想象中的军队是

> 一架高度理性的机器……理性效率作为最可能达至胜利的手段而言，是一切安排或各种行为得以建立或允许存在的标准。[②]

伍德甚至认为，这个充满技术和理性效率、指挥层级以及严明纪律的世界，正确地重现了马基雅维利其他作品中关于"一个秩序良好的国家和胜任的公民领袖的本质"的观点，这一"理性的军事

---

① Felix Gilbert，《马基雅维利：兵法的复兴》，前揭，页23–24。Gilbert说，只有到了18世纪之后，人们才第一次意识到"战争不仅是一门科学，而且是一门艺术"（页25）。但他承认，马基雅维利不是技术主义者，且马基雅维利将自己的书命名为"战争的艺术"（页3）。

② 马基雅维利，《兵法》，Wood编译，前揭，页73。

秩序充当了他的公民社会概念的模型"(同上,"前言",页72、75)。

我认为,像吉尔伯特和伍德这样从《兵法》推断马基雅维利的一般观点是错误的;他们对整本书的描述甚至都成问题,但他们正确地找到了一条贯穿全书的有力线索。《兵法》确实呈现了一个以没有暧昧和冲突为最高目标的世界;只有手段存在争议,人们可以在其中找到技术上正确的选择。

当然,《兵法》确实包含各种军事话题,比如火炮的使用或有利的战斗阵型,书中对这些话题有实质性讨论和建议。但另一方面,《兵法》也详尽无余地讨论了大量正式的、技术性的且经常是量化的材料,这些材料似乎只有最低限度的实质性功能。就此而言,比如,最突出的是卷六对如何建立军营的描述。卷六用好几页篇幅以惊人的细致对军营作了描述,直到街道精确的宽度、数量、方向和名称。伍德称之为"一场功能规划和效率的胜利",不过这些细节似乎远远超出功能有效(functionally efficient)的范围,就好像把技术细节弄对,人们就可以控制战争血腥和不可预测的现实似的(同上,前言,页74)。马基雅维利似乎觉得:只要我们的统帅们使自己营地中的街道精确地达到正确的宽度和互相之间正确的角度,我们意大利人就不用再受北欧侵略者的掠夺、抢劫和杀戮。

实际上,此书根本没有传达战争充满痛苦、肮脏和流血的现实。相反,对话中有的不是真实,而是仪式,因此"敌人"也是一个虚构,安全地受到法布里齐奥之想象的控制。就是说,法布里齐奥确实想象自己的部队参加了一场真实的战斗,而这一场景对马基雅维利早期作品中军事战略的缺席而言,明显是一个创新(同上,前言,页21,注释92)。因此,也许有些人会认为,这意味着将某种程度的现实主义和真实引入这首田园诗。但书中的战斗场景本身没有鲜血、尘土或噪声。"我们的"部队"非常安全……非常容易"

并"十分安静"地消灭了敌人,且与敌人不同,我们的部队似乎没
有遭受任何损失。[1]

有人也会更加一般地认为,此书抑制了人类生存中身体性的
一面:身体和肉欲。女人不仅像缺席军事世界那样缺席这次庭园
对话,还被明确而激烈地排除在外。任何女人都禁止出现在军营,
因为她们"使士兵们变得叛逆和无用"(《兵法》,卷六)。类似地,
可以料想,士兵们会贪求战利品,因此必须按古代模式,以严格纪
律确保一切缴获"归公"(《兵法》,卷五)。这是衡量好的军纪和
德性的一个标准,如法布里齐奥在对话末尾所论,"他们营房中间
的一棵结满果实的苹果树根本没有人去碰一下,就像我们在古代
军队中屡见不鲜的那样"(《兵法》,卷七)。这个例子借自弗龙蒂
努斯,尽管对马基雅维利的时代而言,与圣经的关联几乎不可避
免:由于自己完美的纪律,这支拥有空洞美德的军队会永远长在庭
园中,没有罪恶或流血,也没人去碰禁果。[2] 士兵的肉欲受到纪律
控制,必要时这种控制可以冷酷无情;光制定"好的规则"还不够,
"如果你不极其严格地强迫他们遵守"(《兵法》,卷六)。尤其是那
些关于进攻、撤退以及守卫精心布置的营地的规则,那些与投敌或
被敌人渗透的可能性相关的规则,"必须严酷和严格,其执行者必
须非常严酷。罗马人以死刑对之进行惩罚……"(《兵法》,卷六)

然而,对法布里齐奥本人和他年轻的对话者而言,纪律是内在
的;他们不仅将肉欲,甚至将典礼和艺术都升华为最高、最美的男
性事物——美德和荣耀。尽管他们在进入庭园开始讨论之前享用

---

① 《兵法》卷三;但比较马基雅维利,《兵法》,Wood编译,前揭,页93-
94,那里人们可以听到"多么残忍的屠杀! 多少受伤的人!"

② 马基雅维利,《兵法》,Wood编译,前揭,页208注释42。

了一顿盛宴，但并没有花太多时间，因为"在那些头脑中专心于崇
高思想的高贵之人面前"，盛宴以及"每一种欢庆"总是"迅速终
结"（《兵法》，卷一）。他们是"高贵"之人，对外敌无情；是在小民
(lesser folk)——懦夫和登徒子，他们的军队由这些人组成——中
严厉执行纪律的人，对他们自己的肉欲冲动也同样无情；但他们互
相之间彬彬有礼、虔敬且恭顺，只处理技术性的问题和仪式性的问
题。这是一个存在于理论家想象中的幻想世界，也是马基雅维利
在别处作为犬儒式的狐狸所谴责的世界。

  因此，《兵法》对解释者而言是一个谜。也许只需这么解释：
作为一部意欲实际出版的作品，马基雅维利想要虚假地呈现自己，
以这种方式，他认为会从自己的目标读者那里赢得赞赏，而这些读
者既重视军事效率，也重视古代形式和典礼。或者，也许这些暧昧
不清应当归结为，马基雅维利希望那些不切实际的人文主义者相
信，他们应当谋求和尊重军事效率。但这些暧昧不清极其深入，且
与马基雅维利其他作品中的那些暧昧不清又有着复杂的关联，因
此，这两种解释似乎都不充分。某种越来越具启示性(revelatory)
的东西正在上演。《兵法》在虔敬与谋杀之间有着复杂的暧昧不
清，因为奠基者本就暧昧不清，且必须正好以这种方式暧昧不清。

四

  同一个问题以一种更加普遍和审慎的方式，反映在马基雅维
利与他自己持续而未得到解决的辩论之中：在权威人物身上，残忍
和仁慈孰优孰劣。无疑，辩论的一个源头仅仅是与领袖相关的各
种历史事实：有些伟大的领袖事实上因残忍而成功，另一些则由于
仁慈而成功。但是，马基雅维利频繁地回到这个话题，变着法子从

各个方向展示这个话题，似乎这个话题深深烦扰着他，单单历史事实不足解释。

　　作为凭仁慈成功的奠基者或领袖的例子，马基雅维利列举了居鲁士、模仿居鲁士的斯基皮奥，以及罗马将领科尔维努斯(Valerius Corvinus)和昆提乌斯(Quintius)（《君主论》第14章；《李维史论》卷三，第19–22章）。作为残忍的例子，他提到了汉尼拔以及罗马将领曼利乌斯和克劳狄乌斯(Appius Claudius)，我们已经提到过，曼利乌斯为了罗马杀死了自己的儿子。罗马将领卡米路斯(Marcus Furius Camillus)两边都沾，他起初仁慈后来残忍（《李维史论》卷三，第19–22章；卷三，第23章）。面对"被爱甚于被畏惧，或者相反"哪个更好的问题时，马基雅维利首先在《君主论》中回应说，最好是同时被爱和被畏惧，如果做不到，那么只要能避免被憎恨，则被畏惧更安全。这一点据说在指挥军队时尤其正确。马基雅维利引证汉尼拔"著名的非人的残忍"时带着赞许，而斯基皮奥，被认为是"一个在所有已知事件的记录中……不同寻常的人"，却因自己"过分的仁慈"导致军中叛乱而受到批评（《君主论》，第17章）。

　　在《李维史论》卷三，当马基雅维利回到这一主题时，他却从相反的提议入手：至少在指挥部队时，常常是仁慈更好，虽然并不总是如此。他试图通过区分来解决这一明显的矛盾：他暗示，最重要的变量，是指挥官相对于自己部队的地位。如果士兵是他的同志和与他平等的人，暂时处于他的麾下，那他必须仁慈；但如果他是在跟"属民"、跟"杂众"打交道，那就需要严酷了（《李维史论》卷三，第19章）。随后，马基雅维利回到对任何指挥官的仁慈的更一般的赞美，只有一次重提汉尼拔的例子及残忍和畏惧的好处。再一次，马基雅维利似乎想解决这个困境，宣称手段与德性相比并不重要：只要有充足的德性，残忍或仁慈都会成功。这里，斯基皮奥被认为与汉尼拔一样成功,尽管前者的部队发生了叛乱(《李维史论》卷三,第21章)。但再一次,这一方案也没能解决马基雅维利的问题,他再次抱怨,在严酷与仁慈之间难以选择。

之后,他还找到了第三种方式:曼利乌斯的那种严酷在一个共和国里是最好的,因为这样严酷地执行纪律,可用于复兴公共精神,而绝不会被怀疑为了私利巴结某个党派。相反,君主则仁慈有利,因为仁慈可以为他赢得军队的忠诚;在一个共和国里,对指挥官的这种个人忠诚会显得可疑,但对一个君主却有益。当然,这个结论既与《君主论》的教训矛盾——因为在《君主论》中,对一位君主而言,被畏惧比被爱更安全——也与两部作品中都包含的教训矛盾,因为该教训认为必须严酷地统治军队。问题还是没有解决。

斯基皮奥与汉尼拔,分别作为仁慈领袖与严酷领袖的象征,两者之间的对比是早期意大利人文主义文学中的常见主题;但对人文主义者而言,斯基皮奥是应当仿效的模范,而汉尼拔当受谴责。[①]
马基雅维利似乎想至少部分挑战如下现有假设——如果不是想颠倒它的话:传统美德是最好的。但显然,马基雅维利也需要这个假设劝勉性的感召力。

五

马基雅维利全神贯注于佛罗伦萨的命运,这座城市的命运与

---

① Aldo S. Bernardo,《彼特拉克、斯基皮奥与〈阿非利加〉》(*Petrarch, Scipio and the "Africa"*), Baltimore, 1962, 页203。[译注]《阿非利加》(*Africa*) 是彼特拉克著名的叙事诗作品,以斯基皮奥为主人公,描述第二次布匿战争期间斯基皮奥的丰功伟绩。

他自己的命运紧密相连，在他的这种关注中，与古人的对比显然
处于中心位置：在罗马共和国与佛罗伦萨共和国，事情为何进行
得如此不同？人们该如何将古代的成就再次引入当代佛罗伦萨
人之中？这一任务看起来必然难以对付，几乎不可能，既因为它
本身如此，也因为马基雅维利从自己的历史阅读中总是可以发现
结果如何跟随原因、环境如何塑造结局。这一任务常常看起来就
像一个老笑话说的，一个乡下佬试图给人指路，"从这儿你是到
不了那儿的"。一个充满fessi［骗子］和furbi［流氓］的世界是一
个邪恶的圈子；似乎无法从他们中塑造出公民。但是，罗马存在
过，因此罗马必然以某种方式形成；罗马是人类的成就，所以人类
有时还是能产生美德及共和式的公民意识（republican citizenship）
的。但该怎么做呢？人们会说，奠基者形象是对此谜团的一个虚
幻的解决方案；这个谜越吸引人，就越显得像是解不开。奠基者
是个神话式的英雄，以自己的魔剑斩断历史因果链的戈耳迪之结
（Gordian knot），再次解放人类。构思这样一个角色的困难反映在
残忍–仁慈之思中。

如何将fessi和furbi转化为公民，对于这个一直困扰他的问
题，马基雅维利回应说，只有伟人能做到，而且是独自行动。后
几个世纪人们也经常提出相当类似的问题，社会契约论者给出的
答案也大约雷同：需要一个单独的主权者来应对大量原子化的个
人。霍布斯说，"是代表者的联合，而非被代表者的联合，使人格
（person）为一"，"另外，不能在杂众中理解联合"。[①] 这一概念性观
点（conceptual point）的某种混合物也许马基雅维利那里也有：只

---

① Thomas Hobbes，《利维坦》（*Leviathan*），Michael Oakeshott编，New York，
1962，页127。［译注］中译本参黎思复、黎廷弼译，北京：商务印书馆，1985。

有联合可以产生联合。但在极大程度上，马基雅维利的视野及关于其奠基者形象的观点，与社会契约论者的考虑非常不同。后者的问题是形式的、概念的、假设的且抽象的：我们该如何在杂众中设想联合？但对马基雅维利而言，这是一个实践方面和政治方面的具体问题：就佛罗伦萨该做些什么？但这也是心理方面的问题，特别是在这一实际政治问题看起来解决不了的情况下。

一开始，马基雅维利看起来好像跟霍布斯一样，要求奠基者独立于人，因为孤独意味着力量，而领袖的任务就是恐吓人们使之顺从。当然，马基雅维利说过，在败坏和私化(privatize)的人当中，

> 必须建立某种更大的力量，也就是说，以绝对的王权遏止权贵之辈没有节制的野心和败坏。①

最初的奠基者和革新者都必须针对不服从，激起对惩罚的"恐怖"和"畏惧"(《李维史论》卷三，第1章)。但不像霍布斯，马基雅维利试图制造的不单纯是服从的、有纪律的属民，而是有德性之人，积极的公民。相应地，霍布斯的主权者——或谓骄傲的孩子王——试图战胜人的"虚荣"，战胜人对英雄行为的自我毁灭性的热望，马基雅维利的奠基者则试图增强人们的骄傲及对荣誉的感觉，吸引并鼓励他们做出英雄事迹。马基雅维利对理性自利的契约式或功利式算计没什么信心，而且他不希望把自私之人未经改变就勉强装进一个新的制度机器里面。因此，对霍布斯而言，选出一个主权者本质上是任意的，是主权这一思想解决了霍布斯的

---

① 《李维史论》卷一，第55章。另参卷一，第18章；《君主论》第6章；另外，关于贵族，参《李维史论》卷一，第3章。

形式上的问题；反之，对马基雅维利而言，奠基要求几乎超人般的能力。

对马基雅维利而言，奠基者必须是一个英雄人物，不仅是因为奠基者任务的重要性，更是因为奠基者特殊的教育及改变他人的天性，不仅能威吓人更能鼓舞人。这也是奠基者的超常天性如此具有悖论性的原因之一。只有"武装的先知"才能获胜；如果你不能保护自己、获取权力并使权力生效，光引入一种新学说是不够的。但光抓住权力去威吓人民也还不够；必须同时既有武装，又是一个先知。要求前者的那些品质与要求后者的那些品质彼此抵触。为了在败坏和邪恶之人当中维持权力，所必须做的那些事情简直骇人听闻，马基雅维利恰是如此评论亚历山大大帝的；任何正派的人都会更愿意过一种私人生活，"而不是成为一个给人们带来如此毁灭的国王"（《李维史论》卷一，第26章）。因此，正派的好人不会成为这种统治者；反过来，恶人也不会将败坏转化为德性。

> 重整城邦的政治生活方式仰赖一个好人，而以暴力成为一个国家的君主却仰赖一个坏人；因此好人很少想到用不好的方式成为君主，即使他的目的是好的；另一方面，坏人成为君主之后也很少做好事，因为他不会想到善用他非法获得的职权。（《李维史论》卷一，第18章）

这段话尚未澄清悖论的全部内容。此处仅仅提到奠基者的动机：为何一个邪恶到足以获取并保持权力的人，愿意将自己的属民导向德性？在马基雅维利对教育、改变他人这一任务本身的理解中，还内含着一个更深的问题。即使邪恶的领袖受到某种激励，想将自己的权威用于正当目的，他也无力做到。因为统治者只有在生前才能以恐惧控制人们，但恐惧无法改变人们的品质，从而使他们在统治者退场时仍遵其新法。骇人的权力、残忍、严酷以及由此激起的恐惧，对于转化人是必要的，却不充分。

奠基者还必须起到供人模仿的典范作用，必须激起赞赏、尊重甚至爱，并且向自己的属民体现出他们通过跟随他将会获得的那种品质——这种品质不是骇人的残忍，而是真正的德性。从政治上讲，这意味着，在一个传统的、合法的权威已不存在或已退化成空壳的地方，权威只能是个人性的；碎片化的、宗派性的人，只有在与那位鼓舞人心的领袖的关系中，才开始感受到他们共有的身份、他们共同的集体性，并找到信任的勇气。从心理意义上讲，这意味着，改变人的品质所要求的比强力、狡猾或权力更多；这种改变要求个人权威。面对一个这种意义上的权威，如沙尔（John Schaar）所言，

> 我们寻求且信任他的决策，我们努力模仿且宣扬他的行为……他开启行动路线，其他人将其完成。[1]

他们完成那些行动路线，不仅是出于惧怕权威的惩罚，更是因为他鼓舞、指导、引领、组织他们的行动，并对结果负责。显著的个人改变很难，也令人恐惧；当一个人为了变成一个不可预知的不同之人，而遗弃旧我的某些方面时，其中总是包含某种冒险因素。在此过程中，这样一位权威像一位举足轻重的担保人那样确保安全，保证他领导的那些人在改变过程中会变得更强而不是更

---

[1]　John H. Schaar，《现代国家的合法性》(*Legitimacy in the Modern State*)，New Brunswick and London，1981，页26。

弱。他向他们作出承诺；但最终，是他本人显示为担保，显示为他
们将要变成之人的一个典范："通过亲自去那里，他给其他人指明
道路。"（同上）

革新败坏的国家也一样，必须是一个单独的伟大人物的任务。
外部攻击突然导致一场革新，这是最危险的可能，除此之外，对一
个败坏的国家而言，唯一的希望是出现一个"好人，他用自己的榜
样及英勇（virtuose）行为"制造相同的效果。① 甚至一种革新性的法
律也必须由某个公民的"智慧（virtù）赋予生命"（《李维史论》卷
三，第1章）。革新者诚然必须令人胆寒且愿意杀人，但他也必须树
立一个"强大的榜样……是好人希望模仿的对象"，甚至"邪恶之
人也羞于过一种与［之］相反的生活"（同上；另参卷三，第22章）。

奠基者或革新者还必须出人意料地、独自一人打断（cut into）
历史，尽管"一个人不可能活那么久，不可能有足够时间"完成对
人们品质的必要改变；至少需要某个"活得超长"的人"或连续两
个强大的（virtuose）朝代"，而这几乎不可能（《李维史论》卷一，第
17章；卷一，第20章）。那么，此类人物的一个无穷序列的可能性
在哪里？很多人共享的这么一个奠基序列，还是奠基吗？后者是
大写的奠基，这一任务似乎必然带有一切关于独特性和单独行动
的含义。永久的、共享的奠基这一思想，难道不会揭示出奠基者只
是一个神话？任何半吊子的（halfway competent）狐狸都能看穿并揭
示这点。但面对罗马的祖先们，狐狸会感到羞愧。

在马基雅维利明确探索的较现实和实际的问题背后，关于应
当采取什么措施，将一个类似佛罗伦萨的败坏社会从一种明显无

---

① 马基雅维利，《李维史论》，Crick编，页387；对卷三第1章中这段话的
翻译，Walker的理解似乎优于Gilbert；比较马基雅维利，《全集》，卷一，页381。

望的政治情形中拯救出来，还存在更多抽象的和符号性的困难，这些困难产生于马基雅维利沉思实践问题、阅读史书以及做梦之时。奠基者不仅是一个从难以对付的实际问题中得救的幻象；他还体现了奠基的思想，因此必然涉及我们在这一思想领域的概念系统中提出的一切逻辑困难。一个人该如何理解关于人类事务中某种全新事物的思想？什么算新，它来自哪里？如果它有一个原因上的前提，那它是真的新吗？尤其是，自由能被创造、被给予、被强加吗？如果不能，自由如何实现？

这些谜题促使马基雅维利将奠基者的自主解释为孤独的典范，似乎奠基者是属民、动物或孩子中唯一的创造者，那个唯一的人。奠基者的任务是从这些材料中制造出自由的人。但他的手段是恐怖和仿效，而这些手段是否适用于属民或动物并不清楚。同样不清楚的是，甚至孩子，如果他们仿效以那种方式设想的自主，是否能成为自由的公民。奠基者在概念上必须是一个弃儿，因为他必须是不动的推动者，他的自主被解释为没有任何人类祖先。但他必须在自己的"儿子们"当中引起对他的创始性(initiative)的虔信。他必须站在弑父的对立面，因为他必须体现为对祖宗虔敬，好让儿子们仿效。而且他必须杀死自己的儿子们，因为如果他们追求真正地活着(fully alive)从而自动跟随他的榜样，那将不会有任何由他创立的持续制度。对这一典范而言，真正的父亲身份要求杀死你自己所生的东西。

因此，在概念性的或逻辑上的解释模式之外，还有另一种类型的问题，还有另一种解释模式：象征意义上的或灵魂意义上的解释。奠基者嗜杀的残忍，既因沮丧、无望、自我毁灭的佛罗伦萨人——比如马基雅维利自己——的狂怒而助长，也是这种狂怒的要求。佛罗伦萨人必须因为那种狂怒受到惩罚，得到惩戒；他们也必须从那种狂暴中被拯救出来，得到保护。从象征意义上讲，奠基者是一个父亲，父权制的守卫者，但这个父亲要求对自己的儿子们残忍，因为他的任务是守卫他们和这一男性事业，使其不受女性的更凶猛、更骇人的力量影响。但这些是以后章节必须讨论的主题了。首先应该考虑的，是马基雅维利笔下关于男子气概的第三种形象——奠基者意图创造的兄弟般的公民(fraternal Citizen)。

《兵法》的新秩序：重塑古代事物

林　奇（Christopher Lynch）　撰

过去十年中，马基雅维利受到忽视的作品《兵法》，开始得到应有的关注。开创性的校勘本，新的英译本，以及欧罗巴大陆、北大西洋和南美的许多出版物，都将注意力集中于马基雅维利选择在生前发表的这唯一一部重要的散文作品上。[①] 这方面新近的学术研究处理一大堆问题。最突出的问题是作品的对话特征，特别是对话的首要参与者法布里齐奥的身份，他是马基雅维利时代一位著名的雇佣军首领，去世不久便在《兵法》的书页间复活了。[②]

[①] 新的校勘本是《兵法：次要政治作品》(*L'Arte della guerra: scritti politici minori*)，J. J. Marchand，D. Fachard 和 G. Masi 编，Rome，2001，下文提及时称为《法》；新译本是《兵法》(*Art of War*)，C. Lynch，Chicago，2003，下文提及时称为《兵法》。本文引《兵法》时提及的卷数和行码来自这两个版本并随文标注（比如1.2指的是卷一第2句；除非另加说明，本文所引均为Lynch译本，英文本行码对应Marchand等人编辑的意大利文本行码）。南美出版的是《兵法》(*A arte da guerra*)，P. F. Aranovich编，São Paolo，2006。[译注]中译参马基雅维利，《用兵之道》，前揭，该译本即据Lynch译本译出，并标有Lynch译本行码。

[②] M. Colish，《重审马基雅维利的〈兵法〉》("Machiavelli's Art of War: A Reconsideration")，载于 *Renaissance Quarterly*，51，1998，页1151–1168；Frédérique Verrier，《马基雅维利与〈兵法〉中的法布里齐奥》(Machiavelli e Fabrizio Colonna nel'*Artedella querra*: Il polemologio sdoppiato)，载于 *Machiavelli: Politico*

有争议的问题还涉及，各校勘本对1521年出版于佛罗伦萨的原始
文本的忠诚度，[①] 该作品的风格和句法，[②] 本书与其直接的政治和
知识背景的关系，[③] 以及马基雅维利思想中战争与政治的关系这
一大问题；[④] 更不必说这一新近潮流之前数十年的学术研究，其
中很大一部分内容要么涉及《兵法》的知识背景以及 "公民军队"
(citizen soldiery) 的重要性，[⑤] 要么涉及该作品的军事处方的可靠

---

storico letterato, Jean-Jacques Marchand编，Rome，1996，页175-187；Harvey C. Mansfield，《马基雅维利的德性》，前揭，页191-218。另参对马基雅维利《兵法》的文艺复兴对话形式的一般研究，代表文献有：David Marsh，《15世纪对话》，前揭，页121注20及页16-18；Peter Burke，《文艺复兴时期的对话》（"The Renaissance Dialogue"），载于*Renaissance Studies*，3，1989，页3；Virginia Cox，《文艺复兴时期的对话：社会和政治语境下的文学对话》，前揭，页19-21。

① 《兵法》，页3-23、376-390；比较Fachard Denis，《〈兵法〉的政治含义》(Implicazioni politiche nell' *Arte della guerra*)，收于*Machiavelli politico storico letterato*，Jean-Jacques Marchand编，Rome，1996，页172。

② G. Frenguelli，《马基雅维利〈兵法〉注》(Note sull' *Arte della guerra di Machiavelli*)，收于S. Mauro，G. Frenguelli和M. Massimiliano，*Scrittori di fronte alla guerra*，Rome，2003，页97-119。

③ M. Colish，《重审马基雅维利的〈兵法〉》，前揭，页1151-1168，将这部作品置于科隆纳与奥尔西尼两大家族在罗马的竞争（因为跟美第奇家族与索德里尼家族在佛罗伦萨的竞争有关）这一背景下，认为《兵法》也跟教宗及萨沃纳罗拉党在佛罗伦萨的残余有关；另参Mikael Hörnqvist，《马基雅维利与佛罗伦萨1506年的民兵》，前揭，涉及马基雅维利要组建一支15年后在《兵法》1.148-90及1.220-60中讨论的民兵的努力。

④ T. J. Lucks，《军事化的马基雅维利重估军事思考》，前揭，页1089-1108；Christopher Lynch，《疏论》，前揭，页200-212；Fachard, Denis，《〈兵法〉的政治含义》，前揭，页149-173；可能令人惊奇的是，尽管《兵法》对Hörnqvist Mikael所论的主题十分重要，但他只对《兵法》进行了少量处理，见氏著，《马基雅维利与帝国》(*Machiavelli and Empire*)，Cambridge University Press，2004，页84、164-165、189。

⑤ 只提一下近来最具影响力和总结性的一些研究：Felix Gilbert，《贝尔

性。[1] 奇怪的是,在这一学术动向中,尚未形成对一个主题的持续思考,该主题对于理解这些问题及其他相关问题至关重要,那就是作品主体部分的结构。

人们长期持有的以下假设很可能替代对该主题的考虑:除了由十分流行、时常有人去选编和翻译的韦格蒂乌斯的《兵法简述》(*Epitoma Rei Militaris*,约公元385年)间接提供了一个结构之外,《兵法》没有别的结构,人们经常认为后者只是对前者的改写。[2]

纳多·鲁切拉伊与奥里切拉里花园》,前揭;Hans Baron,《意大利文艺复兴早期的危机》(*The Crisis of the Early Italian Renaissance*),Princeton,1966,尤参页430-432;J. G. A. Pocock,《马基雅维利时刻》,前揭,页183-218;Quentin Skinner,《现代政治思想的基础》,前揭,卷1,尤参页173-175;《文艺复兴时期的公民人文主义》(*Renaissance Civic Humanism: Reappraisals and Reflections*),J. Hankins编,Cambridge,2000,尤参P. Rahe,《定位马基雅维利》(*Situating Machiavelli*),页270-308,涉及框住马基雅维利知识背景的一般问题;另参P. Rahe,《卢克莱修的阴影》("In the Shadow of Lucretius: The Epicurean Foundation of Machiavelli's Political Thought"),载于*History of Political Thought*,28(1),2007,页30-55。另参《敌对行动中的政治:马基雅维利的〈兵法〉》,前揭。

[1] Piero Pieri,《意大利作家笔下的战争与政治》,前揭;Felix Gilbert,《马基雅维利:兵法的复兴》,前揭;Michael Mallett,《马基雅维利的共和国的军事理论和实践》,前揭。另参Lucks,《军事化的马基雅维利:重估军事思考》,前揭,页1089,页1098-1099,页1102,以及Lynch,《兵法》"导言",前揭,页25-31,以及《疏论》,前揭,页180-195,为了恢复马基雅维利的军事声誉,前者主张马基雅维利出于修辞和政治原因被迫损及军事效率,后者主张马基雅维利的批评者们误读了他,事实上他的处方与时俱进,他的各项军事原则即使在战术和武器系统的较低层面也基本合理;比较Allan H. Gilbert,《马基雅维利论火器》,前揭。

[2] 例如,参Sydney Anglo,《详论马基雅维利》,前揭,页131-138、152-153、157;以及Sydney Anglo,《作为军事权威的马基雅维利》(Machiavelli as a Military Authority),收于*Florence and Italy: Renaissance Studies in Honour of Nicolai Rubinstein*,P. Denley和C. Elam编,London,1988,页322、323;W. Goffart,《韦

《兵法》在内容和形式两方面都有赖于韦格蒂乌斯，这个印象部分源自这一事实：马基雅维利让法布里齐奥直接从韦格蒂乌斯那里借用了很多段落，一般来说，取自韦格蒂乌斯前面部分的段落就放在对话的前面，取自后面部分的放在对话后面。《兵法》依赖于韦格蒂乌斯的这一表象，也许还得到以下事实的支持：法布里齐奥似乎对处理自己各种主题的顺序拿不定主意，刚摊开处理自己主题的计划不久，法布里齐奥就绕了一条弯路，从此再没回到自己的计划，只对最初的偏离给出了一些不充分的解释。既然马基雅维利的法布里齐奥似乎未能掌控主题的进行，那就有理由假设，一定是韦格蒂乌斯在掌控。

然而，这一人们普遍持有的假设是成问题的，只需提出一个理由：实际上法布里齐奥总体而言背离了韦格蒂乌斯的排序，而且他对作为自己古代资料来源的韦格蒂乌斯的忠诚度，充其量也只是视情况而定。因为，法布里齐奥对各主题的处理不按顺序且篇幅迥异，[1] 而且，在很多地方他大体上遵循由珀律比俄斯或弗龙蒂努斯而非韦格蒂乌斯提供的秩序。因此，关于排序原则就只剩下两

格蒂乌斯〈论军事〉的日期和意图》（"The Date and Purpose of Vegetius's 'De re militari'"），载于 *Traditio*，23，1977，页 92–93。学者们迅速认识到，《兵法》取自很多其他古代资料，尤其是弗龙蒂努斯的《谋略》和珀律比俄斯著作卷六的军事部分。在作品前段，马基雅维利用韦格蒂乌斯比弗龙蒂努斯多得多，整体来看则只是稍多一点。对马基雅维利在《兵法》中明显使用的古代资料的详尽整理，参 L. Arthur Burd 的《马基雅维利〈兵法〉的资料来源》，前揭。对作为整体的作品结构的语言分析，参 G. Frenguelli，《马基雅维利〈兵法〉注》，前揭，页 99–103。

[1]　更具体地说，韦格蒂乌斯从招募这一主题直接移到个别训练士兵的问题，又直接转向对武装和扎营等主题的简单处理。法布里齐奥则从招募这一主题直接转向武装士兵的长篇大论，然后处理对个人和小团体的训练，他处理了大量韦格蒂乌斯从未讨论的主题，之后，直到作品快结束时才谈论扎营这一主题。

个候选：似乎不是马基雅维利的一时兴起，就是纯粹的偶然。

本文试图表明，尽管这部作品主体部分的实际秩序①偏离了法布里齐奥最初提议的秩序，但主体部分严格遵循另一种秩序，这种秩序内在于文本本身，既不附属亦不依靠任何古代资料。这一实际秩序既出人意料，又经过仔细规划。对这一新秩序的清晰理解，尤其是对那一在对话行动中促成进程最初改变的具体事件的领会，能照亮作品的各个关键方面。预告一下，这一突发的戏剧事件，涉及可敬的法布里齐奥与他的年轻东道主科西莫之间的一次罕见交锋，所论的主题旁涉文学、军事和哲学等方面。因此，仔细考察这一事件及对话的新秩序，将清楚地显示作品的对话特征，作品与古代资料的关系，显示法布里齐奥对作为步兵对立面的骑兵的明显反对，最重要的是，显示马基雅维利本人开辟"一条未经任何人涉足的道路"②的长期事业。更特别的是，对军事部分秩序的关注表明，法布里齐奥及其年轻的对话者们变成了一支言辞中的军队的指挥官，他们向着源自"基督宗教"本身的全部生活方式进军(2.305)。

提议的秩序与实际的秩序

分析法布里齐奥最初提议的计划与他实际施行的计划之间如

---

① 场景设置(1.1-19)，该作品的戏剧问题建立在指控和辩解之上(1.20-44)，对雇佣军的政治和道德含义的谈论(1.45-112)，都与展示马基雅维利意图的较早部分(献词)相对立。主体部分(或军事部分)结束于7.195，这时法布里齐奥终于开始回应科西莫在1.36针对他的指控。

② Machiavelli，《李维史论》(*Discorsi sopra la prima decade di Tito Livio*)，见《作品全集》(*Tutte le opere*)，M. Martell 编，Florence，1992，页76。

何不一致，探讨法布里齐奥为解释不一致而提供的各种理由是否
充分，能够得出作品主体部分的一份完整提纲，该提纲的一些最突
出的细部亦一览无余。这也可以引导读者相信，1.117处最初宣示
的安排一支野战军队所需的几项要素，意味着一份有关接下来的
一切内容的提纲(参表1)。事实上，最初的两项和第三项的第一条
(挑选人、武装人并以小阵列训练他们)按最初宣示时提出的秩序得
到了处理。此外，当法布里齐奥与他的对话者在前两卷中沿着最
初的两项要素前进时，他清楚地表明，他在遵循一个特定的秩序，
这一秩序与最初的清单一致。因为在前两卷中，每当法布里齐奥
被自己的对话者科西莫打岔之后，他都会明确地指出，他又回到了
他们的"秩序""素材"或"方面"。[①] 当他们这样回来时，总是回到
最初提议的秩序中的下一个主题。

表1
军事部分提议的秩序(1.117)
1. 选人
2. 武装
3. 列阵
a. 以小阵列训练他们
b. 以大阵列训练他们
4. 驻扎
5. 对敌陈兵
a. 在他们站立时
b. 在他们行军时

---

① 参"……这一素材……"(1.114)；"……[因为我们]想使征集的这第
一个方面在此有个位置。在我往下说到别的方面以前……"(1.259–260)；"不
过，让我们返回我们的秩序。顺着这操练问题……"(2.139)；另参1.220处科
西莫对讨论的各个方面的明确追踪："然而，在你进入另一番说理前……"

　　然而,法布里齐奥刚开始处理第三项的第二部分"以大阵列训练他们"(表1,3b)时,就跳过"驻扎"(表1,4),到达所提议的秩序中称为"在站立时"向敌人"陈兵"的部分(表1,5a)。自此,最初的秩序就被抛弃了,就算又回到这一秩序也只是含混不清地返回。表2第1栏包含对话实际秩序的一份粗略提纲,使用了与提议的秩序中类似的术语,第2栏仍是所提议的秩序的提纲。①

　　在提议的秩序中,只有一种大阵列训练,接下来是驻扎以及最后的在站立和行军时向敌人陈兵;而在实际的秩序中,有两种大阵列训练,一种用于非行军时的战斗(表2,栏1,4a–c),另一种用于行军时的战斗(表2,栏1,4d),接下来是驻扎,现在成了最末一项。但向敌人陈兵这一主题,不仅被移到了驻扎前面的位置,而且被插在一对本打算一起处理的话题(以大阵列列阵和训练)中间。此外,引入一场假想的战斗,导致向敌人"陈列"军队这一说法被"战斗"(battle)或"作战"(fighting)取代。除了混乱之外,这样安排导致的结果是,我们现在有两种作战对应两种列阵和训练:第一种与非行军时的战斗有关,第二种与行军时的战斗有关。同时,以大阵列作战现在处于以大阵列训练之前。

表 2	
军事部分实际的秩序与提议的秩序	
实际的秩序	提议的秩序
1. 挑选（1.120–271）	1. 选人
2. 武装（2.1–100）	2. 武装
3. 列阵并以小阵列训练（2.101–282）	3. 列阵
	a. 以小阵列训练他们
	b. 以大阵列训练他们

---

① 应当注意,这两种秩序都与韦格蒂乌斯遵循的秩序不一致。

表 2 军事部分实际的秩序与提议的秩序	
4. 大阵列（3-5） 　a. 以大阵列列阵 　b. 在站立时对敌陈兵 　c. 以大阵列训练 　d. 用于行军时战斗的大阵列安排和训练	4. 驻扎
5. 驻扎（6-7）	5. 对敌陈兵 　a. 在他们站立时 　b. 在他们行军时

　　当法布里齐奥从行军的安排和训练转向驻扎时，他提供了据称对以下问题的一种解释：为何直到那时为止的秩序，与他的听众或读者可能期待的秩序不同。他说，他恐怕(dubitare)他们会希望他首先驻扎，然后行军，然后带着军队作战，但他做了相反的事(6.9)。他的解释是，为了展示应如何安排一支军队在行军时作战，首先必须展示如何安排它作战。但这一说法既没有解释为何将驻扎移到最后，也没有解释为何将展示战斗(或作战)径直移到训练的中间。也就是说，法布里齐奥可以容易地继续原初的计划：以自己希望的形式训练和安排部队，驻扎，然后让他们行军；让他们在驻扎之前接受训练，而不管作战是在行军之前、之中或之后。[①] 如果他的解释

———————

　　① 注意这一点很重要：法布里齐奥没有提供任何十分合理的实际理由，来解释他最终为何以那种方式处理自己的各个主题。比如，他没有表明，在展示如何训练一支军队之前，先展示这支军队作战会更有用，这样可以在讨论之前就能知道训练效果。但即使他提供了这种解释，也无法解释为何会发生从一种秩序到另一种秩序的改变。正是这一改变这个事实，促使人们为改变的原因寻找一种解释。

可能产生任何效果的话，那就是让读者更加困惑。① 但通过提供这一不充分的解释，法布里齐奥鼓励人们寻找一种更充分的解释。

原初秩序开始改变的文本位置，也许是为新秩序寻求某种解释的一个合理的地方。但我们没有为秩序或对话进程的改变找到任何明确说法，只找到一个简短的插曲，② 科西莫将这个插曲定性为某种离题(transport)，③ 而法布里齐奥羞怯地将离题归于他对自己正在描述的秩序的喜爱，以及他为未能将该秩序付诸实践而感到的悲哀。法布里齐奥把自己的"离题"归因于一种情有可原的突如其来的情绪，并承诺会在"回到标线"之后，继续讨论他刚刚开始的"以大阵列训练"(2.172–174)。

这样一个段落能有助于解释对话令人困惑的秩序，尽管明显靠不住，但正是在这一假定的(putatively)情绪性离题中，对话的新秩序得以展开。其中包含了卷二剩余部分的一份详细但高度凝练的提纲(2.159–63)，以及整个卷三的提纲(2.164, 2.166)，提纲中各项目出现的顺序与这些项目在这两卷书中出现的顺序完全一致；还包含了卷五的主题的一些要目(2.165)，虽没有详细给出但暗示了卷五的提纲。④ 此外，这段话用几句话对创建一支新军(对立于

---

① 另一个困惑是，为何法布里齐奥认为他的读者或听众会想要他首先处理驻扎。一种解释是，通过采用珀律比俄斯对行军、驻扎和作战——法布里齐奥称之为军队的"三类主要行动"(3.44)——的强调，他的听众或读者会期待他遵循珀律比俄斯的秩序(参珀律比俄斯6.26)。

② 只有13个句子：2.159–171。

③ 2.172："这番说理让你离题甚远"［译文经过调整］: questo ragionamento vi abbia alquanto transportato。

④ 卷五一开始(5.1)就清楚表明，法布里齐奥将卷四的全部内容视为"与一支见到的敌军作战"下的一个子目。既然卷四是一个子目，那么，没有在"离题"中给出卷四的提纲，在严格意义上就不影响"离题"成为一份真实的提纲。

改革一支已经存在的军队）这一话题作了总结，这一话题在军事部分开头（1.191–219）以及军事部分刚结束、法布里齐奥回到科西莫的原初指控（7.201–209；比较 1.36 和 7.195）时都得到了处理。因此，这段话除了为军事部分的提纲提供钥匙之外，还将军事部分与组建一支新军这一问题联系起来，后者为前者提供了背景。①

科西莫称这一简短的插曲为一种离题理由是，法布里齐奥"尚未叙述各营受训的模式"，就已"论说整个军队和战斗了"（2.172）。换句话说，他远远跑到自己前面去了（alquanto transportato）。法布里齐奥离题的三个部分很容易识别。在这一离题本身使用的术语中，第一部分区分个别与总体的训练，第二部分区分准备对面前的、见到的敌人作战与准备对"尚未见到但畏惧的"敌人作战，第三部分区分打造一支"新军"与改革一支"旧军"（即一支已经存在的军队）。

第一部分关涉以下两者之间的区别：一方面是"个别地"安排和训练士兵（2.160），这里定义为在他们自己的营中训练他们；另一方面是在"总体演习"（practica universale）中安排和训练他们（2.164），这里定义为在全旅和全军中训练各营。② 这第一部分包含卷二剩余部分的一份详细提纲。第二部分对理解新秩序尤其重要，关涉以下两者之间的区别：安排一支军队跟首领当面"见到的敌人"战斗与安排一支军队跟"他没有见到但畏惧的敌人"战斗（2.165）。③ 这第二部分包含整个卷三的一份提纲、卷五的要目及对

---

① 下文会解释，法布里齐奥的离题如何一方面未能为剩下六卷书中的三卷提供一份提纲，另一方面仍能为全部六卷书的安排提供钥匙。

② 按最初的提纲的术语来说，就是以小阵列训练和以大阵列训练。

③ 法布里齐奥一开始的语言几如神谕般难解。也就是说，他没有立即澄清这一点（事实上，他秘而不宣直到卷五）："他没有见到但畏惧的"敌人，字面上指的是一支他尚未见到却害怕遭其攻击的军队——更何况这支军队有强烈

卷五的提纲的暗示。第三部分关涉打造"一支新军"与改革"一支
旧军"的区别(2.169)。

一旦识别出包含在法布里齐奥的离题中的提纲,就可以明显
看出,作战的两种类型(法布里齐奥称之为两种"模式"),以大阵
列列阵与以大阵列训练,取决于所面对的敌人的两种类型,即他
见到的面前的敌人与他未见(至少暂时未看见)却始终畏惧的敌
人。表3包含卷二至卷五的一份提纲,使用的是法布里齐奥的离题
中提供的一些要目。

表3				
法布里齐奥的离题		主题在文本中的位置	表2的序号	
			栏1	栏2
1. 个别训练: 按营	2.159–163	2.171–282	3	3a
2. 总体训练: 全军	2.163–168	3.11 至卷末, 卷五	4	
a. 对抗看得见的敌军	2.164, 166			
i. 安排战斗	2.164	3.11–76	4a	3b
ii. 加入战斗	2.166	3.77–198	4b	5
iii. 训练战斗		3.199–230	4c	
A. 撤到哪里	2.166	3.198–211		
B. 命令	2.166	3.212–230		
Ⅰ. 信号/旗帜		3.201, 208, 212		
Ⅱ. 声响/音乐		3.213–223		
Ⅲ. 话音/言辞		3.212, 224–230		
b. 向看不见的敌军行军	2.165	5.1–81	4d	
i. 行军	2.165	5.1–42		
ii. 行军时安排作战	2.165	5.43–81		
3. 旧军与新军	2.169–171	1.191–219; 7.201–209		

的攻击你的动机,因为你入侵了他们的领土,这一点在卷五开头得到揭示(5.2,
5.12和5.14)。

　　在离开各文本的事实领域、进入这些事实的解释和意义领域之前，我们必须在两者的边界暂停，作一些思考。法布里齐奥的离题提供的各要目，其下包含一些部分，那些部分之后的各部分，应当简化为一个部分。处理驻扎之后的两部分对话（关于如何结束战争，以及关于攻占和保卫各位置[6.166-7.152]），被法布里齐奥列在驻扎的要目下。当法布里齐奥开始驻扎部分时，他说驻扎的目的是为军队提供安全的休息(6.8)。一旦与驻扎的各种内部事务有关的所有问题都得到处理，读者便以为驻扎部分将要结束。然而法布里齐奥却说：

> 　　我们已经使我们的这支军队赢了一场战斗，且已显示了作战中可能发生的种种艰难。我们已经让部队行军，讲述了行军时可能围困它的障碍。最后，我们将部队驻扎于一个地方，在那里军队不仅必须稍事休息，从它经历的艰难劳累中恢复过来，还必须思考如何结束战争。因为，在驻扎时许多事情要得到处理，特别是在野外和那些可疑城镇里的敌人依然威胁你的时候，需要保证不受他们侵害，并且猛攻敌人的那些[城镇](6.166)。

　　"我们的"这支军队如今成了一支占领军，随时准备猛攻任何可能构成威胁的土地(terre)，也许甚至是那些与已经占领的领土相邻的土地。而且，当法布里齐奥结束"如何结束战争"这一讨论时，他说，"关于这题材也没有剩下任何部分未经我们辩论过。唯一还需要谈论的是猛攻以及"——他现在加上了——"守卫城镇的模式"(6.323)。因此，清楚的是，如何结束战争，以及如何猛攻和守卫城镇（以及后来添加的其他"各种地点"，比如堡垒和城市）

这两个主题,应当归在一起,作为驻扎时"许多得到处理的事情"中的两件,而且这两件事应当至少粗略地归属于驻扎这一要目之下,因为两者是"在驻扎时"得到处理的事情。

　　另有两点将允许我们提出一份关于整个军事部分的提纲。第一,最后三个主要部分,每一部分后面都跟了一个以"各种事故"为话题的细部(subsection)。前两个部分分别关涉两种类型的敌人;每部分跟了一个细部,论及如何处理那两种语境中出现的"各种事故"。第一个细部构成整个卷四,如上所述,跟在与一支看得见的部队作战这一部分后面。卷五第一行清楚表明,应当将整个卷四的主题视作事故,法布里齐奥在卷五开头总结了卷三和卷四,表明后者处理了在那种战斗中"可能发生的各种不同'事故'的多种环境"(5.1)。第二个关于各种事故的细部位于卷五末尾,出现于总结了与一支未看见但畏惧的敌军作战的列阵与训练之后。法布里齐奥与扎诺比明确指示,这一细部是在传授行军时规避"各种危险事故"(5.107)"这种练习的完满知识"(5.108)。[①]类似地,紧随着处理驻扎的部分,是整个关于如何赢得战争的细部,该细部也被总结成是在讨论"各种事故"(6.231)。最后,关于猛攻和守卫各个位置的细部的末尾,似乎也与各种事故相关,因为就在法布里齐奥转向他称之为关于"各种具体攻击"(7.77)[②]的最后一个细部之前,他谈到守卫者们针对"各种事故",即各种攻击,应当作的准备(7.67)。

　　退回去看整个军事部分,很明显,在卷一、卷二关于挑选和武

---

　　① 也要注意对他们的主题的类似描述,这一主题存在于5.1(circumstanze)和6.166(circumvenuto)处的"被各种事故(或被法布里齐奥定义为行军即impedimenti时的各种事故)围困"之中。

　　② 7.77:"但让我们返回我们的论述,来谈论各种具体的攻击。"

装士兵这两个主要部分之后,展现给我们的是这三个主要部分: 卷三讨论与一支看得见的敌军作战,卷五讨论与一支未看见的敌军作战,卷六和卷七讨论驻扎,其中每一部分后面都跟了一个关于各种事故的细部。这三个主要部分中的最后一个,即讨论驻扎的部分,出现在法布里齐奥的离题之后,尽管没有跟另外两个部分一起包括在离题部分的提纲中,但驻扎的构成平行于提纲中的两个部分,而且可能也与紧接着的另一个细部平行。事实上,驻扎部分在某种意义上被排除在离题之外,在字面和逻辑上都讲得通,因为,当法布里齐奥开始意识到展现两种军队(及两者各自的训练和行军)之区别的重要性时,不得不将这一要素推后。部署这两种军队是为了对抗两类不同的敌人,看得见的与未看见的。离题部分包含关于"看得见的"与"未看见的"之间重要的新区别的提纲,也为没有放在里面的、对驻扎的处理提供了模型。

表4
军事部分的总提纲

1. 挑选人 (1.120–271)

2. 武装人 (2.1–100)

3. 个别地训练 (2.101–282)

  a. 个人训练

  [法布里齐奥的离题 (2.159–171)]

  b. 以小阵列训练 (按营)

4. 以大阵列列阵和训练的第一种模式 (按作为一支军队的旅): 用于跟见到的敌人战斗 (3.9–4.152)

  a. 以大阵列列阵和训练 (3.9–230)

  b. 各种事故 (作为各种不可避免的情况) (4.8–152)

5. 以大阵列列阵和训练的第二种模式: 用于跟尚未见到但畏惧的敌人战斗,即在敌方领土内行军时 (5.1–160)

续表

表4
军事部分的总提纲
a. 以阵式行军(在骚乱的农夫间)(5.1–42)
b. 以大阵列训练,用于行军时跟一支秩序井然的军队战斗(5.43–81)
c. 各种事故(作为各种障碍)(5.82–160)
6. 驻扎(6.8–7.151)
a. 处理帐内事务(6.8–165)
b. 处理帐外事务(6.166–7.151)
i. 各种事故:结束战争(尤其当野外和各可疑城镇内仍留有敌人时)(6.168–249)
ii. 猛攻和守卫(留有敌人的)各城镇(7.1–151)
——各种事故(作为各种具体的攻击)(7.77–151)
7. 结论:对以上讨论的思考,各种一般规则,统帅的各种素质(7.152–193)

现在可以承认,整个军事部分是一个计划好的、秩序井然的整体(参表4),[①] 指向看得见的敌人与未看见的敌人这一区分的重要性以及驻扎的重要性,当我们转向新秩序的含义时,两者都将证明是关键特征。

新秩序的含义

这一新秩序的意义是什么？ 基于字面证据去回答这一问题,明智的做法是回到老地方,我们曾从那里开始搜寻有关实际秩序的线索,法布里齐奥也从那里开始偏离自己最初提议的秩序。法布里齐奥离题前后的讨论有什么特征？ 就在离题之前,法布里齐

---

① 比较Lynch,"提纲",见《兵法》,页43–45。

奥正开始讨论训练,那时他刚重获谈话的控制权,之前科西莫以挑战的姿态戏剧性地使谈话脱轨。科西莫使法布里齐奥面临这一刺耳的事实:与法布里齐奥在武装部分夸口般的断言(blustery claims)相反,实际上罗马并没有征服整个世界,罗马刚进入亚细亚,紧接着一系列惊人的军事失败就迫使罗马停止了自己的征服(2.80)。离题后不久,法布里齐奥进入了马基雅维利所有作品中关于西方的没落最公开反基督教的解释(2.283–316),明确将自己时代败坏的主要责任归在基督教名下。[1] 因此,就在离题之前,面对自己的西方典范在东方的失败,法布里齐奥感到在离题之后不得不发起一种不受限制的反基督教的谩骂,并且如前所见,他开始实施离题本身揭示的、重新安排的计划。这一事件序列将表明:(1)法布里齐奥的新军更能对付东方的各种力量,那些力量使罗马军队的各种缺陷暴露无遗;(2)在某种程度上,基督教是那些力量的现代变体(在严格意义上,马基雅维利甚至认为亚细亚是圣经宗教的源头)。[2]

　　法布里齐奥离题前后的两个时刻,应该与如下区别联系起来考虑:一支在面前看得见的敌军,与一支未看见却总是畏惧的军

---

[1]　我们可以认为,这里甚至比《李维史论》卷二第2章更公开地反基督教,因为后者还提供了以下掩护:

　　这世界因此看来比较娘娘腔,天国也解除了武装,形成这样的局面无疑主要源于某些人懦弱的行径,他们解释我们的宗教只讲懒散而不谈德性。如果他们考虑到宗教容许我们壮大并捍卫祖国,他们将会明白宗教盼望我们热爱、推崇并随时准备保卫祖国。(《作品全集》,页150)

[2]　参Lynch,"疏论",页217–219。

队。作品的整个军事部分正是围绕这一区别得到重组。这一区别
在法布里齐奥的军队扎营(我们将回想起,对此的处理被置换到了
作品的新秩序的末尾)的物理方位中最突出。在引入这一特征之
前,法布里齐奥明确鼓励我们将他关于这一问题的处理与他的资
料来源(珀律比俄斯)作比较。当他开始讨论驻扎时,他说:

> 在我的这番讲述中,我一直想效仿罗马人,因而我不会在
> 他们的驻扎模式方面背离他们。虽然我并非因此而事事无不
> 从其模式,但我采纳其中在我看来适合当今的部分……他们
> 在驻扎时也遵从这模式,如你自己能在那些就其事务写作的
> 人那里读到的。因此,我不打算对你们细述他们究竟如何驻
> 扎,而只打算告诉你目前我会以什么模式驻扎我的军队,然后
> 你们就会认识到我从罗马模式采纳了哪个部分。(6.18, 20; 强
> 调由笔者所加)

在整部对话中,法布里齐奥没有在其他任何地方如此坚决地
让我们注意他的描述与他的前基督教源头之间的不同,也没有在
其他任何时候更明确地坦承,他根据自己的时代环境,修改了各古
代作家提供的材料。几乎紧接其后,关于营地面朝何方,他引入了
一个奇妙的革新。在珀律比俄斯那里,营地面朝水草最丰盛的方
向。[1]法布里齐奥说:

> 由于我相信此系审慎,而且由于罗马人多半这么做,我会
> 将武装人员与非武装人员分开,并且分隔辎重人员与非辎重

---

[1]　珀律比俄斯,6.27。

人员。我会让所有或大部分武装人员驻扎在东部,使非武装
人员和辎重人员驻扎在西部,使东部成为前沿。(6.27-28)

　　这一营地一完成,就被称作像"一座移动城市"(6.84)。在下
一卷讨论各城市的守卫时,法布里齐奥建议,当一座城市(可能是
移动的也可能是固定的)不习惯于见到进攻的敌军时,应当在敌人
打算攻击的方向部署"坚强的人,他们只会慑于武装而非意见"。
马基雅维利军队的武装人员将总是面朝东方,且不为自己军队的
"糟糕表现"所动,他们将强迫敌人以德性而非单纯的"名声"占领
城市(7.73-74)。如果一个人想要从作为马基雅维利资料来源的珀
律比俄斯那里撤退,希望从韦格蒂乌斯那里得到帮助和安慰,以此
逃避这一修改的含义,那么他将会发现一场埋伏正等着他。因为,
关于营地应该面朝的方向,韦格蒂乌斯说:

　　　　但被称作praetoria的[营]门,要么应该朝东,要么应该
　　　面朝敌人的方向,要么应该(如果在行军中)面朝部队前进的
　　　方向。①

　　如马基雅维利所为,通过坚持军队始终采用相同的阵式(6.11-
17)且面朝东方,他向韦格蒂乌斯的读者们指出,敌人事实上永远
(in perpetuo)在东方,而他的军队会继续朝那个方向行军,也许是无
限期地行军。因此,无疑,法布里齐奥的军队面朝的方向,与那时
欧罗巴各教堂面朝的方向相同;如果不据此推断两者出于相同的

_____

① 韦格蒂乌斯,《兵法简述》(*Epitome of Military Science*), N. P. Milner译,
Liverpool, 1993,页23(卷一,第23节)。

理由而面朝相同的方向，反而会显得几乎不合常理，这一相同的理由就是：那一看不见却始终可畏的上帝，其象征性的家就在东方。

我们现在回到法布里齐奥离题之前的段落。这一部分总结了关于武装的部分，位于法布里齐奥离题的开头附近、关于训练的部分之前。前面已经提到过，科西莫在这里迫使或怂恿法布里齐奥承认，罗马人并没有真的征服世界，而是被阻在亚细亚。听了法布里齐奥看重步兵甚于骑兵的诸理由之后，科西莫说：

> 我起了两个疑惑：其一，我知道帕提亚人在战争中只用骑兵，然而他们与罗马人分占世界；其二，我想要你告诉我，骑兵如何能由步兵抵挡，还有后者的优点（virtù）和前者的弱点（debolezza）从何而来。(2.80)

对此，法布里齐奥回答：

> 我告诉过你或我曾打算告诉你，我对战争事务的谈论不超过欧罗巴范围。在这么做的时候，我无须论说在亚细亚的惯例。(2.81–82)

这似乎是一种巨大的难堪和退缩，因为直到现在，在我们的预期中，法布里齐奥可能都不会容忍对"他的罗马人"(1.30)的任何批评。

然而，很多迹象（比如法布里齐奥在引介罗马人时，将他们的最终毁灭强加进去[1.17]）可能使我们对此已有思想准备：承认罗马人作为一种典范不够充分。更加说明问题的是，尽管法布里齐奥并不曾告诉（他声称告诉过或曾打算告诉）科西莫和其他人他不会"论说"亚细亚事务，但当他谈及骑兵时，他用的是信仰而非论说的语言；我们如今不只是怀疑，骑兵是欧罗巴内部的亚细亚存在的某种象征。① 在前文引用的问答中，科西莫表达了他关于帕提亚人的疑惑，而在这之前的那次问答是信仰语言最引人注目的例子。科西莫将话题从步兵的安排和重要性引开，问道："关于骑兵，我们切望了解，在你看来哪个被武装得更骁勇：我们的还是古人的？"对此法布里齐奥答道：

> 我相信，在现时代，因为有未经古人使用的拱形马鞍和马镫，一个人在马背上坐得比那时更稳。我相信，一个人［现在比那时］更安全，以致如今一支重骑兵队因为分量那么重，抵抗它要比抵抗古代骑兵难。然而，尽管有这一切，我仍然判断不应当比古代更重视骑兵。(2.72–75)

马基雅维利的法布里齐奥显示出对当代骑兵力量相当大的敬重。清楚的是，当代欧罗巴骑兵比古代骑兵还要强大，而罗马在古代骑兵面前已显得如此脆弱。当代骑兵在多大程度上更强，法布里齐奥的军队就至少在多大程度上偏离了古代罗马典范。事实上，法布里齐奥对罗马典范的很多背离，其中有些甚至产生于科西莫提出自己的疑惑之前，背离中表现出对骑兵，尤其是当代骑兵之

---

① 以下事实也能说明这一点：雇佣军首领(法布里齐奥是其中的一名代表，但他试图不在其中)率领各重装骑兵连，且是神父们的必要补充；参 Machiavelli，《君主论》，见《作品全集》，页276：

> 这样一来，意大利几乎全部落在教廷和一些共和国手里，而组成教廷的神父们和支配共和国的公民们都由于不谙军事而开始雇佣外国人。

重要性的承认。比如,在装备和战术方面,与罗马的偏离就相当大。因为除火绳枪之外,步兵装备中,法布里齐奥作了有效利用的唯一当代创新是长矛,它可用于防御新的、更好的骑兵,尽管在瑞士人那里长矛的主要目的是进攻。[①] 科西莫要么没意识到,要么没准备好,他并没有完全理解法布里齐奥。

　　法布里齐奥与科西莫之间的这次问答,在结构上非常重要,引出了法布里齐奥与所有年轻对话者的关系这一总体问题,这一问题已在学界引起一些注意;[②] 也引出了对话者本人在那一关系中的呈现这一个别问题,这个问题尚未引起任何注意。在科西莫的疑惑、法布里齐奥的离题以及对西方毁败的反基督教解释之后不久,对话者们和法布里齐奥开始明确呈现为一支军队的司令或首领。在卷三、卷四和卷六开头,每个年轻人轮流扮演法布里齐奥的提问者,而后者戏谑并(为这部相对朴素的对话)详尽地就指挥的头衔、荣誉或责任发表了意见。每个人在展示了得体的异议之后,都完全接受了法布里齐奥给他们的任务。[③] 这些年轻人,"对伟大壮丽之事怀有火热的情感"(1.3以及1.11),处于一支潜在规模无限大(参6.158;但比较6.164)的军队前头,这支军队由于最初秩序的改变,正远离家乡,一直向东行军。

　　此外,法布里齐奥与其他对话者的对话关系,可以就上文讨论的秩序改变得到理解。不止一位批评者注意到,在对话过程中,法布里齐奥的道德口吻发生了变化,在对话早期,他听起来更加虔

---

　　① A. Jones,《西方世界的兵法》(*Art of War in the Western World*), Oxford, 1987,页175–178。

　　② 参页224注释②。

　　③ 比较1.251–257以及《李维史论》卷三第24章关于指挥权的轮换和延长。

敬、道德或克制,后期则更像马基雅维利。① 秩序的改变和口吻的
改变似乎与以下做法有关。最初,法布里齐奥意在就适用于军事
事务的"公民人文主义"作一次正统的呈现——也许是对人文主
义者布鲁尼的《论军事》(1422年)② 的一种恰当更新。这种呈现本
可倚重一个"理想化的"罗马共和国,而与基督教情感达成通常的
和解。但一旦科西莫施加压迫,提出帕提亚骑兵优于罗马步兵的
问题后,法布里齐奥先是推诿,声称未准备好解释亚细亚事务;但
是,然后他做了调整,动员他们的军队向某些他声称无须解释的力
量开战。法布里齐奥已然变得谦卑(had come to humanize),但他表
明自己在受到压迫时能够为马基雅维利身后出版的诸作品开辟道
路,马基雅维利在那些作品中踏上了任何人都未曾涉足的路途。

　　事实上,再次考察作为整体的军事部分的秩序,我们可以发
现,法布里齐奥的改变([译注]指秩序的改变和口吻的改变)使他
得以将对一支秩序井然的军队的诸要素的静态讲述,转变成一场
进攻性的(也许称得上是谨慎的)言辞战争(war-in-speech),针对
一支从未命名的东方敌军。因为军队一旦在卷四学会与一支看得
见的敌军作战,并掌控与这样一场战斗相关的各种事故,它就会在

---

① 　M. Colish,《重审马基雅维利的〈兵法〉》,前揭,页1163;Harvey C.
Mansfield,《马基雅维利的德性》,前揭,页193-198、214-218(比较页212-213);
Frédérique Verrier,《马基雅维利与〈兵法〉中的法布里齐奥》,前揭,页182-
187。比较Felix Gilbert,《马基雅维利:兵法的复兴》,前揭,页24;以及Lynch,
《兵法》"导言",页25和Lynch,《疏论》,前揭,页224-226。
② 　对布鲁尼的《论军事》以及从布鲁尼到马基雅维利的民军传统的延续
(以及文本本身的延续)的全面解释,参C. C. Bayley,《文艺复兴时期佛罗伦萨
的战争和社会》,前揭;比较H. C. Mansfield,《布鲁尼和马基雅维利论公民人文主
义》(Bruni and Machiavelli on Civic Humanism),收于 *Renaissance Civic Humanism*,
Hankins编,页223-246。

卷五继续向一支未看见的敌军行军。当法布里齐奥转而处理针对这支敌军的各种事故时，他以自己楷模们的方式清楚表明，他们面临的是非西方的军队，他们在东方骑兵面前极其脆弱（尤参5.157–158）。等到法布里齐奥处理完驻扎这一主题之后，我们才发现他为何将这一处理推后，放到处理完行军时的作战之后。因为，驻扎证明是一块通往"结束战争"的跳板，而不只是军队在艰难劳累之后的休息（6.166；比较6.8）。而且，与法布里齐奥最初唯独专注于野战（1.115；2.329）不同，新秩序促使并容许他面对这一事实：这类战斗只不过是一次总体战的部分而已。除了打击任何留在战场上的敌方部队，这还意味着在可疑的城镇确保自己安全并占领敌方城镇。因此，猛攻和守卫城镇这一主题，从他的军队在部分征服的敌方领土内行动这一视角来处理。占领这类城镇这一主题拓出另一个领域，法布里齐奥在其中必须承认，而且在一件事上公开承认今人远胜古人：攻城火炮。因为，尽管在军队近距离遭遇的战场上，火炮的用处经常无足轻重，但在占领完整的城镇时，火炮有着极大的重要性（7.133以下，7.75–76；比较《李维史论》卷二，第17章）。

更重要的是，我们现在可以看到法布里齐奥为何改变秩序，他最初声称（在他拒绝论说东方事务之前），他在原秩序中处理的很多要素，将使一支军队能在战场上"击败任何敌人"。他坚持自己的主要目标——展示如何击败任何敌人，包括未看见的敌人。但法布里齐奥意识到，一旦自己清楚地知道，在这群马基雅维利的年轻朋友间，自己必须展示如何至少牵制亚细亚甚或击败亚细亚，事情就将变得更加复杂。

结　　论

我至少试图说明,与表面看起来的相反,马基雅维利的《兵法》是一个经仔细安排的整体;安排原则是看得见的敌人与看不见的敌人之间极具暗示性的区分。我以如下主张证实那一暗示性的区分:马基雅维利至少戏谑地呈现——或提议了——针对尚未见到却总是可畏的圣经上帝的某类战争。重要的是精确理解这一暗示的特殊性。尚有争议的,是某种比以下总体问题更细节化的东西:马基雅维利对基督教或教会在西方的败坏和"世界的积弱"①中的作用的解释;以及某种不同于下述问题的东西:他反对基督教、教会或两者的政治影响的动机。这里的暗示无关乎马基雅维利为何以及何故(why and wherefore)反对,而是关乎他是否会,以及(在一种较低的程度上)会如何试图反对基督教或基督教的终极原则。

马基雅维利强调与一支未看见的敌军开战,他的军队永远朝向圣经上帝象征性的家,该军队的言辞统帅(captaincy-in-speech)由他自己文学圈内的年轻朋友们担任,这支军队为了一场无限持久的战争向着东方陆地不断深入运动,这些都暗示(尽管绝没有证明)了这一点:他视自己的文学活动为智识战争(intellectual warfare)。由法布里齐奥的罗马楷模们面临的挑战(由东方的无论什么力量造成)引出的反基督教的公开谩骂,使这一暗示显得更加

---

① 对此,考察马基雅维利,《李维史论》卷一,"序";卷二,第2章;《佛罗伦萨史》卷五第1章以及上文讨论过的法布里齐奥的反基督教解释(2.283–316)。

确凿。这场战争该如何进行，将取决于《兵法》中描述的这支军队的不同要素（尤其是步兵、骑兵和火炮那些要素）的符号价值。法布里齐奥勉强但最终彻底承认，当代骑兵和火炮优于古代骑兵和火炮，也承认需要组建自己的军队以涵括那些当代要素，探讨这类承认的意义，扫清了之后判定那些要素的符号价值的道路。对马基雅维利而言，现代人（moderni）总是意味着基督徒。不管马基雅维利可能将什么基督教要素吸纳进自己的军队——没法证明这些要素会是什么——清楚的是，这些要素需要成功地挑战或掣肘教会的权威，挑战或掣肘宗教信条跨越国家甚至文明边界而蔓延的能力。我们可以期待，对《兵法》的深入考察会取得更大进展，从而进一步判定马基雅维利如何指控这一运动。

图书在版编目（CIP）数据

君主及其战争技艺：马基雅维利《兵法》发微/娄林选编；
张培均译. --北京：华夏出版社，2019.3
　　（西方传统：经典与解释）
　　ISBN 978-7-5080-9646-9

　　Ⅰ.①君… Ⅱ.①娄… ②张… Ⅲ.①马基雅维里（Machiavelli,
Niccol 1469-1527）－军事思想－研究 Ⅳ.①E895.46

　　中国版本图书馆 CIP 数据核字（2019）第 002910 号

君主及其战争技艺——马基雅维利《兵法》发微

编　　者	娄　林	
译　　者	张培均	
责任编辑	李安琴	
责任印制	刘　洋	
出版发行	华夏出版社	
经　　销	新华书店	
印　　装	三河市少明印务有限公司	
版　　次	2019 年 3 月北京第 1 版	
	2019 年 3 月北京第 1 次印刷	
开　　本	880×1230　1/32	
印　　张	8.25	
字　　数	200 千字	
定　　价	58.00 元	

华夏出版社　地址：北京市东直门外香河园北里 4 号　　邮编：100028
　　　　　　　　网址：www.hxph.com.cn　　　电话：(010) 64663331（转）
若发现本版图书有印装质量问题，请与我社营销中心联系调换。

西方传统：经典与解释
Classici et Commentarii

HERMES
刘小枫◎主编

古今丛编

克尔凯郭尔 [美]江思图 著

货币哲学 [德]西美尔 著

孟德斯鸠的自由主义哲学 [美]潘戈 著

莫尔及其乌托邦 [德]考茨基 著

试论古今革命 [法]夏多布里昂 著

但丁：皈依的诗学 [美]弗里切罗 著

在西方的目光下 [英]康拉德 著

大学与博雅教育 董成龙 编

探究哲学与信仰 [美]郝岚 著

民主的本性 [法]马南 著

梅尔维尔的政治哲学 李小均 编/译

席勒美学的哲学背景 [美]维塞尔 著

果戈里与鬼 [俄]梅列日科夫斯基 著

自传性反思 [美]沃格林 著

黑格尔与普世秩序 [美]希克斯 等著

新的方式与制度 [美]曼斯菲尔德 著

科耶夫的新拉丁帝国 [法]科耶夫 等著

《利维坦》附录 [英]霍布斯 著

或此或彼（上、下） [丹麦]基尔克果 著

海德格尔式的现代神学 刘小枫 选编

双重束缚 [法]基拉尔 著

古今之争中的核心问题 [德]迈尔 著

论永恒的智慧 [德]苏索 著

宗教经验种种 [美]詹姆斯 著

尼采反卢梭 [美]凯斯·安塞尔-皮尔逊 著

舍勒思想评述 [美]弗林斯 著

诗与哲学之争 [美]罗森 著

神圣与世俗 [罗]伊利亚德 著

但丁的圣约书 [美]霍金斯 著

古典学丛编

论王政 [古罗马]金嘴狄翁 著

论希罗多德 [古罗马]卢里叶 著

探究希腊人的灵魂 [美]戴维斯 著

尤利安文选 马勇 编/译

论月面 [古罗马]普鲁塔克 著

雅典谐剧与逻各斯 [美]奥里根 著

菜园哲人伊壁鸠鲁 罗晓颖 选编

《劳作与时日》笺释 吴雅凌 撰

希腊古风时期的真理大师 [法]德蒂安 著

古罗马的教育 [英]葛怀恩 著

古典学与现代性 刘小枫 编

表演文化与雅典民主政制
[英]戈尔德希尔、奥斯本 编

西方古典文献学发凡 刘小枫 编

古典语文学常谈 [德]克拉夫特 著

古希腊文学常谈 [英]多佛 等著

撒路斯特与政治史学 刘小枫 编

希罗多德的王霸之辨 吴小锋 编/译

第二代智术师 [英]安德森 著

英雄诗系笺释 [古希腊]荷马 著

统治的热望 [美]福特 著

论埃及神学与哲学 [古希腊]普鲁塔克 著

凯撒的剑与笔 李世祥 编/译

伊壁鸠鲁主义的政治哲学
[意]詹姆斯·尼古拉斯 著

修昔底德笔下的人性 [美]欧文 著

修昔底德笔下的演说 [美]斯塔特 著

古希腊政治理论 [美]格雷纳 著

神谱笺释 吴雅凌 撰

赫西俄德：神话之艺
[法]居代·德·拉孔波 等著

赫拉克勒斯之盾笺释 罗逍然 译笺

《埃涅阿斯纪》章义 王承教 选编

维吉尔的帝国 [美]阿德勒 著

塔西佗的政治史学 曾维术 编

古希腊诗歌丛编

古希腊早期诉歌诗人 [英]鲍勒 著

诗歌与城邦 [美]费拉格、纳吉 主编

阿尔戈英雄纪（上、下）
[古希腊]阿波罗尼俄斯 著

俄耳甫斯教祷歌 吴雅凌 编译

俄耳甫斯教辑语 吴雅凌 编译

古希腊肃剧注疏集

希腊肃剧与政治哲学 [美]阿伦斯多夫 著

古希腊礼法

希腊人的正义观 [英]哈夫洛克 著

廊下派集

廊下派的神和宇宙 [墨]里卡多·萨勒斯 编

廊下派的城邦观 [英]斯科菲尔德 著

希伯莱圣经历代注疏

希腊化世界中的犹太人 [英]威廉逊 著

第一亚当和第二亚当 [德]朋霍费尔 著

新约历代经解

属灵的寓意 [古罗马]俄里根 著

基督教与古典传统

保罗与马克安 [德]文森 著

加尔文与现代政治的基础 [美]汉考克 著

无执之道 [德]文森 著

恐惧与战栗 [丹麦]基尔克果 著

托尔斯泰与陀思妥耶夫斯基
[俄]梅列日科夫斯基 著

论宗教大法官的传说 [俄]罗赞诺夫 著

海德格尔与有限性思想（重订版）
刘小枫 选编

上帝国的信息 [德]拉加茨 著

基督教理论与现代 [德]特洛尔奇 著

亚历山大的克雷芒 [意]塞尔瓦托·利拉 著

中世纪的心灵之旅 [意]圣·波纳文图拉 著

德意志古典传统丛编

彭忒西勒亚 [德]克莱斯特 著

穆佐书简 [奥]里尔克 著

纪念苏格拉底——哈曼文选 刘新利 选编

夜颂中的革命和宗教 [德]诺瓦利斯 著

大革命与诗话小说 [德]诺瓦利斯 著

黑格尔的观念论 [美]皮平 著

浪漫派风格——施勒格尔批评文集 [德]施勒格尔 著

美国宪政与古典传统

美国1787年宪法讲疏 [美]阿纳斯塔普罗 著

世界史与古典传统

西方古代的天下观 刘小枫 编

从普遍历史到历史主义 刘小枫 编

启蒙研究丛编

浪漫的律令 [美]拜泽尔 著

现实与理性 [法]科维纲 著

论古人的智慧 [英]培根 著

托兰德与激进启蒙 刘小枫 编

图书馆里的古今之战 [英]斯威夫特 著

荷马注疏集

不为人知的奥德修斯 [美]诺特维克 著

模仿荷马 [美]丹尼斯·麦克唐纳 著

品达注疏集

幽暗的诱惑 [美]汉密尔顿 著

欧里庇得斯集

自由与僭越 罗峰 编译

阿里斯托芬集

《阿卡奈人》笺释 [古希腊]阿里斯托芬 著

色诺芬注疏集

居鲁士的教育 [古希腊]色诺芬 著

色诺芬的《会饮》 [古希腊]色诺芬 著

柏拉图注疏集

柏拉图的灵魂学 [加]罗宾逊 著

柏拉图书简 彭磊 译注

克力同章句 程志敏 郑兴凤 撰

哲学的奥德赛——《王制》引论 [美]郝兰 著

爱欲与启蒙的迷醉 [美]贝尔格 著

为哲学的写作技艺一辩 [美]伯格 著

柏拉图式的迷宫——《斐多》义疏 [美]伯格 著
哲学如何成为苏格拉底式的 [美]朗佩特 著
苏格拉底与希琵阿斯 王江涛 编译
理想国 [古希腊]柏拉图 著
谁来教育老师 刘小枫 编
立法者的神学 林志猛 编
柏拉图对话中的神 [法]薇依 著
厄庇诺米斯 [古希腊]柏拉图 著
智慧与幸福 程志敏 选编
论柏拉图对话 [德]施莱尔马赫 著
柏拉图《美诺》疏证 [美]克莱因 著
政治哲学的悖论 [美]郝岚 著
神话诗人柏拉图 张文涛 选编
阿尔喀比亚德 [古希腊]柏拉图 著
叙拉古的雅典异乡人 彭磊 选编
阿威罗伊论《王制》 [阿拉伯]阿威罗伊 著
《王制》要义 刘小枫 选编
柏拉图的《会饮》 [古希腊]柏拉图 等著
苏格拉底的申辩（修订版） [古希腊]柏拉图 著
苏格拉底与政治共同体 [美]尼柯尔斯 著
政制与美德——柏拉图《法义》疏解 [美]潘戈 著
《法义》导读 [法]卡斯代尔·布舒奇 著
论真理的本质 [德]海德格尔 著
哲人的无知 [德]费勃 著
米诺斯 [古希腊]柏拉图 著

亚里士多德注疏集

亚里士多德《政治学》中的教诲 [美]潘戈 著
品格的技艺 [美]加佛 著
亚里士多德哲学的基本概念 [德]海德格尔 著
《政治学》疏证 [意]托马斯·阿奎那 著
尼各马可伦理学义疏 [美]伯格 著
哲学之诗 [美]戴维斯 著
对亚里士多德的现象学解释 [德]海德格尔 著
城邦与自然——亚里士多德与现代性 刘小枫 编
论诗术中篇义疏 [阿拉伯]阿威罗伊 著
哲学的政治 [美]戴维斯 著

普鲁塔克集

普鲁塔克的《对比列传》 [英]达夫 著
普鲁塔克的实践伦理学 [比利时]胡芙 著

阿尔法拉比集

政治制度与政治箴言 阿尔法拉比 著

马基雅维利集

君主及其战争技艺 娄林 选编

莎士比亚绎读

莎士比亚的历史剧 [英]蒂利亚德 著
莎士比亚戏剧与政治哲学 彭磊 选编
莎士比亚的政治盛典 [美]阿鲁里斯/苏利文 编
丹麦王子与马基雅维利 罗峰 选编

洛克集

上帝、洛克与平等 [美]沃尔德伦 著

卢梭集

论哲学生活的幸福 [德]迈尔 著
致博蒙书 [法]卢梭 著
政治制度论 [法]卢梭 著
哲学的自传 [美]戴维斯 著
文学与道德杂篇 [法]卢梭 著
设计论证 [美]吉尔丁 著
卢梭的自然状态 [美]普拉特纳 等著
卢梭的榜样人生 [美]凯利 著

莱辛注疏集

汉堡剧评 [德]莱辛 著
关于悲剧的通信 [德]莱辛 著
《智者纳坦》（研究版） [德]莱辛 等著
启蒙运动的内在问题 [美]维塞尔 著
莱辛剧作七种 [德]莱辛 著
历史与启示——莱辛神学文选 [德]莱辛 著
论人类的教育 [德]莱辛 著

尼采注疏集

尼采引论 [德]施特格迈尔 著
尼采与基督教 刘小枫 编
尼采眼中的苏格拉底 [美]丹豪瑟 著

尼采的使命 [美]朗佩特 著
尼采与现时代 [美]朗佩特 著
动物与超人之间的绳索 [德]A.彼珀 著

施特劳斯集
论僭政（重订本） [美]施特劳斯 [法]科耶夫 著
苏格拉底问题与现代性（增订本）
犹太哲人与启蒙（增订本）
霍布斯的宗教批判
斯宾诺莎的宗教批判
门德尔松与莱辛
哲学与律法——论迈蒙尼德及其先驱
迫害与写作艺术
柏拉图式政治哲学研究
论柏拉图的《会饮》
柏拉图《法义》的论辩与情节
什么是政治哲学
古典政治理性主义的重生（重订本）
回归古典政治哲学——施特劳斯通信集
苏格拉底与阿里斯托芬

***

施特劳斯的持久重要性 [美]朗佩特 著
论源初遗忘 [美]维克利 著
政治哲学与启示宗教的挑战 [德]迈尔 著
阅读施特劳斯 [美]斯密什 著
施特劳斯与流亡政治学 [美]谢帕德 著
隐匿的对话 [德]迈尔 著
驯服欲望 [法]科耶夫 等著

施米特集
宪法专政 [美]罗斯托 著
施米特对自由主义的批判 [美]约翰·麦考米克 著

伯纳德特集
古典诗学之路（第二版） [美]伯格 编
弓与琴（重订本） [美]伯纳德特 著
神圣的罪业 [美]伯纳德特 著

布鲁姆集
巨人与侏儒（1960-1990）
人应该如何生活——柏拉图《王制》释义
爱的设计——卢梭与浪漫派
爱的戏剧——莎士比亚与自然
爱的阶梯——柏拉图的《会饮》
伊索克拉底的政治哲学

沃格林集
自传体反思录 [美]沃格林 著

大学素质教育读本
古典诗文绎读 西学卷·古代编（上、下）
古典诗文绎读 西学卷·现代编（上、下）

中国传统：经典与解释
Classici et Commentarii
经典与解释
刘小枫 陈少明◎主编

《孔丛子》训读及研究 /雷欣翰 撰
论语说义 /[清]宋翔凤 撰
周易古经注解考辨 /李炳海 著
浮山文集 /[明]方以智 著
药地炮庄 /[明]方以智 著
药地炮庄笺释·总论篇 /[明]方以智 著
青原志略 /[明]方以智 编
冬灰录 /[明]方以智 著
冬炼三时传旧火 /邢益海 编
《毛诗》郑王比义发微 /史应勇 著
宋人经筵诗讲义四种 /[宋]张纲 等撰
道德真经藏室纂微篇 /[宋]陈景元 撰
道德真经四子古道集解 /[金]寇才质 撰
皇清经解提要 /[清]沈豫 撰
经学通论 /[清]皮锡瑞 著
松阳讲义 /[清]陆陇其 著
起凤书院答问 /[清]姚永朴 撰
周礼疑义辨证 /陈衍 撰

《铎书》校注 / 孙尚扬 肖清和 等校注
韩愈志 / 钱基博 著
论语辑释 / 陈大齐 著
《庄子·天下篇》注疏四种 / 张丰乾 编
荀子的辩说 / 陈文洁 著
古学经子 / 王锦民 著
经学以自治 / 刘少虎 著
从公羊学论《春秋》的性质 / 阮芝生 撰

编修［博雅读本］
    凯若斯：古希腊语文读本［全二册］
    古希腊语文学述要
    雅努斯：古典拉丁语文读本
    古典拉丁语文学述要
    危微精一：政治法学原理九讲
    琴瑟友之：钢琴与古典乐色十讲
译著
    普罗塔戈拉（详注本）
    柏拉图四书

刘小枫集

民主与政治德性
昭告幽微
以美为鉴
古典学与古今之争［增订本］
这一代人的怕和爱［第三版］
沉重的肉身［珍藏版］
圣灵降临的叙事［增订本］
罪与欠
儒教与民族国家
拣尽寒枝
施特劳斯的路标
重启古典诗学
设计共和
现代人及其敌人
海德格尔与中国
共和与经纶
现代性与现代中国
现代性社会理论绪论
诗化哲学［重订本］
拯救与逍遥［修订本］
走向十字架上的真
西学断章

经典与解释辑刊

1 柏拉图的哲学戏剧
2 经典与解释的张力
3 康德与启蒙
4 荷尔德林的新神话
5 古典传统与自由教育
6 卢梭的苏格拉底主义
7 赫尔墨斯的计谋
8 苏格拉底问题
9 美德可教吗
10 马基雅维利的喜剧
11 回想托克维尔
12 阅读的德性
13 色诺芬的品味
14 政治哲学中的摩西
15 诗学解诂
16 柏拉图的真伪
17 修昔底德的春秋笔法
18 血气与政治
19 索福克勒斯与雅典启蒙
20 犹太教中的柏拉图门徒
21 莎士比亚笔下的王者
22 政治哲学中的莎士比亚
23 政治生活的限度与满足
24 雅典民主的谐剧
25 维柯与古今之争
26 霍布斯的修辞
27 埃斯库罗斯的神义论
28 施莱尔马赫的柏拉图
29 奥林匹亚的荣耀
30 笛卡尔的精灵
31 柏拉图与天人政治
32 海德格尔的政治时刻
33 荷马笔下的伦理
34 格劳秀斯与国际正义
35 西塞罗的苏格拉底

36 基尔克果的苏格拉底
37 《理想国》的内与外
38 诗艺与政治
39 律法与政治哲学
40 古今之间的但丁
41 拉伯雷与赫尔墨斯秘学
42 柏拉图与古典乐教
43 孟德斯鸠论政制衰败
44 博丹论主权
45 道伯与比较古典学
46 伊索寓言中的伦理
47 斯威夫特与启蒙
48 赫西俄德的世界
49 洛克的自然法辩难
50 斯宾格勒与西方的没落
51 地缘政治学的历史片段
52 施米特论战争与政治
53 普鲁塔克与罗马政治